Withdrawn/ABC!

D0782807

© The Trump Organization

DONALD J. TRUMP se graduó de Wharton School of Finance y es el promotor inmobiliario de algunos de los bienes inmuebles más prestigiosos del mundo, incluyendo la Trump Tower en la Quinta Avenida, Trump Park Avenue, Trump World Tower, 40 Wall Street, The Grand Hyatt Hotel, el histórico Mar-a-Lago Club en Palm Beach, el Palm Trump International Hotel and Tower en Dubai y numerosas premiadas canchas de golf. Sus Conferencias sobre Bienes Raíces y Riqueza con The Learning Annex han ayudado a más de un millón de personas a pensar en GRANDE. Como coproductor y estrella nominada a un Emmy por la exitosa serie de televisión *The Apprentice* y autor bestseller de siete libros, él es un verdadero gigante de los medios. Este es el primer libro donde Donald revela su secreto de pensar en GRANDE.

© Jill Lotenberg

BILL ZANKER empezó The Learning Annex en 1980 con 5,000 dólares de su propio dinero. The Learning Annex ahora ha pasado dos años consecutivos en la lista de la revista *Inc.* de empresas con mayor crecimiento rápido, con una suma de más de 100 millones de dólares en ventas anuales. El crecimiento de su empresa pequeña se basa en la asociación y el aprendizaje de Zanker con las estrategias de pensar en GRANDE de Donald J. Trump. Zanker ha figurado en las revistas *Success, Forbes, Fortune, Inc.* y *Money*. Vive en la ciudad de Nueva York y en Park City, Utah.

DONALD J. TRUMP

y BILL ZANKER

Presidente / Fundador de

The Learning Annex

EL SECRETO
DEL ÉXITO
EN EL TRABAJO Y EN LA VIDA

Traducido del inglés por Santiago Ochoa

rayo *Una rama de HarperCollinsPublishers*

3 9075 03862203 8

Withdrawn/ABCL

EL SECRETO DEL ÉXITO EN EL TRABAJO Y EN LA VIDA. Copyright © 2007 por **Donald J. Trump y Bill Zanker**. Traducción © 2007 por Santiago Ochoa. Todos los derechos reservados. Impreso en los Estados Unidos de América. Se prohíbe reproducir, almacenar o transmitir cualquier parte de este libro en manera alguna ni por ningún medio sin previo permiso escrito, excepto en el caso de citas cortas para críticas. Para recibir información, diríjase a: HarperCollins Publishers, 10 East 53rd Street, New York, NY 10022.

Los libros de HarperCollins pueden ser adquiridos para uso educacional, comercial o promocional. Para recibir más información, diríjase a: Special Markets Department, HarperCollins Publishers, 10 East 53rd Street, New York, NY 10022.

Diseño del libro por Jaime Putorti

Este libro fue publicado originalmente en inglés en el año 2007 por Collins, una rama de HarperCollins Publishers.

PRIMERA EDICIÓN RAYO, 2008

Library of Congress ha catalogado la edición en inglés.

ISBN: 978-0-06-156818-3

08 09 10 11 12 DIX/RRD 10 9 8 7 6 5 4 3 2 1

DEDICATORIA DE DONALD J. TRUMP

A mis padres, Fred y Mary Trump, a mi hermano Fred Trump Jr., a mis hermanas Judge Maryanne Trump Barry y Elizabeth Trump Grau, a mi hermano Robert Trump, a mis hijos Donald Jr., Ivanka, Eric, Tiffany y Barron, y a mi hermosísima esposa, Melania.

DEDICATORIA DE BILL ZANKER

Este libro está dedicado a mi amada esposa Debbie y a mis hijos Ediva, Dylan y Vera, quienes siempre me han apoyado para soñar en grande. Agradezco también a todos los empleados de The Learning Annex que utilizan EL SECRETO DEL ÉXITO todos los días.

CONTENIDO

CONTENIDO

PRÓLOGO

Durante todo el tiempo que llevo en el mundo de los negocios, hay ciertas personas que me han producido una impresión indeleble. Bill Zanker es uno de ellos. Cuando lo conocí, comprendí que no sólo era una persona inteligente y dinámica, sino también un hombre de acción en todos los sentidos de la palabra. Me encontré disfrutando mucho de sus ideas y entusiasmo.

La creatividad es una parte importante del éxito, independientemente de cuál sea tu negocio. Bill tiene esa creatividad y sabe cómo ponerla en acción. Quienes lo han conocido nunca lo olvidan; es un promotor talentoso y su visión positiva ha influido en miles de personas de una forma muy productiva. Bill es un educador que sabe y conoce muy bien lo que hace.

También ama su oficio y este es uno de mis prerrequisitos cuando hablo sobre el éxito. La pasión por su trabajo sigue igual y The Learning Annex ha crecido considerablemente.

Pensar en grande es un credo que he tenido desde mi juventud, y ha demostrado ser el verdadero secreto del éxito. Bill también ha aplicado esta actitud y los resultados son evidentes. La experiencia de escribir juntos este libro fue "emocionante" para ambos y esperamos que no sólo disfruten de los resultados sino que también aprendan mucho. Esperamos que todos ustedes logren sus mayores sueños: ¡si trabajan duro, lo lograrán!

Donald J. Trump

EL SECRETO
DEL ÉXITO
EN EL TRABAJO Y EN LA VIDA

INTRODUCCIÓN

The Learning Annex era una pequeña compañía hasta que conocí a Donald Trump, y ahora es grande porque adopté la actitud arrasadora de Donald Trump. Hace unos 28 años, cuando yo tenía 26 y estudiaba cine en The New School en la ciudad de Nueva York, utilicé los 5,000 dólares que me habían regalado en mi Bar Mitzvah para abrir The Learning Annex. Inicialmente, pensé en abrir una escuela informal para que los cineastas experimentales compartieran sus conocimientos con los estudiantes. Pero mi novia, que era profesora de cerámica, me sugirió que aumentara el currículo y que abriera una escuela que tuviera un modelo de aprendizaje diferente, donde las personas pudieran aprender lo que no les enseñaban en ninguna otra parte. Y así, The Learning Annex abrió sus puertas.

En aquella época, me vestía con un disfraz de payaso y repartía catálogos sobre los cursos en las calles de Manhattan. Les informaba a las personas que se ahorrarían cinco dólares en la clase si llamaban al teléfono que aparecía en el catálogo y decían que el payaso les había informado acerca de la escuela. Luego corría a la oficina y respondía sus llamadas telefónicas. Me emocionó recibir tantas llamadas de personas que decían que un payaso amable les había dado un descuento. Yo matriculaba a cada estudiante y le enviaba una carta con la confirmación de la clase. Si no recibía llamadas, me dedicaba a buscar nuevos profesores para los cursos. Yo era profesor de negocios y realizaba mis actividades desde mi estudio en el Upper West Side de Manhattan, que me costaba 325 dólares mensuales.

Nunca hice carrera en el cine, pero tuve éxito con The Learning Annex. Esto me emocionó, pues comprendí que era un promotor innato y que había descubierto mi vocación.

Cambié todo el concepto de la educación para adultos y creé algo que llamé "edu-entretenimiento." La vida actual es muy rápida y nadie tiene tiempo para la educación. MTV y el Internet han creado a una generación que quiere que todo sea rápido y entretenido. Decidí buscar personalidades importantes y celebridades para que dictaran los cursos. Quería que los profesores fueran personas de carácter y que fueran los mejores del mundo.

Las matrículas se dispararon cuando le dimos el toque de glamour a nuestras clases gracias a las celebridades, y fueron muchas las luminarias que aceptaron mi invitación a enseñar: Sarah Jessica Parker, Harrison Ford, Richard Simmons, Henry Kissinger, P. Diddy, Suze Orman, Barbara Bush, Larry King, Desmond Tutu, Rene Zellweger, Deepak Chopra y Rudy Giuliani han engalanado el podio de The Learning Annex, así como otros cientos de celebridades.

¿Qué hice para conseguir a estas estrellas? Como no tenía mucho dinero, recurrí a una estrategia diferente: la culpa. Les decía: "Has llegado muy alto, ¿por qué no le retribuyes en algo a la sociedad?" Recuerdo a Harry Weinstein, el magnate del cine. Era un león difícil de cazar. Le supliqué varias veces: "Puedes darles una hora de tu tiempo a los estudiantes de The Learning Annex como una obra de caridad." Finalmente lo hizo y fue una experiencia sorprendente, pues dio los consejos más fascinantes para poder entrar en el mundo de Hollywood. Además, su clase duró varias horas. Lo mismo sucedió con Clive Davis, el legendario productor musical: no sólo escuchó los demos de los estudiantes, sino que contrató a uno durante la clase. De todos modos, el dinero era irrelevante para la mayoría de estas celebridades, salvo para Donald Trump, quien ni siquiera aceptaba mis llamadas. Una vez llamé a su oficina y me pasaron a Norma, su secretaria personal. Yo sabía que no iba a captar la atención de Trump con mi táctica habitual, así que decidí tentarlo con dinero, algo que casi nunca hago, pues realmente quería contar con él. Le ofrecí 10,000 dólares, una enorme suma para mí. Su secretaria me preguntó "¿sólo eso?," y rechazó mi oferta como si fuera una botella de vino barato. Añadió cortésmente, "creo que no" y colgó.

Pocos días después me armé de valor y llamé a Norma como si no hubiera pasado nada. Le dije, "Le ofrezco 25,000 dólares al Sr. Trump." Ella me respondió: "No; él no está interesado." Quedé estupefacto. Luego comprendí que tenía que arriesgarme más y corrí un riesgo enorme: le ofrecí 100,000 dólares. Era la mayor cantidad de dinero que le había ofrecido a un conferencista, pero esto no le produjo la menor impresión a Norma, quien me respondió sin vacilar: "De ninguna manera. Donald no va a hacerlo."

Me devané los sesos. ¿Debería descartar la idea de contratar a Donald Trump o debería seguir intentándolo? No sabía qué hacer. Luego recordé lo que me había enseñado Tony Robbins, el gurú de la motivación: "Si quieres hacer algo grande, tienes que esforzarte más allá de tus capacidades. Tienes que llenarte de energía y lograr un estado 'hiper mental.' Y lo debes hacer por tus propios medios; nadie lo hará por ti." Decidí ser grande. Donald Trump era el Señor Grande por excelencia; todos tenemos héroes, y Donald era el mío; si yo quería estar a su altura, tenía que pasar a otro nivel. Expandí el pecho, respiré profundo y me llené de toda la energía posible. Luego llamé a Norma y le ofrecí un millón de dólares a Donald Trump para que diera una conferencia de una hora en The Learning Annex. En aquella época, mi negocio no había recibido más de 5,500,000 dólares en todo un año. Piensen en esto: le ofrecí un millón de dólares y yo sólo ganaba 5,500,000 al año. Además, casi nunca había tenido más que unos pocos cientos de estudiantes en una clase. No sabía cómo recuperaría mi dinero, pero sabía que tenía que hacerlo; le hice caso a mis instintos y cogí el teléfono. Norma me respondió: "Es muy interesante la oferta; le comentaré a Donald."

Colgué, fui al baño y vomité: esa es la verdad. La cabeza me daba vueltas y el corazón me latía con fuerza. ¿Qué había hecho? ¡Si no reaccionaba, lo perdería todo! En un minuto había subido a un nuevo nivel en la vida, y la sensación fue muy desagradable. Sin embargo, ¡también fue emocionante! Acababa de hacer algo demencial, pero me sentí muy bien.

Al cabo de una hora, Donald me llamó personalmente. Cuando contesté, no podía creer que estaba hablando con Donald Trump. Creí que era un amigo bromeando, pero era Donald. Me dijo: "Bill, me gusta The Learning Annex y me has hecho una oferta muy buena. ¿Cuántas personas asistirán a este evento?" En aquel entonces, la mayoría de las clases tenían entre 500 y 700 estudiantes, y la más numerosa había sido la de un vidente. Nunca había tenido mil personas en ninguno de nuestros eventos. Así que le dije: "Conseguiré mil personas." Era una cifra enorme para mí. Trump me respondió: "Lo haré si me prometes que conseguirás diez mil personas."

¡Diez mil personas! Ni en mis sueños más descabellados había imaginado conseguir diez mil personas, pero me atreví a decirle: "Sí. Conseguiré diez mil personas; no hay ningún problema." "Fantástico; mi abogado te enviará los papeles," dijo Trump, y eso fue todo. El negocio quedó cerrado. Al decir "sí" realicé un compromiso para vivir en grande como nunca antes. Ese momento cambió mi vida. Donald Trump me llevó a un nivel completamente nuevo. Comencé a hacer cosas que nunca había hecho y a pensar a un nivel mucho mayor. Y adivinen qué: todo el mundo quería aprender de Donald y las inscripciones subieron como la espuma.

Fue así como surgió la Conferencia sobre Riqueza de The Learning Annex. Finalmente, se inscribieron muchas más de las 10,000 personas que le había prometido a Donald Trump. Nuestra primera Conferencia sobre Riqueza de The Learning Annex, realizada en 2004, tuvo un total de 31,500 asistentes. Los resultados fueron sorprendentes, y gracias a ellos no tuve ninguna dificultad en pagarle los honorarios a Donald Trump; él sabía que yo podía hacerlo y le agradezco por haberme desafiado a cambiar mi forma de pensar. La experiencia me demostró, más allá de cualquier duda, que cuando piensas en grande, recibes cosas grandes. Desde que conocí a Donald Trump, mi compañía ha crecido anualmente más del 400 por ciento. Pasó de ser una compañía pequeña que ganaba 5.5 millones de dólares por concepto de ventas, a una gran compañía que el año pasado obtuvo ganancias por 102 millones de dólares. The Learning Annex apareció en la revista *Inc.* como una de las compañías de mayor crecimiento durante dos años seguidos y todo esto porque aprendí los principios de *El Secreto del Éxito* que ustedes leerán en este libro.

Trabajar con Donald Trump ha cambiado por completo mi forma de pensar. Yo había escuchado el término "piensa en grande" pero nunca lo había entendido. Pensar en grande es toda una forma de vida para Donald Trump, quien me enseñó que para pensar realmente en grande debes abandonar el cómodo refugio que te ofrecen tus inseguridades. Aprendí que nunca puedes rendirte si quieres ser exitoso. Cada fracaso es un peldaño en el camino al éxito. Donald Trump tiene una actitud de hacer las cosas sin depender de los demás. Sé tú mismo. Decide qué esperas de la vida. No permitas que los demás te controlen o jueguen contigo. Si alguien te hace daño, no te quedes esperando el golpe: pelea, arrasa con él y desquítate. Crea tus propias reglas y no te preocupes por lo que piensen los demás: así es Donald Trump. Él me ha enseñado a pensar en grande con su actitud y su ejemplo, y ahora llevo una vida mucho más rica, tengo metas más altas e ingresos mucho más elevados.

Mi nueva actitud me ha dado una confianza mucho mayor en mí mismo. Ya no tengo ningún problema en hacer grandes planes ni en conseguir celebridades de primer nivel, ya se trate de Warren

Buffett, Rupert Murdoch o incluso del ex presidente Clinton. Ya nada me asusta; mi vida personal y de negocios se ha transformado gracias a mi amistad con Donald Trump. Soy un hombre mucho mejor que cree en sí mismo: he ganado muchos millones de dólares, me valoro más y eso se refleja en mi vida personal, soy mejor esposo y padre, a mi esposa le encanta mi nueva actitud, y mis hijos admiran mi nueva personalidad y han transformado sus vidas. Después de ver multitudes de 50,000 personas en las conferencias, mi hijo Dylan se ha interesado más en los negocios. Después de escuchar a Donald Trump, mis hijas Ediva y Vera le han inyectado más pasión a sus vidas. Mi esposa Debbie admira los riesgos que asumo y me respalda en mis inversiones comerciales. Si eres el propietario de un pequeño negocio, es muy importante que tengas el respaldo de tu esposa. Saber que mi esposa me apoya es algo que me ayuda cuando siento temor. Manejar un negocio tiene sus riesgos, es una batalla y, en ese sentido, es importante que tu esposa y tus hijos te acompañen en esta lucha.

Yo trabajé sin descanso para realizar nuestra primera Conferencia sobre Riqueza en la ciudad de Nueva York en 2004. A las cuatro de la mañana del día que iba comenzar la conferencia, entré a una tienda cercana al Centro de Convenciones Jacob K. Javits. La tienda abría las 24 horas y yo iba a comprar un pastel de cumpleaños para uno de los miembros de mi equipo, quien había sacrificado su cumpleaños para organizar la conferencia, así que era lo mínimo que yo podía hacer. Recibí una llamada de Harry

Javer, el director de la conferencia. Me dijo, "Ven de inmediato. Tenemos un gran problema, una multitud de personas está bloqueando las puertas. El Javits es una locura. ¡Nunca se ha visto tanta gente, y eso que apenas son las cuatro de la mañana!"

Cuando hicimos la primera conferencia en 2004, no teníamos idea en qué nos estábamos metiendo. Si le hubiera dicho a alguien que íbamos a conseguir 30,000 personas para nuestro primer evento, habría pensado que era imposible. De hecho, la mayoría de los "expertos" dijo que no conseguiríamos ni 5,000 personas, pues no teníamos experiencia en eventos masivos. Sin embargo, aquel día la fila era de ocho cuadras. Habíamos gastado una enorme suma de dinero para promover el evento. Todos querían conocer a Donald y aprender sus secretos. La promoción valió la pena, pues el público asistió masivamente. Fue el sueño de un empresario hecho realidad: yo aposté en grande y gané; ya era un gran creyente en las estrategias de El Secreto del Éxito que propone Donald.

Después de la primera Conferencia sobre Riqueza, organizamos otras con Donald Trump y los resultados fueron sorprendentes. Más de 70,000 personas asistieron en San Francisco, y dos semanas después, 62,500 en Los Ángeles. Fue una experiencia extraordinaria y todo marchaba sobre ruedas. Entonces, llamé a Trump y le dije que quería contratarlo para que hiciera veinte presentaciones al año siguiente. Me dijo: "Fantástico; pero todas esas personas están asistiendo gracias a mí; quiero un aumento." Le respondí: "No, señor Trump. Ha funcionado porque he trabajado muy duro y me encargué de toda la publicidad."

Donald replicó: "No es cierto. El éxito se debe a mí. Quiero un millón y medio de dólares."

¿Y saben qué? Acepté porque se lo merecía. Donald estaba transformando mi vida y la de mis estudiantes.

Este es un ejemplo de la actitud de Trump. Él sabe que vale y hace que le paguen por ello. Pero no sólo se trata de dinero. Trump nunca hace algo sólo por el dinero. Es un apasionado en todo lo que hace. Le encanta conocer personas, ayudarlas y educarlas. Aunque The Learning Annex realiza campañas de publicidad y promoción, además de muchas otras cosas a nivel nacional e internacional para consolidar la marca Trump, Donald recibe mucho más de un millón y medio de dólares por cada presentación, pero él dona gran parte del dinero a fundaciones de caridad.

Donald Trump es duro, Donald Trump es exigente y Donald Trump cobra mucho dinero. Pero al mismo tiempo, es la persona más fácil del mundo con la cual trabajar, y eso que he trabajado con muchas celebridades. Es todo un profesional y siempre está preparado. Siempre da más de lo necesario, y les ofrece a mis estudiantes mucho más de lo esperado y de lo que se le ha pedido. Donald es una de las personas más leales que conozco: la lealtad es importante para él y esa es una maravillosa cualidad en los negocios.

A Donald Trump le gusta compartir su actitud exitosa con muchas personas; sabe dar y enseñar por medio de historias, tal como se ha hecho desde hace mucho tiempo. Este libro habla de algo sumamente importante: de tener la *actitud* de pensar en grande a partir de historias de la vida real. Piensen en esas historias a medida que leen el libro; les garantizo que al igual que los cientos de estudiantes que me han escrito, cuando se enfrenten a una situación real, recordarán las historias de Trump y cómo las enfrentó él. Después de leer este libro, ustedes reaccionarán a las situaciones de un modo diferente. Por eso es tan importante, así que léanlo y disfrútenlo. Este libro cambiará su actitud y sus vidas, se los garantizo.

Lean cada capítulo y dejen que la actitud Trump les enseñe una lección. Apliquen la actitud audaz y arrasadora de Trump a sus vidas. Emplea esta actitud para superar los límites que tú mismo te has impuesto. Tienes dos opciones en la vida: pensar en pequeño o pensar en grande. Como dice Trump: "si ya estás pensando, deberías hacerlo en grande. Es tu elección: sin importar cuáles sean tus circunstancias, nadie puede impedir que pienses en grande." Cuando disfrutes lo que se siente al pensar en grande y aprendas la estrategia demoledora, no querrás detenerte y recibirás grandes recompensas. Ese es el secreto de pensar en grande y de arrasar que tiene Donald: practícalo y serás próspero en los negocios y en la vida.

Quiero y respeto a Donald Trump. Él ha transformado mi negocio y mi vida personal y financiera. Le debo mucho y me complace enormemente compartir sus enseñanzas con ustedes. Les garantizo que producirá un cambio en sus vidas, así como hizo con la mía y la de mis estudiantes.

Gracias, Donald, por enseñarme El Secreto del Éxito.

—*Bill Zanker, Presidente y Fundador de The Learning Annex*

1

¿TIENES LO QUE SE NECESITA?

La gente siempre me pregunta, "¿Cómo te hiciste millonario?" La forma en que hago las cosas me ha permitido tener un éxito financiero mucho mayor del que esperaba. Me he divertido en grande y he ganado bastante dinero. He conocido a muchas celebridades, a multimillonarios y estrellas deportivas. No es fácil explicarlo con dos palabras, pero he notado que todas estas personas exitosas tienen rasgos que los diferencian de las masas: su actitud, sus acciones, su perseverancia y pasión, además de muchas otras cualidades que separan a los ganadores de los perdedores.

Si quieres ser exitoso, tienes que separarte del 98 por ciento del resto del mundo. Claro que puedes entrar a ese 2 por ciento especial, pero debes ser inteligente, trabajar duro e invertir con acierto. El 2 por ciento que está arriba sigue una fórmula para el éxito, y tú también puedes seguirla para lograrlo.

Primero, debes ser honesto contigo mismo. La única manera de ser rico es siendo realista y completamente honesto. Tienes que salirte del mundo fantástico e ideal que lees en las revistas y ves en la televisión; no es tan fácil como quieren hacerte creer. La vida es difícil y hay mucho sufrimiento. Tienes que ser tan duro como el hierro y estar dispuesto a arrasar si quieres triunfar. La mayoría de las personas no están hechas para esto. Tienes que soportar una presión descomunal. Tienes que pensar en grande y ser creativo para resolver grandes problemas que aterrorizan a la mayoría de las personas. Muchas personas intentarán robarte y aniquilarte por puro placer. Tienes que pararte firme, enfrentarlos y arrasar con ellos. Nadie te va a tomar de la mano para ayudarte a través del camino: estás completamente solo. Tienes que ser capaz de doblarte sin desmoronarte.

Todas las personas que se destacan en el mundo del deporte, las finanzas, los negocios, las artes y de la política tienen algo especial. Mucha gente tiene esto, pero sinceramente, la mayoría no. ¿Tienes lo necesario para pensar en grande y arrasar? Prácticamente todos los millonarios y multimillonarios que se han forjado a sí mismos como Bill Gates, Oprah Winfrey y Walt Disney, han tenido la capacidad de pensar en grande y arrasar. Es difícil explicarlo, así que he elaborado el siguiente cuestionario que puedes responder para ver si tú también tienes esta capacidad. Si es así, conseguirás mucho dinero.

Responde este cuestionario para ver si encajas con el perfil:

1. ¿Cuánto dinero quisieras tener en cinco años?

   a. 100,000 a 249,999.

   b. 250,000 a 499,999.

    c. 500,000 a 4,999,999.

    d. 5 millones o más.

2. ¿Cuál es tu sueño financiero?

    a. Ganarte la lotería.

    b. Conseguir un buen trabajo, un plan de salud, un plan 401(k) e ir de vacaciones tres semanas al año.

    c. Tener tu propia casa.

    d. Tener un negocio con ingresos ilimitados y/o acciones en bienes raíces u otro tipo de inversiones.

3. ¿Cuál frase describe mejor tu situación financiera?

    a. Estoy muy satisfecho con mi situación financiera.

    b. Estoy relativamente satisfecho con mi situación financiera.

    c. Me siento insatisfecho y desesperado.

    d. Mi situación financiera es completamente insatisfactoria y quiero mucho más.

4. ¿Cuánto tiempo dedicas diariamente a hacerte rico?

    a. Menos de media hora.

    b. De media a una hora.

    c. De una a dos horas.

    d. Dos horas o más.

5. ¿Cuánto dinero inviertes en educación, capacitación financiera y de negocios?

   a. Menos de $100 al año.

   b. $100 a $499 al año.

   c. $500 a $1,199 al año.

   d. Más de $1,200 al año.

6. ¿Qué haces cuando tienes un problema difícil?

   a. Lo ignoro y espero que desaparezca.

   b. Recurro a mis amigos y familiares.

   c. Se lo paso a alguien para que se encargue de él.

   d. Pienso en varias ideas hasta encontrar una solución creativa.

7. ¿Cuál es tu actitud hacia el trabajo?

   a. Es muy pesado. Lo detesto.

   b. No me molesta, pero preferiría hacer otra cosa.

   c. Mi trabajo está bien. Tengo que hacerlo para que me paguen.

   d. Me encanta trabajar. Es emocionante y divertido.

8. ¿Qué harías si perdieras tu trabajo o fuente de ingresos?

   a. Vivir en la casa de amigos o familiares y cobrar el seguro de desempleo para ahorrar dinero.

   b. Estudiar de nuevo para aumentar mis conocimientos.

    c. Buscar un nuevo empleo.

    d. Abrir mi propio negocio.

9. ¿Cuál frase describe mejor tus niveles de energía y concentración?

    a. Escasamente tengo la energía para pasar el día.

    b. Trabajo duro un rato, pero luego me quedo sin energía y descanso el resto del día.

    c. Puedo trabajar duro ocho horas seguidas.

    d. Estoy lleno de energía y nunca me canso cuando hago algo que me gusta.

10. ¿Cuál frase describe mejor tu reacción cuando alguien te dice que no eres capaz de hacer algo?

    a. Me rindo y siento lástima de mí.

    b. Pierdo el control y armo un escándalo.

    c. Lo intento de nuevo.

    d. Acumulo energías y no me rindo hasta alcanzar lo que quiero.

11. Tienes que tomar una decisión importante y no sabes qué hacer. ¿Cuál frase describe mejor tu proceso de tomar decisiones?

    a. Me dedico a ver televisión.

    b. Consulto con todos mis amigos para ver qué harían.

    c. Analizo la situación en términos lógicos y hago lo que creo que tenga más sentido.

    d. Confío en mis instintos después de hacer b y c.

12. ¿Cuál es tu actitud hacia las personas?

    a. Creo que generalmente son buenas y que nunca me mentirían, engañarían o robarían.

    b. Me rodeo de personas que me admiran, aunque no sean las más calificadas.

    c. Contrato a los mejores y les doy la confianza para que realicen un buen trabajo.

    d. Contrato a los mejores y los trato profesionalmente, pero los vigilo como un halcón.

13. ¿Cómo reaccionas cuando alguien daña intencionalmente tu reputación?

    a. Me deprimo mucho y me pregunto por qué no le caí en gracia.

    b. Lo olvido. ¿Para qué armar un lío?

    c. Lo confronto y le pregunto por qué lo hizo.

    d. Le hago lo mismo, sólo que diez veces peor.

14. Vas por buen camino y todo te esta saliendo bien. ¿Qué haces?

    a. Me voy de vacaciones.

    b. Mantengo el estado actual de las cosas.

   c. Cambio de negocio o profesión.

   d. Me mantengo comprometido y concentrado en mi negocio o profesión, creciendo hasta donde sea posible.

15. ¿Cuál es tu actitud hacia el matrimonio?

   a. Mi esposa y yo nos amamos; nunca nos vamos a divorciar.

   b. Creo que mi esposa me ama y seguiríamos siendo amigos si nos separáramos.

   c. El divorcio es una posibilidad, pero no quiero pensar en eso ahora.

   d. Amo a mi esposa y no quisiera divorciarme, pero firmé un acuerdo prematrimonial para proteger mis finanzas.

Ahora suma tu puntaje. Cada "a" vale 1 punto; cada "b" vale 2 puntos; cada "c" vale 3 puntos y cada "d" vale 4 puntos. Mira la siguiente tabla para ver tu puntaje:

PUNTOS	RESULTADO
15–25	Deficiente. Necesitas un gran cambio de actitud.
26–35	Promedio. Necesitas mejorar tu actitud.
36–45	Bien. Tienes potencial, pero necesitas mejorar un poco más.
46–60	Excelente. Estás listo para las grandes ligas. ¡Dale con todo!

EXPLICACIÓN DE LAS PREGUNTAS:

1. *¿Cuánto dinero quisieras tener en cinco años?*

¿Por qué elegiste la cifra más baja? Tienes la oportunidad de conseguir desde 100,000 a 5 millones de dólares en los próximos cinco años. Esto depende exclusivamente de ti. Nadie te dijo cuál respuesta debías escoger, ¿por qué elegir entonces la respuesta de 100,000 dólares? Sin embargo, muchas personas hacen esto en la vida real. Se conforman con 100,000 dólares cuando podrían ganar 5 millones. Querer menos dinero demuestra falta de ambición y de confianza. No empieces por resignarte, apunta siempre a la cima. Todos los grandes atletas y multimillonarios buscan la medalla de oro, no la de bronce. Si yo respondiera este cuestionario, habría tachado *5 millones* y habría escrito *50 mil millones*: esta es la actitud que debes tener para hacer cosas grandes.

2. *¿Cuál es tu sueño financiero?*

Tus logros dependen de tus sueños. Si no puedes soñar siquiera con hacer cosas grandes, nunca harás nada grande en tu vida. Pasé mis primeras cinco semanas en Manhattan soñando qué podía hacer con un terreno enorme que había en el West Side, propiedad de la Compañía Central de Transportes de Pennsylvania y Nueva York, la cual estaba en bancarrota. Después de 18 meses de trabajo duro y mucha concentración, me decidí por la propiedad, que valía $62 millones, *sin pagar cuota inicial.* Pensaba construir el Centro Javits en ese terreno: ese es el poder de los sueños grandes. ¿Qué sueños grandes te emocionan y te hacen sentir bien? No te preocupes por poder hacerlo o no: eso no importa. Soñar no cuesta nada. Emplea tu tiempo disfrutando de tus sueños grandes.

3. *¿Cuál frase describe mejor tu situación financiera?*

Esta pregunta demuestra tu ambición. Las personas ambiciosas trabajan más y están mucho más motivadas para realizar grandes esfuerzos en la vida. Si estás satisfecho con tu situación financiera actual, ¿cómo puedes motivarte y hacer todo lo que necesitas para ser rico y exitoso? Tienes que trazarte metas cada vez más altas. Tienes que ansiar más y más o comenzarás a caer rápidamente.

4. *¿Cuánto tiempo dedicas diariamente a hacerte rico?*

La riqueza es el resultado de las grandes metas y de las acciones que realizas todos los días para alcanzarlas. Muchas personas se trazan grandes metas, pero dejan de concentrarse en sus metas cuando tienen unos cuantos problemas o se distraen con otras cosas que les hacen desviar su atención diaria. Si quieres mantener tus metas vivas, debes trabajar en ellas dos horas diarias como mínimo, todos los días. Nadie debería preocuparse más por tu dinero y éxito que tú.

5. *¿Cuánto dinero inviertes en educación, capacitación financiera y de negocios?*

Los negocios y finanzas son aguas peligrosas infestadas de tiburones que intentan alimentarse de novatos inocentes. En este juego, el conocimiento es la clave hacia el poder. Invierte el dinero que sea necesario para aprender sobre finanzas o alguien te engañará. El analfabetismo financiero es un problema enorme en este país. Las personas se ven atrapadas en situaciones desastrosas porque no saben cómo hacer las cosas.

6. *¿Qué haces cuando tienes un problema difícil?*

Los ricos son ricos porque solucionan problemas difíciles. Debes aprender a solucionar los problemas. A los directores generales de las grandes compañías les pagan enormes cantidades de dinero porque resuelven problemas que nadie más puede resolver. Algunos hacen las cosas bien, y otros son terribles y les pagan más de la cuenta. Todos los días resuelvo problemas; es una de las cosas que mejor sé hacer. Si quieres estar en el 2 por ciento de arriba, debes ser muy bueno en encontrar soluciones creativas a problemas que parecen ser imposibles de resolver.

7. ¿Cuál es tu actitud hacia el trabajo?

No hay peor sensación que estar condenado a un trabajo que no te gusta. Tienes que amar lo que haces, eso es lo más importante para lograr el éxito. Tienes que dedicarle muchas horas y enfrentar desafíos enormes para ser exitoso. Si no amas lo que haces, nunca conseguirás nada. Si amas tu trabajo, compensarás las dificultades con el placer que sientes al hacerlo. Me encanta hacer negocios y construir edificios grandes. El placer que siento todos los días me hace persistir cuando las cosas se vuelven difíciles.

8. ¿Qué harías si perdieras tu trabajo o fuente de ingresos?

Ésta es la prueba por excelencia. Si ocurre un desastre, ¿te rindes y te vas a la casa de tu madre o te armas de valor y haces que suceda algo? Las personas más emprendedoras sufren con frecuencia los golpes más grandes de la vida. Así que si quieres tener metas altas, debes tener las agallas suficientes para asimilar los golpes inevitables que hay en el camino. Si te das por vencido, nadie te ayudará. Ni tus amigos ni el gobierno. Tienes que valerte por tus propios medios y tu actitud es la clave para superar el golpe. Citemos el caso de Steve Madden, el experto en zapatos, que tuvo algunos problemas legales, pero tenía una actitud exitosa que no pudo ser derrotada y regresó en grande. Tienes que convencerte de que tienes lo necesario para superar cualquier problema. Martha Stewart es otro ejemplo: ¡qué regreso tan grande y digno, pocas personas pueden hacer lo que ella hizo!

9. *¿Cuál frase describe mejor tus niveles de energía y concentración?*

Realmente tienes más energía de la que crees. La mayoría de las personas utilizan un 50 por ciento de su capacidad, pero tú puedes utilizar un porcentaje mucho mayor. Es necesario que ocurra una crisis o una emergencia para que la mayoría de las personas funcionen al máximo. Yo me siento lleno de energía porque amo lo que hago. No hay nada más importante para mí que la emoción de ir contra la corriente y hacer algo que nunca antes se había hecho. Me encanta la emoción de ser el primero en saltar a un gran desafío y utilizar todos mis talentos para obtener el éxito. Es gracias a la pasión que Mark Burnett, Jim Cramer y Arnold Schwarzenegger han llegado a la cima. Todas las personas exitosas tienen una gran energía y sienten pasión por lo que hacen. ¡Encuentra una pasión que te llene de energía!

10. *¿Cuál frase describe mejor tu reacción cuando alguien te dice que no puedes hacer algo?*

Si quieres ser exitoso, tienes que acostumbrarte a escuchar frecuentemente la palabra *no* y a ignorarla. Cuando tu madre te decía no, tu padre te decía no, tu profesor te decía no o tu entrenador te decía no, si eras una niña o un niño obediente, escuchabas la palabra *no* y dejabas de hacer lo que estabas haciendo. Es por eso que el 98 por ciento de los adultos están condicionados para detenerse cuando escuchan la palabra *no*. Las personas que claudican fácilmente no llegan a ninguna parte. Si le haces caso a la palabra *no*, nunca serás exitoso.

Si quieres estar en el 2 por ciento de arriba, tienes que confrontar la realidad. En el mundo de los negocios no tratarás con tu madre, tu padre o tu profesor. Las personas no te ayudarán; no desean lo mejor para ti, pues quieren lo mejor para ellos. Cuando la mayoría de las personas dicen *no*, lo que hacen es precipitar su final. No permitas que un "no" arbitrario te detenga. Encuentra la forma de convertir un "no" en un "sí" o de ignorar el "no." ¡No permitas que nadie te detenga!

11. *Tienes que tomar una decisión importante y no sabes qué hacer. ¿Cual frase describe mejor tu proceso de tomar decisiones?*

Creo que si eres capaz, inteligente y conoces tu oficio, tienes que actuar basado en tus instintos e ir contra la corriente. En muchos de los mejores negocios que he realizado, fui en contra de lo que pensaban los demás. El productor de televisión Mark Burnett pasó de vender camisetas en Venice Beach a alcanzar la cumbre del poder en Hollywood porque siguió sus instintos acerca del tipo de televisión que le gustaba a las masas. Todos tenemos instintos, lo importante es saber utilizarlos. Puedes tener los mejores títulos académicos, pero si no usas tus instintos, probablemente tengas dificultades para llegar a la cima y mantenerte allí.

12. *¿Cuál es tu actitud hacia las personas?*

El mundo es un lugar feroz y despiadado. Creemos que somos civilizados, pero en realidad, el mundo es cruel y las personas son desalmadas; te muestran una cara amable, pero realmente quieren acabar contigo. Tienes que saber cómo defenderte. Las personas son malas, desagradables y tratarán de hacerte daño para pasar el tiempo. Los leones de la selva sólo matan en busca de alimento, pero los humanos lo hacen por diversión. Incluso tus amigos quieren destrozarte: quieren tu trabajo, tu casa, tu dinero, tu esposa y hasta tu perro. Esos son tus amigos, ¡y tus enemigos son incluso peores! Mi lema es "Contrata a los mejores y no confíes en ellos."

13. *¿Cómo reaccionas cuando alguien daña intencionalmente tu reputación?*

Si alguien te hace daño, mi consejo es "¡Desquítate!" No es el consejo típico, pero sí es un consejo de la vida real. Si no te desquitas, eres un cobarde. Si alguien te perjudica, persíguelo, pues la sensación es agradable y otras personas te verán hacerlo. Me encanta desquitarme. Cuando me hacen daño busco a los culpables, ¿y saben qué pasa? No me perjudican tanto como a otros porque saben que si lo hacen, se meterán en un buen problema. Siempre hay que desquitarse. Busca a las personas que te han perjudicado. Vivimos en una selva llena de toda clase de fieras que buscarán aprovecharse de ti. Si te da miedo contestar con golpes, ¡la gente pensará que eres un perdedor! Saben que pueden insultarte, faltarte el respeto, aprovecharse de ti y salirse con la suya. ¡No permitas que esto suceda! Pelea y desquítate siempre, las personas te respetarán por eso.

14. *Vas por buen camino y todo te está saliendo bien. ¿Qué haces?*

Si vas por la medalla de oro, no puedes darte el lujo de ser complaciente. No puedes descansar nunca, aunque tus cosas vayan bien. Tu "buena época" actual es sólo el resultado del trabajo duro y la dedicación. Lo que hagas hoy te dará resultados mañana. Si quieres que tus cosas sigan por buen camino, tienes que sembrar semillas todos los días. Si desvías tu atención aunque sea un segundo, comenzarás a caer.

Es cierto que pocas personas nacen para ser exitosas. Algunas personas tienen un talento especial que les facilita tener éxito: el músico talentoso, el atleta innato o el negociante habilidoso. La gran mayoría de las personas exitosas no recibieron el éxito en una bandeja de plata, trabajaron duro para conseguirlo. Se trazaron metas y se mantuvieron enfocadas hasta lograrlo.

Algunas personas nacen con talentos excepcionales que les permiten destacarse con facilidad, como por ejemplo Mozart o Shakespeare. La gran mayoría de las personas exitosas no tuvieron esa suerte. Tuvieron que trabajar arduamente para llegar a la cima.

15. ¿Cuál es tu actitud hacia el matrimonio?

He visto negocios malos, sociedades malas, muchos negocios en litigios (y los litigios no son agradables), pero no hay nada peor que un hombre y una mujer que pelean, especialmente si es por dinero, negocio, casa, autos y todo lo demás. Esto es terrible. Estuviste enamorado de alguien pero ya no. El odio es aun más intenso que en una transacción de negocios. No hay nadie más despiadado que un hombre o una mujer en proceso de divorcio. Es un infierno terrible como ningún otro. Así que necesitas hacer un acuerdo prematrimonial para protegerte a ti y a tus negocios.

El matrimonio es un contrato como cualquier otro en la vida. Nos casamos por amor, pero tu firma en el certificado de matrimonio se refiere a tus derechos, deberes y propiedades. Los contratos de unión legal no saben nada del amor.

Si el amor muere, lo único que te queda es una ex esposa resentida y un certificado de matrimonio. No hay nada más terrible que una ex esposa armada con un hacha de 10 toneladas y que no tengas un acuerdo que determine cómo se va a dividir la propiedad común. Esto desata una guerra más despiadada que cualquier batalla legal en los negocios y puede conducirte fácilmente a la ruina financiera y emocional. Firma siempre un acuerdo prematrimonial. No hacerlo es demasiado riesgoso.

¿Qué puntaje obtuviste en el cuestionario? Veamos: si sacaste entre 46 y 60, vas por el camino adecuado y eres parte del 2 por ciento que tiene lo necesario para hacer cosas grandes. Si trabajas duro, puedes tener más éxito que alguien con un gran cociente intelectual o una maestría en Administración de Negocios. Lo he visto a lo largo de mi vida: estudié finanzas en la Wharton School y había algunos estudiantes excelentes. Conozco a muchos de ellos, y con contadas excepciones, no son muy exitosos. He conocido personas que no pudieron estudiar en Wharton, que asistieron a otras universidades o que simplemente no estudiaron, pero se concentraron en sus metas y nunca se rindieron. Trabajaron duro y amaban lo que hacían, y terminaron siendo más exitosas que los "genios" de Wharton.

El trabajo duro es mi método personal para el éxito financiero. Conozco a muchas personas que no tienen un gran talento, pero son ricos. Tú también puedes hacerlo. Los principios de este libro serán útiles para todas las personas sin importar su origen. Si sacaste menos de 46, lee este libro ahora mismo, piensa en lo que no tienes, y lo más importante, asimila las actitudes expresadas en mis historias. Siente lo que yo siento y convierte mi actitud en la tuya. Luego, responde de nuevo el cuestionario. ¡Tu puntaje será mucho más alto!

¿QUÉ NOS DICE ZANKER?

Como Presidente y Fundador de The Learning Annex, he tenido la oportunidad de observar de cerca a cientos de personas sumamente exitosas, a millonarios y multimillonarios que se han salido de lo normal para lograr cosas sorprendentes en la vida. Todos ellos tienen una cualidad muy importante: la perseverancia. Miren por ejemplo el caso de Donald Trump; él es la personificación de la palabra *perseverancia*. Nunca claudicó, ni siquiera cuando estaba abajo y derrotado.

Antes que cualquier otra cosa, debes tener perseverancia para hacer lo necesario y llegar a la cima. ¿Cuántos días has sentido que ya no puedes más? ¿Cuántas veces no has podido hacer esa llamada o tocar esa puerta? ¿Cuántas veces te han rechazado cuando sabías que estabas cerca de alcanzarlo? ¿Cuántas veces tienes que ignorar a las personas que te piden dinero, mientras mueves cielo y tierra para hacer realidad tus sueños y los de tu familia? Todos hemos estado en esta situación. Es difícil, pero la recompensa es grande, así que no podemos detenernos hasta que nuestros sueños se hagan realidad.

Se necesita tener perseverancia para tocar una puerta tras otra y asimilar un rechazo tras otro, sin saber si vas a tener éxito o no. Y cuando finalmente te salen las cosas y consigues un cliente magnífico, un empleo formidable o un capital para comenzar tu propio negocio, se necesita perseverancia para mantenerte en la línea y comprometerte a lograr lo que te habías propuesto. Se necesita perseverancia para soportar los reveses y regresar con el mismo nivel de intensidad y entusiasmo de antes. Y cuando finalmente tienes éxito, se necesita perseverancia para luchar cuando los rivales, la competencia y los matones te buscan para derribarte.

Aprendí cómo funciona la perseverancia hace muchos años, cuando estaba estableciendo The Learning Annex a comienzos de los años 80. Yo quería que Murray Klein, el propietario de Zabar's, una famosa tienda de alimentos de Nueva York, hablara sobre "Cómo Crear un Gran Mercado de Alimentos." Pensé que los neoyorquinos, quienes aman la comida (y son muchos) se apresurarían a tomar esta clase. Zabar's era—y todavía es—una gran institución en el Upper West Side de Nueva York. Lo visité y descartó mi petición de un modo muy neoyorquino, mientras le gritaba al fileteador de pescado que cortara filetes más delgados. (Si no han ido a Zabar's, tienen que hacerlo). Murray es un neoyorquino por excelencia.

Caminé hacia mi casa, me sentí rechazado, y se me ocurrió una idea. Al día siguiente, llamé a un florista y le dije que todos los días llevara un ramo de flores de 200 dólares a Zabar's con una nota que dijera, "Por favor, enseña en The Learning Annex." Le dije al florista: "Llévale flores todos los días hasta que yo te avise." Al noveno día, sentí pánico al ver que me había gastado 1,800 dólares y no había recibido una sola palabra de Murray Klein.

Pero luego recibí la llamada. "Zanker," me dijo Murray. "¿Qué se necesita para que dejes de enviarme tus malditas flores? Ya no hay espacio para más en mi oficina."

Le respondí: "Regálales a los neoyorquinos una noche de tu tiempo."

Murray me dijo: "Me encanta tu descaro, así que lo haré."

Murray sorprendió a todo el mundo y llevó una asombrosa variedad de alimentos a la clase. Los estudiantes se comieron gratis todos los manjares de Zabar's mientras Murray hablaba. Fue una idea brillante llevar alimentos a la clase porque al día siguiente todos hablaron de eso. Fue una publicidad maravillosa para Zabar's. Un día después, Murray me envió flores con una nota que decía, "Zanker, fue divertido, pero nunca más lo haré."

He utilizado este truco varias veces desde entonces y recientemente conseguí a Jim Cramer, el presentador de *Mad Money*, el famoso programa de televisión, utilizando esta fórmula.

Les contaré otra historia sobre la perseverancia. Cuando compré The Learning Annex por segunda vez en 2001, quería que Robert Kiyosaki, el autor del famoso libro *Rich Dad* hablara en mi institución. Llamé varias veces a su oficina, pero ni él ni su socia Sharon Lechter respondían a mis llamadas. Leí que daría una conferencia en Phoenix; salí a las cinco de la mañana de mi casa en el condado de Westchester, fui al aeropuerto John F. Kennedy y tomé un avión hacia Phoenix. Llegué a tiempo a la conferencia y pedí hablar con Robert durante su almuerzo. Su asistente me dijo: "No es posible; tiene que pedir una cita."

"No puedo pedirla; él no está respondiendo mis llamadas," le dije.

Ella me respondió, "lo siento."

Tomé un taxi hacia el aeropuerto de Phoenix: sentí mucha rabia. ¡Qué estupidez! Pero en el vuelo a Nueva York, decidí que no me rendiría.

Todos los días, alrededor de las once de la mañana, llamaba a Robert y a Sharon y les dejaba mensajes. Esto se convirtió en un ritual, como cepillarse los dientes en la mañana. Durante tres meses seguidos los llamé a las once de la mañana todos los días y ningún día dejé de hacerlo. Finalmente, Sharon Lechter me llamó y me dijo: "La próxima semana estaré en Nueva York ¿quieres almorzar conmigo?"

"Por supuesto," le respondí.

"¿Dónde quieres almorzar?" me preguntó.

Yo almuerzo en mi oficina, pero el primer restaurante que me vino a la mente fue The 21 Club, un sitio muy elegante.

"Fantástico. Nos veremos allá," dijo ella.

Llegué al restaurante una hora antes de la cita, fui donde el maître, le di 20 dólares y le dije: "¿Puedes preguntarme si quiero mi mesa habitual cuando regrese en una hora?"

Él tomó los 20 dólares y me dijo: "No."

Saqué cinco billetes de 20 y se los di.

El maître me dijo: "Nos veremos a la una."

Regresé a la una, justamente cuando entraba Sharon. El maître me abrazó—estaba casi sobreactuando—y me dijo, "Sr. Zanker, es un placer verlo de nuevo." Nos acomodó en una mesa excelente y Sharon quedó muy impresionada.

El almuerzo fue todo un éxito, pues allí decidimos que Robert hablaría una sola vez en The Learning Annex. Sin embargo, Robert Kiyosaki disfrutó tanto que la "única vez" se convirtió en muchas. Tardé seis meses en lograrlo, pero perseveré y siempre pensé que él lo haría, pues su negativa ya no era una opción para mí.

Siempre veo esto; las personas más exitosas de las que he aprendido nunca toman un "no" como respuesta. Han tenido que enfrentar grandes desafíos para llegar a donde están. Han superado las dificultades que le impiden alcanzar el éxito a la mayoría de las personas, y para hacerlo, tuvieron que desarrollar el hábito de la perseverancia. Aprenderás muchas cosas en este libro, pero como propietario de un pequeño negocio, no rendirse nunca es lo más importante que puedes aprender.

PARA RESUMIR

Los triunfadores tienen una cualidad especial que llamo la cualidad Trump IT, la cual los diferencia del 98 por ciento de la población. Hay una fórmula que puedes seguir para ser un triunfador. Debes ser totalmente honesto contigo. Conseguir dinero es difícil y hay personas que quedan lastimadas en el proceso. Tienes que ser duro como el hierro y estar dispuesto a golpear duro si quieres arrasar. Haz la prueba de fuego para ver si tienes lo necesario. Descubre cuáles aspectos de tu vida tienes que mejorar. Lee este libro y asimila las historias sobre la actitud fuerte que debes tener. Contesta de nuevo el cuestionario y tu puntaje será mucho más alto.

PUNTOS CLAVE

▶ Sueña en grande y conseguirás aquello con lo que sueñas.

▶ Si quieres conseguir toneladas de dinero, no seas tímido: trázate una meta grande.

▶ Mantente inconforme y trázate mayores desafíos y metas en cada nivel.

▶ Actúa todos los días y concéntrate a largo plazo.

▶ Acumula más y más conocimiento, para que siempre sepas lo que haces.

▶ Enorgullécete de tu habilidad para encontrar soluciones creativas a problemas difíciles.

▶ Sé apasionado con tu trabajo.

▶ Nunca aceptes un "no" como respuesta.

▶ Aprende a confiar en tus instintos.

▶ Contrata a los mejores y no confíes en ellos.

▶ Véngate de quienes te hagan daño.

▶ Nunca dejes de concentrarte en tus objetivos, ni siquiera cuando las cosas van bien.

▶ Asegúrate de hacer un acuerdo prematrimonial.

2

¡PASIÓN, PASIÓN, PASIÓN!

Tienes que amar lo que haces o nunca serás exitoso, sin importar cuál sea tu ocupación. Si lo haces, trabajarás más duro, te esforzarás más, lo harás mejor y disfrutarás más de la vida. Lo más importante es conocer tu oficio y amar lo que haces, pues estas dos cosas solucionan muchos problemas.

El primer párrafo de mi primer libro *El Arte de Negociar* es: "No lo hago por dinero. Tengo suficiente, mucho más de lo que necesito. Lo hago por placer. Los negocios son mi arte. Otras personas pintan cuadros hermosos o escriben poemas sublimes. A mí me gusta hacer negocios, especialmente si son grandes. Eso es lo que me *sigue* emocionando."

Esta estrategia funciona. Me concentré en mi pasión y he ganado mucho dinero. Soy mucho más rico que cuando escribí mi primer libro. Mi trabajo me apasiona tanto que no hay nada mejor para mí y esa es la mejor sensación que uno pueda tener. Algunas noches no puedo dormir, pues quiero levantarme temprano para irme a trabajar. He pasado por momentos realmente difíciles desde que escribí mi primer libro. Lo perdí casi todo a comienzos de los años 90, pero superé las dificultades, me recuperé y prosperé. Mi negocio de bienes raíces marcha mejor que nunca, y el destino me ha deparado varias sorpresas. Ingresé a la televisión con mi exitoso programa *The Apprentice*, soy propietario de los derechos de *Miss Universo* y de *Miss USA*, dos concursos de belleza muy exitosos transmitidos por NBC. Las conferencias que he dictado en The Learning Annex han sido un éxito rotundo. Y aquí sigo, con una nueva temporada de *The Apprentice* y dando una gira nacional con la Conferencia sobre Riqueza de The Learning Annex.

Mi motivación para realizar estos proyectos nunca fue el dinero. Ni siquiera pensaba en ello, pero mi reputación de ser apasionado por mi trabajo es bien conocida. Lo que hago apasionadamente todos los días se complementa bien con la filosofía de esas empresas, de modo que me contactaron. No te puedes sentar a esperar a que te lleguen los negocios, las oportunidades o un golpe de suerte. Tienes que trabajar apasionadamente por algo que te guste y, cuando tomes impulso, esto te dará resultados y te traerá otras cosas buenas.

Si el dinero fuera mi único objetivo, hubiera dejado de hacer muchas de las cosas más importantes que he realizado. Por ejemplo, si tomara decisiones pensando sólo en los beneficios económicos, nunca hubiera comprado la pista de patinaje Wollman en el Central Park de Nueva York. Esta pista fue construida en 1950 y en 1980 fue clausurada por la ciudad para su remodelación. La ciudad gastó 20 millones de dólares y muchos años en ello, y en 1986 faltaba mucho por terminar. Amo la ciudad de Nueva York y quería ofrecerle a sus habitantes un maravilloso centro recreativo en el corazón de Manhattan. He construido grandes rascacielos en menos de dos años, así que pensé que no tendría problemas en renovar una pista de patinaje en cuestión de meses. Asumí el proyecto para ahorrarle tiempo y dinero a la ciudad. Mi motivación era ofrecer un servicio, no hacer dinero.

ENCUENTRA TU PASIÓN

No pienses en cómo hacer dinero, más bien piensa qué puedes hacer o cuál servicio puedes prestar que sea valioso y útil para las personas y para tu comunidad. ¿Qué necesidades hay que satisfacer? ¿Qué se puede hacer de un modo mejor o más eficiente? ¿Qué problema puedes solucionar? ¿Qué necesidades puedes suplir? Y lo más importante, ¿qué disfrutas haciendo?

Claro que necesitas que te paguen por tu trabajo, y así será si ofreces un servicio valioso. En el juego de la vida, el dinero es el parámetro. Sin embargo, el verdadero placer no está simplemente en marcar puntos sino más bien en la emoción que sentirás inventando formas creativas de meter el balón en el aro. Descubre tu pasión haciendo algo que sea útil para las personas y recibirás dinero por ello.

Puede sonar simple, pero me he convertido en un multimillonario siguiendo esta filosofía tan elemental. Muchas personas creen que comencé en el mundo de los negocios con la fortuna de mi padre, pero lo cierto es que yo estaba prácticamente arruinado cuando entré en él. Mi padre no me dio mucho dinero, pero sí me dio una buena educación y una fórmula simple para conseguirlo: trabaja duro haciendo lo que te gusta.

A comienzos de los años 70, la ciudad de Nueva York tenía grandes problemas financieros; el sector aledaño a la estación Grand Central en la calle 42 se estaba deteriorando rápidamente y muchos edificios se encontraban en procesos judiciales de hipoteca. El antiguo Hotel Commodore estaba en un estado lamentable, perdía dinero a chorros y se estaba convirtiendo en una guarida de vagos. Si no se hubiera actuado con rapidez, esta zona se habría convertido en una barriada. Yo sabía que podía conseguir dinero allí, pero sólo si hacía algo que llamara la atención, si adquiría un hotel feo y abandonado y lo transformaba en un sitio hermoso y acogedor. Al transformar el Commodore en el nuevo y elegante Grand Hyatt, creé un movimiento de restauración en ese sector que sigue vigente hasta el día de hoy, y gané dinero haciéndolo.

En todo lo que hagas, encuentra una misión o un gran propósito por el que puedas apasionarte además del dinero. Busca una posición más elevada, por encima de la codicia de aquellas personas a las que sólo les importa el dinero. Amplía tu visión para ver el panorama completo de lo que estás ofreciendo. Satisface tantas necesidades como puedas, creando belleza, eficiencia, salud, seguridad y oportunidades para tantas personas como sea posible.

Si quieres hacer cosas realmente grandes en la vida, entonces debes tener un entusiasmo y una pasión monumentales. El portero, el mesero y la recepcionista están ahí para saludar a todos los visitantes con entusiasmo. Sin importar cuál sea tu trabajo actual, hazlo con pasión y la magia aparecerá; encontrarás a la persona apropiada y te darás a conocer. He visto esto innumerables veces. ¿Cuánta pasión se necesita para ser un gran ejecutivo o artista? Encuentra una causa noble y trabaja por ella con toda tu alma y corazón.

Si no hay pasión, la vida pierde su atractivo. La pasión te da la fortaleza y las agallas que necesitas para no claudicar. El triunfo que obtuve con el Grand Hyatt fue posible gracias a la dedicación, perseverancia y al trabajo duro. En todos los desafíos, mi pasión para transformar algo feo en algo irresistible y atractivo me ha permitido seguir adelante y hacer que muchas personas compartieran mi visión.

¿Qué debes hacer para encontrar tu pasión? Intenta esto: abandona cualquier opinión y evaluación racional que puedas tener. Comienza a soñar despierto sobre lo que real y verdaderamente quieres hacer. Si hay una sola cosa que puedas hacer en la vida, ¿cuál sería? ¿Qué te divierte tanto que pierdes la noción del tiempo? ¿Qué disfrutarías tanto que lo harías aunque no te pagaran por ello? ¿Qué has hecho que te haya producido una gran satisfacción personal? ¿Cuáles son las cosas que te "absorben" y te conducen a experiencias increíbles? Si pudieras ser esa persona a la que admiras, ¿quién serías?

Tienes que ser realista; hacer lo que amas también significa hacer algo que puedes y para lo que seas bueno. Piensa en tus fortalezas. Descubre para qué eres bueno. Piensa en tus talentos especiales y en las cosas que has hecho que más te enorgullecen. ¿Qué tipo de actividades recordaste sin ningún esfuerzo? Cuando pienses en un trabajo que te guste, ¡piensa en grande! Piensa en logros sorprendentes. Piensa en la alegría y la satisfacción que te producirá tu trabajo. Cuando haces un trabajo que te gusta, deja de ser un trabajo porque se convierte en una fuente de energía. Steve Jobs, cofundador de Apple y Pixar, es un apasionado de la tecnología informática. No es el mejor diseñador de computadoras, pero es el más apasionado. Su pasión ha hecho que sea uno de los innovadores más prolíficos de nuestra generación.

SÉ UN HACEDOR, NO UN SOÑADOR

La pasión es más importante que la inteligencia o el talento. He visto a personas muy talentosas e inteligentes que fracasan porque no tienen pasión; son lo que denomino "personas de ideas." Seguramente ustedes conocen a este tipo de personas; siempre parecen tener ideas nuevas y geniales que algún día piensan realizar, pero nunca hacen nada.

Las ideas permanecen en sus cabezas y nunca llegan a sus corazones. Y sin corazón, las ideas se diluyen rápidamente. Las ideas en sí son livianas y esponjosas. Se necesita una gran pasión para convertirlas en concreto, piedra y vidrio. Tienes que aterrizar tus ideas. Tómalas e inyéctales el peso de la pasión tan rápido como puedas antes de que se esfumen en el aire. La pasión es el ingrediente mágico que te da una fuerza descomunal para materializar los esfuerzos. He visto personas menos talentosas que persiguen los mayores éxitos con una pasión de alto octanaje. Debes tener esto para competir y crecer en la vida.

De mi padre aprendí muchas cosas sobre la pasión. La gente me pregunta: "¿Aprendiste el negocio de la construcción de tu padre?" La respuesta es sí, de él aprendí todo sobre la construcción. ¿Pero saben qué aprendí realmente de él? Mi padre trabajaba sábados y domingos, los siete días de la semana. Le encantaba trabajar y era un hombre feliz. Cuando iba a una obra, la recorría para ver si habían barrido y limpiado los apartamentos. Tenía una expresión que llamaba "como nuevo," o sea los apartamentos tenían que estar como nuevos. Los visitaba sábados y domingos, y eso le encantaba. Cuando trataba de construir en Brooklyn y Queens, cualquier centavo contaba.

Él construía un edificio de apartamentos cuando otra persona levantaba otro en la calle de enfrente. Mi padre lo construía más rápido y más barato, y los apartamentos eran más agradables. El otro constructor se arruinaba y mi padre compraba ese edificio y lo remodelaba. Él me enseñó que el trabajo puede hacerte feliz.

De mi padre obtuve la pasión por el trabajo; me apasiona tanto que sólo duermo tres o cuatro horas diarias. No veo la hora de levantarme e irme a trabajar porque disfruto mucho de mi trabajo. Si realmente amas lo que haces, es probable que no duermas más de tres o cuatro horas. Cuando haces algo que amas, es difícil dormir más. Por ejemplo, una de mis mayores pasiones es hacer negocios. Me encanta ganar todo el dinero que pueda y hacer el mejor negocio posible. Me encanta arrasar con mi contrincante y obtener todos los beneficios. ¿Por qué? Porque no hay nada mejor que esto. Para mí, es incluso mejor que el sexo, y eso que me encanta. Pero cuando logras esto y las cosas marchan sobre ruedas, ¡es una sensación insuperable! Mucha gente dice que un buen negocio es cuando ambas partes ganan, pero eso es falso. En un negocio bueno, ganas tú, y no la otra parte. Acabas con tu rival y te llevas la mejor parte. En las negociaciones que realmente me gustan, siempre voy por el triunfo total. Por eso he hecho tantos negocios buenos.

Mi otra pasión es construir propiedades hermosas, y esa ha sido una razón muy importante para tener éxito. El mundo de la construcción y de los bienes raíces es famoso por ser exigente y difícil; requiere una gran precisión. La construcción debe ser una actividad segura para evitar que las personas se lastimen. Las casualidades no son aceptables; me encanta el desafío de tener que ser preciso y hacer un trabajo meticuloso. Soy muy bueno en mi trabajo porque lo amo, y he aplicado este principio a todo lo que hago.

Recuerdo que tenía un nuevo empleado en la Organización Trump que no entendía por qué dedicábamos tiempo a inspeccionar las propiedades de la forma en que lo hacíamos. La organización estaba muy consolidada y los edificios eran conocidos y elogiados, pero los inspeccionábamos. Algunas veces yo visitaba personalmente la propiedad y le daba un vistazo rápido. Lo que no entendía el empleado era que esa es una de las cosas que hacemos para asegurarnos de que nuestros estándares sigan siendo iguales y permanecer en la cima. Es probable que no sea necesario hacer esto, pero es algo que consideramos importante.

Me encanta comprar una propiedad sin terminar y transformarla en algo magnífico. La belleza y la elegancia, bien sea en una mujer o en una obra de arte, son mis otras pasiones. La belleza no es algo superficial, ni simplemente agradable de mirar, es el producto del estilo y tiene una gran profundidad. Para mí, la pasión por el estilo y mi éxito están completamente relacionados entre sí. No quisiera tener lo uno sin tener lo otro.

Cuando voy a mi oficina en la Torre Trump en la ciudad de Nueva York, me encanta mirar el magnífico atrio que construí. Me fascina ver las multitudes de personas exclamando y suspirando cuando ven el mármol tan hermoso y la impresionante cascada de 80 pies. Me encanta ver su respuesta emotiva, la valoración y la emoción ante la extraordinaria belleza de mi edificio. Me identifico y me siento más cerca de ellos, aunque no los conozca, porque esa fue la misma sensación que tuve cuando construí la Torre Trump.

Realmente, me deslumbro tanto con mis creaciones como los turistas y las celebridades que visitan la Torre Trump, el Trump Taj Mahal de Atlantic City, el edificio 40 Wall Street o cualquiera de mis propiedades. Sé que la gente responde a mi pasión por la belleza y el estilo, lo cual se refleja en mi trabajo. El estilo mueve a las personas, y las más exitosas tienen mucho estilo. Construir edificios completamente hermosos es algo que realmente me emociona y me motiva a superar los mayores obstáculos.

Vince McMahon, el presidente de World Wrestling Entertainment, tiene una fortuna de mil millones de dólares. Vince no sólo ama lo que hace, sino que lo hace muy bien. Luego de hacer una obra en Portland, Oregon, fui a verlo y realmente me sorprendió. Treinta mil personas asistieron al espectáculo y los boletos se agotaron. Le pregunté: "Vince, ¿no quedan boletos?" Me dijo que se habían agotado un año atrás. Le pregunté: "¿Y los boletos para el espectáculo de Wrestlemania en Detroit también están agotados?" Me respondió que todos se habían vendido cinco horas después de sacarlos a la venta. Ochenta y dos mil personas fueron al estadio Ford Field para ver su espectáculo. Le dije: "Realmente eres bueno para esto." Vince estaba encargado de cientos de técnicos, muchos detalles y personas. Estaba al tanto de todo y me dije, este tipo es realmente especial. Vince ama lo que hace y entiende su negocio. Por eso es tan bueno y tan exitoso. La verdad es que la compañía Turner intentó adquirir su empresa a finales de los 90 y fue un desastre. No pudieron superar a McMahon porque él conocía su oficio a la perfección. Siempre que hablo sobre el éxito comienzo con un tema y lo demás fluye; el tema es: tienes que amar lo que haces. Vince McMahon y muchas otras personas que conozco son exitosas porque aman lo que hacen. Si amas tu trabajo, trabajarás más duro y te será más fácil alcanzar el éxito. Es totalmente necesario amar lo que haces.

Tengo un amigo que nació en un hogar desastroso. Su padre es un hombre cruel, miserable, un ser humano horrible, pero aparte de esto es muy buena persona (¡estoy bromeando!). Además, el padre es una leyenda de Wall Street, un tipo muy duro que gana mucho dinero. Si les dijera su nombre, todos ustedes lo conocerían. Su hijo—digamos que se llama Stan—es una persona agradable. Soy amigo de los dos, pero prefiero al hijo porque su padre es muy pesado.

Stan trabajaba con su padre en Wall Street y se sentía muy infeliz. Un día, su esposa me llamó y me dijo: "Donald, se siente terrible. No es feliz; las cosas no le están funcionando. Nuestro matrimonio no anda nada bien." Le respondí: "¿Por qué me estás diciendo esto? No puedo hacer nada." Stan estaba fracasando en

Wall Street y se sentía muy mal, pero no podía hacer nada porque no quería decepcionar a su padre.

Stan es socio de un prestigioso club de golf en Westchester. Un día le encargaron dirigir un proyecto de renovación de un campo de golf muy hermoso y costoso, pero no se lo pidieron porque creyeran que haría un buen trabajo sino porque lo apreciaban mucho.

Sin embargo, sus resultados fueron increíbles. Todos los días llegaba a las cinco de la mañana. Tardó seis meses en terminarlo en vez de un año, y quedó diez veces mejor de lo que todos esperaban y por menos dinero. Le dije: "Stan, eres increíble." Su esposa me llamó y me dijo: "Stan está de maravilla, ha cambiado por completo." Todos estaban felices: sus hijos, su esposa, todo el mundo. Stan estuvo increíble, acosó al contratista y lo vigiló como un águila. Cuando terminó la renovación, le dieron un premio y organizaron una cena en su honor. Stan era todo un héroe.

Posteriormente regresó a Wall Street y comenzó a fracasar. Cuando me comentó lo que le sucedía, le dije, "Stan, no estás haciendo lo tuyo."

"No puedo evitarlo, tengo que hacerlo por mi padre," me respondió.

"Estás cometiendo un error. Tienes que dedicarte a la construcción, a la restauración o a hacer campos de golf. Deberías hacerlo. Serás muy bueno en eso, te irá bien," le repliqué.

Pero él me respondió, "No puedo hacerlo."

Stan vivió momentos muy duros, pero hace tres años tomó una decisión sabia: renunció a su trabajo en Wall Street y entró en la construcción. Actualmente le va muy bien porque ama su trabajo. No gana tanto dinero como un tiburón de Wall Street, pero vive feliz, ama lo que hace y le encanta levantarse para ir a trabajar. Ya se considera un triunfador; siempre que lo veo está radiante y su aspecto derrocha bienestar. Ha recobrado su gusto por la vida y es una persona diferente porque tuvo las agallas para ir contra la tradición, para asumir el control de su vida y cambiar.

Así que si tu vida no es la que deseas, no temas preguntarte si estás haciendo lo que quieres y lo correcto para ti. Independientemente de tu edad, evalúa tus sentimientos, ambiciones y metas, y no las de los demás, así tengas que enfrentarte a los amigos, familiares y colegas que creen saber qué es lo mejor para ti. Conéctate a tu propia energía, podría fluir mejor si te conectas a tu propio tomacorriente.

MANEJA LA PRESIÓN

Otra clave para el éxito es saber manejar la presión. Si quieres ser exitoso en cualquier aspecto de la vida, tienes que estar en control. Ya sea que te dediques al negocio de bienes raíces, que abras tu propia compañía o que trabajes en el mundo corporativo, necesitas resistir una gran dosis de presión. Los "chanchulleros" de Wall

Street, los médicos, abogados, deportistas, políticos y figuras del espectáculo llevan una vida llena de presión. ¿Cómo lo logran? ¿Cómo hacen para llevar vidas felices y exitosas cuando tienen tanta presión?

Muchas veces, el estrés tiene que ver más con concentrarte en lo que amas que con cualquier otra cosa. He aprendido que es importante concentrarse en la solución, no en el problema. Si depositas toda tu energía en el problema, ¿qué pasión te queda para encontrar una solución? He conocido a constructores que se enfrascan en prolongadas discusiones con todas las personas involucradas cuando se encuentran con algo inesperado como restricciones de zonas, violaciones de códigos, grandes niveles de agua subterránea o materiales que se han perdido. Dedican mucho tiempo a discutir la causa del problema y a echarle la culpa a alguien. Comienzan a imaginarse lo peor: que el trabajo terminará muy tarde, excederán el presupuesto, el banco retirará el financiamiento o que la ciudad les anulará el permiso. Esa energía estaría mejor empleada en encontrar una solución.

Cuando comencé mi carrera en bienes raíces, yo tenía un problema. No tenía dinero para invertir en las propiedades que quería. Pero no me concentré en eso ni dejé que me frenara. ¡Concentré toda mi atención en encontrar propiedades con problemas financieros! Mi consejo es reconocer el problema y pasar a un nivel más positivo. Si dijéramos: "estoy tan desconcentrado" en vez de "estoy tan estresado," creo que podríamos solucionar las cosas con mayor rapidez. Mientras más concentrado esté en hacer las cosas que amo, menos estrés sentiré.

Pero la realidad es que no todos nacen para ser exitosos. Quiero hablarles de los aspectos negativos del negocio, así como de los positivos: lo cierto es que la mayoría de las personas no nacieron para soportar los altos niveles de estrés propios del éxito rotundo. No sé por qué, pero algunas personas no son capaces de hacerlo. He conocido a muchas personas que son genios: tienen un alto cociente intelectual, fueron los mejores estudiantes en la universidad y en el colegio, estudiaron en las mejores universidades (Harvard, Wharton), pero no pueden soportar la presión. He llegado a un punto en que conozco a muchas personas inteligentes, pero no a muchas que puedan soportar la presión.

Una de las cosas que más me gustan de los deportes es que en un período muy corto de tiempo, uno ve si un deportista se derrumba o se destaca bajo los efectos de la presión. La mayoría se derrumban, pero hay grandes deportistas que tienen un mayor rendimiento. Vean a Tiger Woods, Derek Jeter o Tom Brady; todos ellos rinden mejor bajo presión. Podemos observar esto en los deportes en un corto período de tiempo, mientras que en el mundo de los negocios pueden pasar diez o quince años para saber si puedes rendir bien bajo presión. Creo que es vital que sepas si puedes resistir la presión. No tiene nada de malo si no puedes hacerlo: es agradable que tengas un trabajo que te guste, que estés casado, que críes a tus hijos y lleves una vida feliz.

Esto en sí es una forma de éxito, y aunque es algo bueno, no lo es para mí.

Tuve muchos amigos que estudiaron conmigo en Wharton y que eran muy inteligentes. De paso, yo fui un buen estudiante; créanlo o no, era muy bueno para las matemáticas y las ciencias. A muchas personas les cuesta creer que yo fuera un buen estudiante porque no ven ese aspecto de mi personalidad. Creen que soy inteligente, pero no me imaginan estudiando. Sin embargo, ¡lo hacía!

He seguido en contacto con algunos de ellos. Uno de ellos en particular era todo un genio, pero nunca hizo nada. Tenía un buen empleo en una firma de contabilidad, pero hace poco pensó en comprar una casa y no sabía qué hacer. Me llamó y me preguntó, "¿Crees que estoy cometiendo un error? No sé qué estoy haciendo, me siento muy nervioso. Voy a comprar una casa, pero, ¿qué debo hacer? ¿Pido dinero prestado?" Estaba apabullado por el simple hecho de comprar una casa. Cuando lo hizo, esta persona brillante me llamó y me dijo: "Donald, compré una casa. ¿Crees que hice lo correcto? Conseguí una hipoteca. Dios mío, ¿crees que funcione?" Este es el caso de un hombre con un cociente intelectual de 180 que no podía dormir ni tener sexo con su esposa debido al estrés. Le dije, "¿Qué sentido tiene comprar una casa sino puedes tener relaciones sexuales con tu esposa? ¿Qué clase de casa esa?"

Este hombre asesora a las personas sobre cómo hacer dinero. Es un contador muy exitoso y todo un genio, pero es un caso perdido cuando se trata de invertir su propio dinero. Luego de recibir unas diez llamadas, le dije: "Jim, eres muy afortunado en tener un buen trabajo porque nunca podrías trabajar independiente." Él se sintió insultado, pero era la verdad. Le dije, "No podrías hacerlo porque no puedes soportar la presión."

He pasado por muchas cosas. He tenido grandes éxitos; también he tenido momentos muy difíciles, como cuando el mercado de bienes inmobiliarios colapsó a comienzos de los años 90. Debía miles de millones de dólares y los bancos me perseguían. ¡No era nada divertido! Todos los bancos importantes me buscaban. Todos los promotores inmobiliarios tenían grandes problemas. Yo tenía algunos amigos y enemigos en el negocio, y pensaba que eran tipos fuertes, pero casi ninguno pudo comportarse en los tiempos difíciles de la misma forma en que lo hacían en los tiempos buenos. La mayoría salió del negocio; todos mis amigos se estaban arruinando. Aunque esto no era muy divertido y yo no quería estar en esa situación, en cierto sentido no sentía que fuera tan mala; dormía muy bien y seguía en posesión de mis facultades. No es que me entrenara para eso, pues no lo hacía. Pero esa experiencia difícil me enseñó que podía manejar la presión. La mayoría de las personas se acurrucaron en un rincón, se llevaron el dedo a la boca y suplicaron: "¡Mami, mami, llévame a casa!"

Aprendí que podía resistir la presión y no me doblegué. Hablé con los bancos y logré que aceptaran una parte de la responsabilidad, pues creía que el problema era de ellos y no mío. ¿Por qué me habría de importar? De hecho, le dije a uno de los bancos: "Les dije que no deberían haberme prestado ese dinero; les dije que ese maldito negocio no era bueno. Ustedes sabían que me estaban cobrando muchos intereses." Yo estaba bromeando, pero tenía que decirles eso. No era muy agradable, pero era mejor que arrodillarme como lo hicieron otras personas. Los bancos temen que los demanden, y por eso digo que hay formas de superar los problemas. Tienes que amar lo que haces, tienes que ser capaz de soportar la presión.

Es cierto que nunca me arruiné, pero tenía problemas muy, muy grandes. Afortunadamente, mi relación con los bancos era muy buena. En los años 80 yo trataba bien a mis bancos, así que no quisieron hacerme daño en los 90. Querían perjudicarme hasta cierto punto porque eso es lo que hacen los bancos cuando no les pagas, pero no querían hacerme tanto daño como le hicieron a muchas otras personas.

Hay un antiguo refrán: "Ten cuidado con quienes te tropiezas cuando subes porque te encontrarás con ellos cuando bajes." Esto es muy cierto.

Conocí a un hombre en el negocio de los bienes inmobiliarios, pero no diré su nombre. Era un hombre muy conocido y arrogante; construía edificios igual que yo y menospreciaba a los banqueros; los trataba muy, muy mal. Algunas veces hablaba con las esposas de ellos en las cenas y les decía: "No puedo creer que tu esposo sea un banquero. Mira todo el dinero que estoy ganando, y él no." Las hacía sentir mal intencionalmente.

Yo trataba a los banqueros de una forma completamente opuesta. Les decía: "¡Eres el mejor!," aunque yo estuviera labrando una fortuna y ellos no. ¿Para qué lastimarlos? El hombre del que hablaba siguió así por seis o siete años. Pedía mucho dinero prestado y construía muchos edificios. Cuando el mercado de bienes inmobiliarios colapsó, los bancos fueron muy duros con él, mucho más que conmigo. Y lo hicieron porque era un arrogante y un cabrón. Un banquero me dijo que este hombre arrogante, cruel, mezquino y desagradable se arrodilló y les suplico que no le hipotecaran sus bienes personales y lloró como un niño: ¡Lloró arrodillado! ¿Y saben qué hicieron los bancos? Lo sacaron del negocio. Nunca más he vuelto a saber de él.

HAZ LO QUE TE HAGA SENTIR BIEN

Yo debía toneladas de dinero a comienzos de los 90. Había pasado de ser el más listo a ser un "don nadie." Una noche entré a la sala de juntas; mis contadores seguían trabajando y el ambiente era pesado porque todos estaban concentrados en cosas desagradables. Decidí que necesitábamos concentrarnos en cosas agradables, así que empecé a describirles todos mis planes sobre proyectos futuros y lo fantásticos que serían. Los describí en detalle y les ofrecí una clara imagen del éxito. Todos creyeron que me había vuelto loco. Pero desde ese momento, dejamos de pensar en el problema tan serio que teníamos y nos enfocamos en el futuro brillante.

La situación cambió para bien, y todo gracias a que dirigimos nuestra atención a lo que nos gustaba hacer. Posteriormente, comencé a realizar nuevos negocios y me sentí bien aunque no estaba en posición para hacerlos. Estaba perdiendo mucho dinero, pero mi mentalidad era muy positiva. Actualmente, mi compañía es más exitosa y productiva que nunca antes.

Otra forma de asumir la presión de los negocios es comprender lo frágil que es la vida. Perdí a tres de mis principales ejecutivos cuando el helicóptero en que viajaban se estrelló en Atlantic City. Cuando sucede algo así, comprendes la fragilidad de la vida. Tengo una gran propiedad en Florida llamada Mar-a-Lago Club, y siempre que puedo, permito que los veteranos que regresan heridos de la guerra en Iraq, vayan a Mar-a-Lago y utilicen la playa privada y la terraza del club. Mis empleados me han dicho que las personas más increíbles que han conocido son las que han regresado de Iraq sin piernas ni brazos, y me alegro de haberlas podido recibir en mi club.

Soy un hombre de negocios. He visto que muchos negociantes son astutos y saben que los negocios realmente no importan; son sólo un juego, y todos estamos aquí para pasarla bien mientras podamos. La gente me pregunta, "¿Cómo manejas la presión? ¿Cómo haces negocios de miles de millones de dólares y los financias con enormes préstamos bancarios? ¿Cómo puedes dormir en la noche? ¿Cómo haces para hablar por la televisión frente a millones de personas?"

La verdad es que eso no tiene importancia. ¿Qué importancia habría de tener? Todos sabemos lo que está sucediendo en Iraq. Hemos visto a un tsunami arrasar con cientos de miles de personas. Piensen en las casi 3,000 personas que murieron el 11 de septiembre de 2001 en el World Trade Center, algo muy trágico; y en las 300,000 personas que murieron en 2004 por causa del tsunami en Asia: un número de muertos cien veces mayor que los del atentado terrorista. ¿Qué importa si tienes que hacer una presentación importante para el presidente de Citibank a las 9 A.M.? Sólo tienes que actuar con inteligencia y tener un gran sentido del humor, pues los problemas que pueden parecer muy grandes realmente no importan cuando los comparas con tragedias como las que acabo de mencionar.

Durante toda mi vida las personas me han enumerado los desastres que podrían suceder: me hablan de colapsos del mercado, guerras, enfermedades, terremotos y tsunamis. Me dicen que debo comer esto o aquello para evitar el cáncer. Un abogado amigo mío—un hombre fantástico y muy inteligente—me contó que se había enterado de que yo había hablado ante más de 62,000 personas en Los Ángeles. Me dijo, "¿Cómo puedes hacerlo? ¿No sientes miedo?" Yo le dije, "No quiero ni pensarlo." Es cierto: yo *no* quiero pensar en eso; simplemente lo hago. Al día siguiente me llamó y me dijo, "Es lo más inteligente que he escuchado."

La verdad es que yo no pienso en nada, salvo cuando tengo que pensar en realizar una gran labor. Tendré mucho tiempo cuando sea viejo para pensar en otras cosas y por ahora sólo pienso en cómo hacer mi trabajo.

APRENDE DE TUS ERRORES

Todos tenemos épocas buenas y épocas malas. Todos hacemos negocios buenos y malos. Tenemos que aceptarlo. Hasta los mejores negociantes que han hecho cientos de negocios han realizado algunos malos. Algunos negocios simplemente no funcionan independientemente de lo que hagas. En lugar de deprimirme, practico una fórmula que denomino la Fórmula del Conocimiento. Cuando la utilizo, no sólo aprendo de las épocas buenas sino también de las malas.

LA FÓRMULA DEL CONOCIMIENTO

La mejor forma de aprender es estudiar la historia de los éxitos y fracasos en tu campo.

La Fórmula del Conocimiento es la mejor forma de aprender porque es más fácil y rápido aprender de los errores ajenos que de los tuyos. Por ejemplo, no tienes que padecer el colapso del mercado inmobiliario como lo tuve que hacer yo a comienzos de los 90, para saber qué debes hacer en esa situación. Debido a la forma en que suceden las cosas, muchas veces la vida te obliga a aprender de tus errores, pero es mucho mejor si puedes aprender de los errores ajenos.

NUNCA TE RINDAS

Otra cosa: si quieres ser exitoso, nunca puedes rendirte. Y si amas lo que haces, nunca te rendirás. A veces puedes pensar en "tirar la toalla" y creer que no serás capaz de intentarlo otra vez. Sin embargo, ese es el momento más importante, porque es cuando comienzas a adquirir información valiosa sobre lo que estás haciendo y necesitas esa información para tener éxito.

Tienes que ser paciente y entusiasta con tus metas. Piensa en grande, pero sé realista. Esperé 30 años para que algunas cosas resultaran. Vean el caso de Rupert Murdoch, el magnate de los medios, esperó muchos años para comprar *The Wall Street Journal*. Siempre había querido comprarlo y sabía que algún día lo haría. Rupert es un verdadero genio. Siempre encontraremos obstáculos; de hecho, es bueno que existan. Si los consideras como desafíos y no como obstáculos, descubrirás que tienes la capacidad para superarlos. Es muy importante tener firmeza y no claudicar nunca. Tienes que seguir adelante, tener tus metas claras y no rendirte ante los problemas o reveses. Podría contarles muchas historias de amigos míos que son sumamente inteligentes; las personas más inteligentes que puedan imaginar, pero que nunca lograron nada porque se dieron por vencidos. También podría contarles historias de amigos míos que no son tan inteligentes, sacarían un 25 por ciento menos en pruebas de capacidad intelectual, sin embargo, son algunos de los hombres más ricos del mundo porque tienen una cualidad diferente: nunca se han rendido. Si realmente amas algo, tendrás menos probabilidades de claudicar.

Una parte del problema es que queremos evitar situaciones difíciles como no haber recibido un préstamo, haber perdido un negocio o un cliente que queríamos, o incluso perder tu negocio o a tu esposa. Como dije anteriormente, no puedes dejar que esto te detenga. No pienses en el dolor; sigue tal como lo hacen los grandes deportistas.

No podía creerlo cuando Michelle Sorro, una candidata de

The Apprentice en Los Ángeles, me dijo que tiraría la toalla y renunciaría antes que enfrentarse a mí en la sala de juntas. Y no podía creerlo porque estoy acostumbrado a tratar con los tipos más duros que hay en el negocio y jamás piensan en darse por vencidos.

Michelle estaba atravesando dificultades como administradora del proyecto. Sus compañeros no la querían y le estaban dando problemas; sin embargo, ella lideró a su equipo, pero sufrió una derrota apabullante; y en vez de sobreponerse, renunció. Me sorprendió que alguien desperdiciara con tanta facilidad la oportunidad de competir por un cargo de tanto poder. Hay más de 50,000 personas haciendo fila para las audiciones de *The Apprentice*. Ella fue elegida y renunció sin pelear.

No tenemos muchas oportunidades de ese tipo en la vida. Hay algo que yo enseño una y otra vez: si quieres ser exitoso en los negocios y en la vida, jamás te rindas ni renuncies, pues nunca alcanzarás el éxito.

Michelle disfrazó su falta de determinación con una serie de disculpas que giraban en torno a la idea de que su experiencia en *The Apprentice* no era lo que había esperado y nunca se imaginó que tendría que vivir en una carpa bajo la lluvia. Le dije: "Michelle, la vida es así. Muchas personas afrontan problemas mucho más grandes todos los días. La vida no siempre se manifiesta como lo esperas."

Cada día es una nueva aventura; no hay nada que sea seguro.

Es imposible saber lo que te va a suceder, y algunas veces puede ser algo terrible. Tienes que ser fuerte para sobrevivir y nunca debes rendirte sin antes pelear. Los que se rinden no tienen ninguna oportunidad.

La renuncia de Michelle hizo que me preguntara si los jóvenes de ahora no tienen las agallas para perseverar. Leí un estudio reciente en el que se decía que los estudiantes universitarios actuales son más narcisistas y egocéntricos que nunca antes. Los psicólogos que realizaron el estudio especularon que el comportamiento de los estudiantes es el resultado directo de la forma en que fueron criados por sus padres y de la educación que recibieron en el sistema escolar. Desde el día en que nacieron, muchos de ellos sólo recibían elogios por ser tan maravillosos y especiales. El "movimiento de autoestima" de los años 80 y 90, se convirtió en una costumbre nacional que practicaron todos los padres.

Los elogios excesivos y sin fundamento no son saludables para los niños. Está bien decirles a tus hijos que son especiales, ya que es algo propio de un padre cariñoso, pero no debemos excedernos.

Elogiar constantemente a los hijos por cualquier cosa que hagan es excesivo. No hay que ser tan complacientes con ellos; deja que tus hijos se esfuercen para que los elogies, así lo valorarán más.

Siempre les enseñé a mis hijos que necesitaban esforzarse mucho para conseguir cualquier cosa en la vida y que todos los lujos que tenían eran producto de mis grandes esfuerzos. Les enseñé que tenían que compartir mi trabajo si querían disfrutar de todos los beneficios. Donald Jr., Ivanka y Eric trabajan conmigo en la Organización Trump. Hacen negocios y les enseño todo lo que sé sobre bienes inmobiliarios. Fueron alumnos destacados y realizan una gran labor. Tuve la fortuna de tener unos hijos maravillosos y parecen tener un gran talento natural.

Si elogias excesivamente a un hijo y le inculcas un sentido excesivo de autoestima, comenzará a creer que tiene derecho al éxito sin tener que esforzarse. Sin embargo, esto no es cierto. Cuando crezca, descubrirá que la vida es mucho más difícil de lo que le hiciste creer, y renunciará si no logra nada en un instante. Renunciar es un hábito difícil de romper. A mi hija Ivanka le pidieron participar en un documental de MTV llamado *Born Rich* (Ricos de Nacimiento). Algunos de los participantes eran Georgina Bloomberg, Luke Weil, Cody Franchetti, Si Newhouse IV, Josiah Hornblower e Ivanka. Algunos de estos chicos no habían hecho nada para alejarse del estereotipo de niños ricos y malcriados. Algunos de ellos daban por descontada la fortuna que les habían puesto en sus manos y hablaron de sus padres en términos irrespetuosos: ¡Yo no podía creerlo! Afortunadamente, Ivanka era distinta; era juiciosa, inteligente y hablaba con respeto sobre su vida y su familia, y estaba agradecida por los privilegios que había tenido. Me sentí muy orgulloso de ella.

En la vida real hay algunas cosas que no puedes hacer; los padres que les dicen a sus hijos que pueden hacer todo lo que quieren no están siendo realistas porque hay algunas cosas que no son posibles. Sin embargo, no debemos desalentar a nuestros hijos. La clave está en ser un optimista escéptico y escoger tus batallas. Cuando creas que puedes ganar, arremete con todo y nunca te rindas, pero sé consciente de tus limitaciones.

La gente me dice que yo tendría éxito en cualquier cosa. Sin embargo, eso no es cierto. Soy básicamente un constructor, y luego tuve un poco de suerte en la televisión; tengo personalidad para ese medio. Hay algunas cosas que puedo hacer y siento una pasión enorme al hacerlas, pero hay muchas otras para las que soy incapaz: por ejemplo, no soy bueno para las computadoras. Sé que nunca tendría éxito en ese campo por más que me esforzara. No siento esa gran pasión que tienen los grandes empresarios de la era informática por esos aparatos; simplemente, no me interesan.

La vida está llena de desafíos y obstáculos que se interponen en nuestro camino. Es imposible enfrentar todos los desafíos de la vida. Sin embargo, podemos asumir lo que nos emociona y lo que creamos que podemos hacer. Y cuando aparecen los problemas, podemos subir, dar la vuelta o pasar por debajo hasta alcanzar nuestras metas. No permito que ningún empleado de mi organización renuncie a un proyecto hasta que se hayan explorado todas las posibilidades de éxito. En 1974 compré el terreno para construir el Trump Place en Riverside Drive, un sector del Upper West

Side, el cual estará terminado en el 2008: insistí durante más de 30 años y nunca me rendí.

ABANDONA LO CÓMODO

Los lectores de la revista *Business Week* me eligieron como el "líder de negocios más competitivo del mundo." No sé si sea cierto, pues conozco a muchos competidores fuertes. Sin embargo, esto me enorgullece porque me vanaglorio de mi competitividad y de mi deseo de trascender. Tienes que retarte constantemente para alcanzar cada vez mayores logros, y si quieres hacerlo, debes abandonar tu zona de bienestar. Me he convertido en uno de los mayores constructores de Nueva York. En esta ciudad hay una gran competencia, por lo que siempre me mantengo alerta e intento mejorar. Además, también compito conmigo mismo. Me dedico a desafiarme a seguir adelante y a conservar mi impulso. Siempre intento hacer mejor las cosas, sin importar los éxitos que ya haya logrado. Por ejemplo, la marca Trump es una de las marcas registradas más reconocidas y valiosas en la actualidad; es un sinónimo de lo mejor que hay en la vida. Cuando estaba buscando una marca de vodka que llevara la etiqueta Trump, sólo quería vodka de la mejor calidad, pues quería entregarles a los consumidores un producto digno de la marca Trump. Finalmente la encontré; hice lo mismo con la línea Trump de camisas, corbatas y trajes que se venden en Macy's, y hemos obtenido muy buenos resultados. Me esfuerzo en dar lo mejor de mí en todo lo que hago porque lleva mi nombre.

Alguien me preguntó una vez por qué nunca estoy satisfecho con lo que he logrado. La respuesta es simple: yo no soy así. Si estuviera satisfecho, no sería Donald Trump. La experiencia me enseñó que esto no funciona en mi caso. Si te duermes en los laureles, estás terminado. A finales de los 80 creí que había conseguido mucho dinero y que ya no necesitaba trabajar duro, pero rápidamente aprendí que el mundo cambia continuamente. No puedes detenerte. Si lo haces, la vida te pasará por delante. Me gusta vivir mi vida a la vanguardia del progreso, no por el dinero sino por el puro placer de participar y nunca renunciaría a eso. He visto que las personas de la industria inmobiliaria nunca se retiran. Se mantienen haciendo negocios y reparando sus propiedades aunque tengan más de 80 o 90 años. Por alguna razón, nunca se retiran, debe ser porque aman su trabajo.

ACTÚA

Es bueno soñar en grande. Si no tienes sueños grandes no llegarás a ningún lado, pero debes tener el valor para que esos sueños se hagan realidad. Cuando hayas definido tus metas, busca oportunidades para comenzar a actuar. Si dudas cuando se te presenta una oportunidad, es probable que aplaces las cosas porque sientas miedo al fracaso. Rompe con esto, pues si adquieres la costumbre de aplazar las cosas, todas tus metas se volverán promesas vacías que nunca se cumplirán. Mantén tus promesas adquiriendo la costumbre de actuar para lograr tus metas.

Cuando descubras qué es lo que te gusta hacer, tienes que actuar. Comencé a comprar y vender propiedades cuando estudiaba en la Wharton School of Finance. Deberías involucrarte rápidamente con lo que te gusta hacer al nivel que puedas y disfrutar haciéndolo. Por ejemplo, la presentadora de noticias Katie Couric no se divierte en su trabajo: puedes verlo en sus ojos. No le gusta trabajar en las noticias y eso se nota. También deberías leer libros y aprender de personas experimentadas en el campo y ponerlo en práctica tan pronto como puedas. No esperes el "momento adecuado" ni la perfección para actuar: eso nunca sucederá. Comienza de una vez. Aprenderás más al hacerlo que de cualquier otra forma.

Tienes que adquirir los conocimientos, tienes que realizar una actividad que realmente te guste y tienes que salir a arrasar, eso es todo lo que tienes que hacer. ¡Sal a conseguirlo ya!

¿QUÉ NOS DICE ZANKER?

Si quieres hacer algo realmente bien, tienes que amarlo. A la mayoría de las personas les enseñan que trabajar no es divertido. Los padres y profesores quieren que los estudiantes trabajen duro en la escuela, y que se diviertan haciendo lo que quieran en su tiempo libre. Jugar béisbol es divertido, pero estudiar no. Sin embargo, todos los adultos tenemos que elegir una profesión y la mayoría no estamos preparados. No nos imaginamos que el trabajo pueda ser divertido porque nos han condicionado para pensar de un modo diferente.

Entonces, realizamos los trabajos que les gustan a nuestros padres, los cuales no nos dan mucho prestigio, pero recibimos un salario fijo. Mientras tanto, no nos importa si realmente nos gusta esa profesión y no pensamos en eso. El dinero y el prestigio son seducciones peligrosas para una persona joven que se decide por una profesión. A muchos jóvenes les atraen las carreras que impresionan a otras personas. Desafortunadamente, sus decisiones se basan en el hecho de que las personas a quienes tratan de impresionar realmente no tienen un criterio tan selectivo.

Mi padre era un inmigrante polaco que diseñaba vestidos y abrigos de mujer en el distrito textil de Nueva York. Se la pasaba renunciando a su empleo para irse a trabajar en otra compañía. Parecía gustarle su trabajo, pero si le agradaba tanto, ¿por qué renunciaba? Nunca entendí esto en mi infancia. La respuesta es que hacía lo que le gustaba. El placer de ser un diseñador le permitía renunciar cuando su jefe alteraba sus diseños, utilizaba materiales más baratos o hacía algo que iba contra sus principios. El amor que sentía por su trabajo le daba la fortaleza para defenderse por sus propios medios. Un trabajador de una línea de ensamblaje odia lo que hace y siempre le teme al desempleo, lo cual es absurdo, porque si odias tu trabajo no deberías sentir temor de perderlo. Si no haces lo que te gusta, nunca te sentirás seguro en tu trabajo y vivirás con miedo a ser despedido. Pero si haces lo que te gusta, tendrás la actitud "arrasadora" necesaria para tener éxito, cambiar de empleo y abandonar tu cómodo refugio.

Tengo un amigo médico que sabía lo que quería hacer desde que estaba en secundaria; quería un camino rápido al dinero y al prestigio, y nunca le importó si era algo que le gustaba o no. Ahora se arrepiente de su elección y siempre me dice lo mucho que odia su trabajo. Todos piensan que quieren una seguridad económica, pero realmente las personas más felices son las que aman lo que hacen. Saber que un trabajo puede ser divertido ya es un buen comienzo, y cuando encuentres lo que te gusta, estarás a un paso de lograrlo.

Cuando yo estaba comenzando, creía que quería ser cineasta pero el estudio era aburrido, así que comencé con algo que creía hacer por el dinero: The Learning Annex. Durante un tiempo, tenía la disculpa de que era un cineasta que tenía un negocio temporal para cubrir sus necesidades. Pero pronto comprendí que lo que realmente me gustaba era aprender. Habría sido maravilloso estudiar el resto de mi vida porque realmente me gusta aprender cosas nuevas. Siempre que entro a una librería me encanta ir a la sección de autoayuda y pasar horas mirando libros. He logrado que muchos de esos autores enseñen en The Learning Annex. Me encanta aprender de ellos, y sabía que mis estudiantes también lo disfrutarían.

Seguí con The Learning Annex porque era emocionante, y dirigirlo fue la mejor carrera que hubiera podido imaginar. No es un trabajo: ¡Es pura diversión! Siempre estoy aprendiendo de los mejores maestros del mundo. Consigo a los "gurúes" de los que quiero aprender, y los convenzo para que compartan sus conocimientos con mis estudiantes (incluido yo), y eso me hace sentir feliz. Eso no es trabajar… es lo que me gusta hacer. Es como descubrir un buen restaurante y compartirlo con los amigos. Encontrar a los maestros más grandes del mundo y hacer que compartan sus conocimientos con mis estudiantes es algo que me hace feliz y por eso soy bueno en lo que hago. El prestigio es curioso; si haces algo bien, adquieres prestigio. Yo estoy ganando mucho dinero; haz lo que te gusta y el dinero te llegará por añadidura. Así ha sido para mí, y sé que también lo será para ti.

Yo tenía un empleado que conocía su oficio pero no sentía pasión por el mismo. Trabajaba para pagar su casa. Lo despedí y todos se sorprendieron. "¿Como pudiste hacerlo? Hacía bien su trabajo," me dijeron. Pero yo no quería tener en mi organización a personas que no sintieran pasión por su trabajo, pues creo que pueden arruinar a una compañía. Si vas a trabajar en The Learning Annex, tiene que gustarte nuestra misión. De lo contrario, es mejor que consigas empleo en cualquier otro lugar. Pocos años después, este empleado me escribió una hermosa carta, agradeciéndome por haberlo despedido, pues comenzó a viajar por el mundo y a escribir sobre sus viajes. Actualmente es un escritor reconocido en su campo, ha escrito varios libros y ha enseñado cómo incursionar en la literatura de viajes en The Learning Annex. Encontró su verdadera pasión y es exitoso en lo que hace.

PARA RESUMIR

Nunca hagas algo sólo por el dinero: hazlo por amor. Si quieres ser completamente exitoso tienes que amar lo que haces. Encuentra una profesión que te apasione. Necesitarás pasión para superar obstáculos, para recuperarte de los reveses y para sortear los tiempos difíciles. Por supuesto, que el dinero es un indicador de resultados y es muy útil, pero no debería ser tu única motivación. Haz que tus metas tengan sustancia y dales un valor que no sea monetario. Si quieres ser un triunfador en la vida, encuentra una pasión, abandona tu cómodo refugio y conviértete en un hacedor. Aprende a manejar la presión, a recuperarte de los fracasos y a no renunciar nunca.

PUNTOS CLAVE

▶ Descubre tu pasión y ama lo que haces.

▶ No hagas algo que no te gusta sólo por el dinero.

▶ Da lo mejor de ti, sé apasionado y lograrás buenos resultados.

▶ Dale a tus metas un valor que no sea monetario.

▶ Comprende que la pasión vence al miedo.

▶ Alimenta tu pasión actuando todos los días.

▶ Disfruta mucho de lograr un trabajo bien hecho.

▶ Concéntrate en la solución y no en el problema.

▶ Maneja la presión aprendiendo a no sucumbir a los pensamientos negativos ni a las opiniones ajenas.

▶ Aprende de los errores pero no permitas que te afecten.

▶ Ten fortaleza mental y nunca te rindas.

▶ Abandona tu cómodo refugio.

3

INSTINTOS BÁSICOS

Realmente pienso que puedes confiar en tus instintos si eres capaz e inteligente. Tienes que ir contra la corriente. En muchos de los mejores negocios que he hecho, fui en contra de lo que creían los demás y a veces actuaba de una manera muy inesperada.

Durante mis primeros cinco años como hombre de negocios, compraba y remodelaba casas en Brooklyn y Queens con mi padre. Decidí que quería ser promotor de bienes inmobiliarios en Manhattan porque ese sector era lo máximo. Aunque mi padre fue muy exitoso, nunca hizo nada allí. Todos me decían que no trabajara en ese lugar, que nunca lograría nada. Yo no tenía dinero, pero me estaba empezando a ir bien en Brooklyn y en Queens. El problema era que no conocía a nadie en Manhattan.

En el verano de 1973, la compañía ferroviaria Penn Central presentó una solicitud para declararse en bancarrota. Entre sus activos figuraban estaciones abandonadas en las calles 30 y 60 de la zona Oeste. Muchas veces había visto las propiedades abandonadas que tenían frente al río; eran 100 acres y siempre había pensado que tenían mucho potencial. En esa época, muchas zonas del sector Oeste de Manhattan eran consideradas peligrosas debido a los vendedores de drogas y a los refugios del programa de asistencia social del gobierno. Sin embargo, pensé que sería muy fácil recuperar ese sector. Había magníficas casas antiguas de ladrillo en la calle West 84, a pocas cuadras de Central Park y estaba convencido de que otras personas no tardarían en descubrir el valor real de estas propiedades.

La gente me decía que yo no sería capaz de construir en esa zona. Nadie que tuviera sus cinco sentidos estaba interesado en esa propiedad. La ciudad tenía problemas y los promotores de bienes inmobiliarios atravesaban una situación difícil. Además, se estaban otorgando muy pocas licencias para construir nuevos edificios. Sin embargo, yo insistí porque mis instintos me decían que se trataba de algo grande, y después de todo, ¿qué podía perder con intentarlo? Conocí a la persona encargada de vender los activos de la compañía ferroviaria; lo convencí, hice lo necesario para conseguir los permisos, discutí con la junta comunitaria y fui a la Junta de Estudios y al Departamento de Planeación.

El resto es historia. Mientras tanto, comencé a renovar el Hotel Commodore hasta transformarlo en el Grand Hyatt. Este proyecto me dio el historial que tanto necesitaba. El 29 de julio de 1974, adquirí la opción de compra de las dos propiedades que tenía la compañía ferroviaria; las cuales iban desde la calle West 59 hasta la 72, y de la calle West 34 hasta la 39, por 62 millones de dólares sin cuota inicial. Esto lo logré porque actué siguiendo mis instintos y no renuncié.

Otro negocio fue el edificio 40 Wall Street, que fue el más alto del mundo antes de que se construyeran el edificio Chrysler y el Empire State en 1931. Luego fue el edificio más alto del bajo Manhattan hasta 1972, cuando se construyeron las Torres Geme- las, y ahora que fueron trágicamente derribadas, el edificio de 72 pisos de 40 Wall Street es nuevamente el edificio más alto de ese sector de Manhattan.

Era el año 1993 y el mercado estaba en una situación desas- trosa. No me estaba yendo bien en términos financieros. No debe- ría haber comprado nada porque tenía muchos problemas, pero compré el edificio 40 Wall Street por un millón de dólares. Hace poco rechacé una oferta de 535 millones de dólares por él. Es in- creíble, corrí un riesgo y no fue fácil. Sinceramente, sacar un mi- llón de dólares en aquella época fue muy difícil para mí. Tenía que correr con los costos del edificio y repararlo: era mucho dinero.

Eran épocas difíciles. Créanlo o no, tuve dificultades para con- seguir el millón de dólares para comprar el edificio. Si no puedes conseguir un millón de dólares, es porque tienes algunos proble- mas serios. Yo estaba mal de dinero. Hablé con cuatro o cinco de los promotores inmobiliarios más grandes de Nueva York y les propuse que se asociaran conmigo en ese negocio: no les interesó en lo más mínimo. Me dijeron que era un negocio condenado al fracaso. Varias compañías importantes de bienes inmobiliarios lo rechazaron. Les propuse lo siguiente: "Compartamos los gastos por la mitad. Yo pongo medio millón de dólares." Eran centavos para ellos, pero todos me rechazaron. Una persona me dijo: "Es un pozo de dinero."

Así fue, pues gané mucho dinero con él. Dos de los promotores con los que intenté asociarme me dijeron que era el mejor negocio que se habían perdido. Si hubieran tenido el instinto de ir contra la corriente y aportar medio millón, habrían ganado 270 millones de dólares o incluso más. La única persona que vio posibilidades en ese negocio fue un brillante promotor inmobiliario llamado Jerry Speyer, de la firma Tishman-Speyer.

A pesar de lo que todos me decían, yo estaba convencido del valor de 40 Wall Street, un edificio de 72 pisos con un total de 1.3 millones de pies cuadrados. Podía amortizar la inversión sólo con rentar la tienda de departamentos que había en el primer piso. No había posibilidades de perder. Sin embargo, las propiedades en esa zona de Manhattan no eran atractivas y pocas personas percibían el valor del edificio. Pero seguí mis instintos, pagué un millón de dólares y el riesgo valió la pena. Me gusta ir contra la corriente. Creo que es importante seguir tus instintos si crees que tienes el talento.

En realidad, el negocio fue mucho mejor, pues conseguí esta propiedad por nada. Discutí la evaluación de impuestos sobre ella y logré conseguir una reducción de 4 millones de dólares. Llegué a un acuerdo con la ciudad por una suma de dinero más alta que la que había pagado. Luego recibí el reembolso por concepto de impuestos, así que compré el edificio por casi nada, y actualmente vale una fortuna. En poco tiempo pasó de estar completamente vacío a estar totalmente ocupado.

Tienes que saber lo que haces. Tienes que confiar en ti y saber que haces lo correcto. Alcanzarás el mayor de los éxitos si vas contra la corriente. Muchas personas contratan consultores y les pagan demasiado, lo cual es una pérdida de tiempo y dinero, pues cuando regresan con el informe, el negocio ya ha caducado, o alguien se ha adelantado. Y de todos modos, no deberías estar en un negocio en el que necesites depender de consultores. Conoce tu negocio de arriba a abajo, consigue toda la información, pide opiniones y luego actúa según tus instintos.

Todos los tenemos, pero lo importante es saber cómo utilizarlos. Puedes tener los mejores títulos académicos, pero si no utilizas tus instintos, tendrás dificultades para llegar a la cima y mantenerte en ella. Muchas personas han dejado de confiar en el instinto, suprimiendo así este sentido innato.

Nadie puede explicar con exactitud cómo funciona ni por qué. A veces tenemos un presentimiento sobre lo que debemos hacer o no, aunque no podamos detectar las razones exactas. Los hombres de negocios más exitosos saben que tienen buenos instintos y confían en ellos para tomar decisiones brillantes, aunque no sepan cómo funcionan.

Los científicos creen que nuestro cerebro recibe y percibe los patrones de nuestras actividades cotidianas. Luego, cuando nos enfrentamos a una nueva situación, podemos predecir el resul-

tado porque anteriormente nos hemos enfrentado a patrones similares. Me he acostumbrado tanto a hacer negocios que soy perfectamente consciente de cada matiz en todas las etapas del negocio. Sé cuándo alguien aplaza las cosas, no está comprometido o me hace perder el tiempo. Sé cuándo alguien miente y puedo percibir las señales que me avisan que el negocio tiene algo malo porque es demasiado bueno para ser cierto. Sé cuándo mi oponente es débil y cuándo debo arrasar con él.

Los científicos también dicen que hay unas células nerviosas en las vísceras que están conectadas con la parte intuitiva del cerebro. Cuando algo está bien o mal, lo siento en mis vísceras. Por ejemplo, pocos segundos después de conocer a Mark Burnett, el creador de *The Apprentice*, me dió una muy buena impresión y concluí que me sentiría cómodo trabajando a su lado.

De alguna manera supe que era totalmente confiable, tanto a nivel personal como profesional. Llegué a un acuerdo con él ese mismo día, sin otra cosa que una sensación instintiva y un fuerte apretón de manos. Por otra parte, he conocido a personas que no me agradan, aunque no sepa exactamente por qué. La experiencia me ha enseñado a confiar en mis instintos y a cuidarme de ellas.

Un día recibí una llamada de CBS; querían utilizar la pista de patinaje Wollman, un maravilloso lugar que construí y que administro en Central Park. Querían filmar el final de *Survivor* en vivo y en directo desde allí. No estaba seguro de que fuera una buena idea porque podía llover. ¿Qué haría?

Si llovía, quedaría como un imbécil. Mi cabello se vería desastroso, pero los televidentes podrían ver al menos que era un espectáculo real. Hace poco, un importante periódico publicó un artículo sobre mí que decía "Trump es brillante, es maravilloso, es increíble, pero su peluca es terrible." Decía que yo tenía una peluca. Piensen en esto: un periódico importante me había dedicado un artículo fabuloso, salvo por el hecho de afirmar que yo tenía una peluca. Qué forma tan terrible de arruinar un artículo que hubiera podido ser maravilloso, ¡No pude enviárselo a nadie!

Acepté, y el final del programa *Survivor* se realizó en la pista de patinaje Wollman. Mark Burnett estaba allí. Yo sabía que él había creado ese programa. Nos conocimos, hablamos y fue algo increíble. Desde el primer instante sentí respeto por él. Construyeron una selva desde la cual se divisaba Manhattan. El escenario era muy hermoso e hicieron un gran trabajo.

Mark Burnett me dijo: "Donald, Sr. Trump, me gustaría reunirme con usted. Tengo una idea."

"¿Cuál es?," le pregunté.

"Quiero hacer un programa con usted."

"Todos quieren hacer un programa conmigo," respondí.

Había otros productores que querían que yo participara en uno de esos programas *reality* (basados en la realidad) en los que la cámara siempre sigue a los participantes. Eso no funcionaría; no puedo trabajar mientras las cámaras me están filmando, así que rechacé muchas ofertas de casi todas las cadenas televisivas.

Al día siguiente, Burnett fue a mi oficina y me habló sobre el programa. Me explicó el formato de *The Apprentice* y le dije: "Eso está bien porque no lo haces por mí sino por los chicos. Tengo una sala de juntas; grito y despotrico como un lunático, y mientras más loco esté, mayor será la audiencia. De acuerdo, me gusta la idea." Nos dimos un apretón de manos y eso fue todo. Hicimos una sociedad a partes iguales.

Mi agente, uno de los más grandes de Hollywood, me llamó y me dijo: "Supe que aceptaste realizar un programa llamado *The Apprentice*. No quiero que lo hagas. Ningún *reality* en la historia de la televisión ha tenido un horario de máxima audiencia." Le respondí, "Tienes razón, pero hay un problema, ya llegué a un acuerdo." Yo ya había aceptado y mi agente me estaba diciendo que era un error.

TU PALABRA ES SAGRADA

Hay otra cosa muy importante, cuando le das la mano a alguien o llegas a un acuerdo, tienes que seguir adelante. Darle la mano a alguien significa que has hecho un negocio y que estás dando tu palabra. Si te retiras después de haber dado la mano en un negocio, la gente nunca volverá a confiar en ti. Esto no le importó a mi agente, quien me dijo: "¡No quiero que lo hagas!" y llamó a Mark Burnett para decirle que el negocio estaba cancelado.

Mark me llamó y me dijo, "Tu agente me llamó para cancelar *The Apprentice*." Le respondí, "Ya nos dimos la mano y no sé si vaya a resultar o no." Mi agente me dijo que el 98 por ciento de los programas televisivos fracasan, y yo no sabía eso antes de cerrar el negocio. Tampoco sabía que ningún programa de *reality* (basado en la realidad) había sido emitido en un horario de máxima audiencia. Acepté sin saber muy bien por qué, pero algo me dijo que Mark era una buena persona y que todo saldría bien. Decidí continuar porque ya le había dado la mano.

Posteriormente, cuando anunciamos *The Apprentice*, NBC y todas las cadenas televisivas comenzaron a disputárselo. Se lo adjudicamos a ABC, pero Michael Eisner trató de superar la oferta realizada por sus ejecutivos, así que lo rechazamos y optamos por NBC, liderada por Jeff Zucker, una persona maravillosa, que estaba encantado con el programa. Ocupó el número 10 durante la primera semana, lo que era algo increíble. Luego subió al número 8, después al 5, y posteriormente al 3. Finalmente, se convirtió en el programa número uno de la televisión, y el final, que alcanzó asombrosos niveles de audiencia, fue con gran ventaja el programa más visto de la semana a pesar de que la competencia era fuerte.

De un momento a otro me convertí en una estrella de la televisión. ¿Pueden creerlo? ¿Un promotor inmobiliario como yo convertido en una estrella? Nunca olvidaré cuando fui a ver los adelantos en el Lincoln Center. Todas las cadenas tienen algo que llaman adelantos televisivos, donde anuncian y exhiben la programación de la próxima temporada. Había grandes estrellas como Whoopi Goldberg, Rob Lowe y muchos otros. No sólo mi programa llegó al primer lugar, sino que a excepción de *The Apprentice*, todos los nuevos programas de NBC salieron del aire.

Recibí una llamada de mi agente cuando mi programa alcanzó el primer lugar. Me dijo, "Felicitaciones, Donald. Has llegado al número 1. Me gustaría hablar contigo."

"¿De qué?," le pregunté.

"Bueno, creo que tengo derecho a una comisión," me dijo.

¿Pueden creer el descaro? Le dije: "¿Sí? Estabas opuesto a que lo hiciera."

"Lo sé, pero no es que estuviera totalmente opuesto."

"¿Cuánto crees que debe ser tu comisión?"

"Creo que 3 millones de dólares sería una cifra razonable," me dijo.

"*You're fired!* (¡Estás despedido!)," le respondí.

ALGUNAS COSAS FUNCIONAN PORQUE NO SABES QUE SON IMPOSIBLES

Cuando NBC aceptó realizar *The Apprentice*, pocas personas creían que tendría éxito. No creían que tuviera una segunda temporada. Yo fui el único tonto en creer que podía funcionar porque no sabía nada acerca de la televisión.

El día de mi cumpleaños, a las 6:30 A.M., recibí una llamada de Bob Wright, una persona increíble y director general de NBC. "Donald, llamo para desearte un feliz cumpleaños." No podía creerlo. Y a las siete de la mañana me llamó Jeff Zucker, quien tuvo el valor de lanzar *The Apprentice*, "Donald, quiero desearte un feliz cumpleaños," me dijo.

"¿Quién era?," preguntó mi esposa Melania.

"Unas personas de NBC para desearme un feliz cumpleaños," le respondí.

"¡Feliz cumpleaños, querido!," me dijo Melania.

¿Pueden creerlo? ¡Las jefes de la NBC deseándome un feliz cumpleaños antes de las siete de la mañana!

Poco después, cuando el programa *Friends* estaba en su última temporada y sería sustituido por *The Apprentice*, Zucker, quien actualmente es el presidente ejecutivo de NBC Universal, habló frente a una audiencia numerosa y dijo algo que nunca olvidaré: "Es probable que Donald Trump no tenga el cabello como el de Jennifer Aniston, pero tiene una gran audiencia." No me importó que hiciera una broma sobre mi cabello porque todo el mundo lo hace.

En esa época, yo no tenía agente ni contrato, pero tenía un programa completamente exitoso. NBC estaba realmente interesada en hacer un nuevo negocio. Tenía que defenderme por mis propios medios y sabía que tenía el as bajo la manga, a pesar de que no tenía experiencia en la televisión.

Leí un artículo en el *New York Post*, que decía que todos los actores de *Friends* habían recibido 2 millones de dólares por programa. Eran seis actores y todos se unieron, lo cual fue muy acertado. ¡Cada uno recibió 2 millones por programa! NBC me dijo, "Queremos extenderte el contrato por tres años." Decidí ser duro y pensé, *esto será divertido*. No hay que ser un genio para saber que si tu programa es el número 1, tienes agarrada a la empresa ya sabes por dónde.

Les dije, "¡Quiero una suma parecida a la de *Friends!*," y le di un puño a la mesa fingiendo estar alterado. Recuerden que los de NBC eran amigos míos y dijeron, "Creo que podemos llegar a un acuerdo." Pensaban que yo quería 2 millones por episodio, al igual que las estrellas de *Friends*. Les dije, "No; ustedes no están entendiendo. Ellos son seis y yo soy uno; por lo tanto, quiero 12 millones de dólares por programa." Se preocuparon un poco por mi petición pero llegamos a un acuerdo (por mucho menos dinero) y todos quedamos felices. Las cosas han funcionado muy bien para todos y ha sido un gran éxito; se trata de un programa que se suponía que no iba a funcionar, pero lo hizo. Funcionó porque asumí un riesgo y seguí mis instintos. Tienes que arriesgarte. Si crees que tienes los ingredientes necesarios, arriésgate, porque lograrás los mayores éxitos si vas contra la corriente y corres riesgos.

El personal de NBC es y ha sido fantástico. Mark Burnett es fantástico y Donald Trump no está nada mal.

Seguir tus instintos es algo que requiere un poco de práctica, pero primero debes sincronizarte con ellos. Los instintos son parte de todas las situaciones realmente importantes para ti, y sincronizarte con ellos es algo que exige una gran concentración, así como lo hace el esquiador que desciende por una pendiente abrupta o como un contador que intenta aprobar el examen para ser un CPA. En estas situaciones de "lo haces o te mueres," no hay tiempo suficiente para ser 100 por ciento lógicos. Cuando el tiempo es corto y hay muchas cosas en juego, tienes que seguir tus instintos. La mezcla de lógica e instintos genera las mejores decisiones.

Cuando yo estaba comprando el edificio 40 Wall Street, prácticamente todas las personas me recomendaban que lo convirtiera en un edificio residencial, pero yo no estaba de acuerdo. Mi instinto me decía que era un gran sector para los negocios, así que confié en mi instinto y actualmente el edificio alberga muchos negocios prósperos. ¡Ha sido un negocio lucrativo!

Cuando empecé a construir campos de golf, mi instinto me decía que era una buena decisión de negocios. Sabía que si combinaba mi pasión por el golf con mi conocimiento de los bienes inmobiliarios, tendría éxito. Contraté a los mejores diseñadores de campos de golf que había en el mundo y trabajé con ellos durante muchas horas. Los resultados han sido espectaculares porque combiné el instinto con la lógica. Pero tal vez lo más importante de todo fue haber encontrado los mejores sitios.

Practica el arte de escuchar tus instintos. Juega con esta destreza y ensáyala en decisiones que no sean muy importantes. Aprende a confiar y tendrás una verdadera fortaleza en los negocios y en tu vida personal. Utilízala para escoger con quién sales y cuál niñera eliges para cuidar a tus hijos, pues son decisiones realmente importantes.

Hay muchas cosas ocultas que no podemos entender por medio de la lógica, pero que de algún modo sabemos que están ahí. Tenemos un sentimiento difuso que no podemos explicar. Este sentimiento es de por sí información suficiente para tomar nota de él y considerarlo. Te puedes dar cuenta de si una sensación es buena o mala. Si tienes una buena sensación acerca de algo, hazlo. Si la sensación es mala, actúa con cautela; los instintos están para guiarte: utilízalos.

CUANDO LA ACCIÓN ES MEJOR QUE LA INFORMACIÓN

Andy Grove, quien fue presidente ejecutivo de Intel, dijo una vez: "Indaga profundo en la información y luego confía en tus instintos." Creo que esto describe muy bien mi posición con respecto a la toma de decisiones, indago tanto como puedo en las cifras y hechos de una situación difícil. Utilizo la lógica y la razón para interpretar la información. Elaboro cálculos estructurados a partir de la experiencia y del historial, y luego actúo según mis instintos. Si necesito esperar algunos días para obtener más información, sopeso el precio de esperar contra el beneficio de una mayor información. Si tengo que actuar de inmediato para conseguir ganancias significativas, lo hago. Y si no me importa mucho esperar algunos días para obtener más resultados, simplemente espero.

EL MOMENTO OPORTUNO LO ES TODO

El instinto tiene que ver mucho con el momento oportuno. Tienes que ser paciente y esperar a que tus instintos te digan cúal es el mejor momento para dar el siguiente paso. Algunas veces pienso durante varios meses o años en comprar una propiedad o en utilizar un estilo arquitectónico determinado pero no lo hago. Y repentinamente, tengo la sensación de que es tiempo de hacerlo. Cuando comienzo a investigar, generalmente descubro que todo ha cambiado, que hay una nueva oportunidad que no había anteriormente. El instinto me avisa sobre la oportunidad, y si es posible, actúo rápidamente para que sea una realidad.

He esperado muchos años para que algunas cosas sucedan. Y esperar puede ser muy difícil, especialmente para alguien como yo, que es impaciente y quiere hacer las cosas en un tiempo récord. Para tomar decisiones realmente buenas, tienes que aprender a esperar hasta que llegue el momento oportuno. Esto es especialmente válido para las negociaciones. Soy muy cuidadoso en no actuar con demasiada rapidez, especialmente si es un negocio que realmente quiero cerrar. Nunca muestro mis cartas; actúo como si no estuviera muy seguro de querer el negocio. Esto hace que mis oponentes se esfuercen más por hacerlo, y me lo entregan prácticamente en las manos. Esto también me da tiempo para pensar en opciones creativas que pueden ayudarme a cerrar un mejor negocio que si lo cierro de inmediato. Podría negociar la paz en el Medio Oriente, algo que muy pocas personas pueden hacer.

Soy un fanático del tenis y he notado que los mejores jugadores no siempre son los más fuertes, rápidos o los más agresivos. Ante todo, los mejores jugadores saben aprovechar los momentos más oportunos; es algo que tiene mucho que ver con el aplomo y los instintos perfeccionados. Roger Federer y Pete Sampras, los dos mejores jugadores de la historia, obviamente tienen muchas capacidades pero también saben que deben aprovechar los momentos oportunos que se les presentan. Los que tienen esta cualidad son casi invencibles, y cuando la pierden, comienzan a decaer rápidamente. También he notado que los comediantes más divertidos son exitosos porque aprovechan cada momento oportuno que aparece en su rutina. Los mejores hacen pausas de fracciones de segundo en el momento justo, para que el público se desternille de la risa. Nacieron con eso, pero es algo que también puede ser desarrollado, así sea en menor grado.

Una vez quería invertir en una propiedad muy grande, pero había algo que siempre me impedía dar el paso final. Cada vez que lo intentaba, algo me impedía cerrar el trato, así que lo dejé en remojo, esperando el momento oportuno para intentar de nuevo. Meses después, la propiedad sufrió daños considerables debido a una gran tormenta. Todo parecía estar bien, y mientras que mi instinto me decía *no*, mi lógica me decía *sí*. Si le hubiera hecho caso sólo a la lógica y hubiera seguido adelante sin tener en cuenta mis instintos, habría perdido mucho dinero. Posteriormente compré la propiedad a un precio más favorable, pero esa vez mis instintos me impidieron cometer un error costoso. Escucha siempre tus instintos.

Tenía los ojos puestos en el edificio de 40 Wall Street muchos años antes de comprarlo. No permití que nadie supiera que yo estaba interesado en él. A comienzos de los 90, mis problemas estaban quedando atrás, y comprar la mencionada propiedad fue uno de los primeros negocios grandes que hice para recuperarme. Estuve interesado en ese hermoso edificio histórico durante mucho tiempo, pero no era el momento oportuno para dar el paso necesario. Con el transcurso del tiempo, mi situación mejoró y lo compré. Gané mucho dinero luego de observar, esperar y actuar cuando mis instintos me dijeron que era el momento oportuno, y además tuve la oportunidad de conocer a la familia Hinneberg, unas personas brillantes y maravillosas de Alemania con quienes tengo una amistad increíble. Puedes conseguir amigos haciendo negocios, este es un beneficio adicional maravilloso.

Que tú sepas de una oportunidad prometedora no significa automáticamente que debes ir tras ella. Saber cuáles negocios perseguir es algo muy truculento. Puedes tener todas las señas de que será un buen negocio, pero eso no es suficiente. Tienes que dejar que madure en tu mente y que se arraigue en tu corazón. Luego vendrá el momento en que sabrás con toda certeza que es tu oportunidad. Trabájala, préstale atención, y cuando llegue el momento, no pierdas un segundo en ir tras lo que quieres. En eso consiste el momento oportuno.

Si tomas decisiones, tienes que utilizar todas tus capacidades, tu cerebro, tus instintos y tus poderes analíticos. Mi consejo es que sigas tus instintos y actúes con cautela. Consigue toda la información posible, pues si los demás van en una dirección debe ser por algo. Créeme, cuando descubras algo bueno que los demás no saben, como 40 Wall Street, si vas contra la corriente y recibes un rascacielos de 1.3 millones de pies cuadrados por menos que nada, es algo maravilloso. Me encanta eso; pero debes tener mucho cuidado porque algunas veces puedes tener problemas, y muy grandes.

¿QUÉ NOS DICE ZANKER?

Cuando comencé con The Learning Annex, utilicé mis instintos y lo sigo haciendo para elegir muchos temas y conferencistas que presentamos. En mi trabajo, tengo que reconocer el talento antes de que otra persona lo haga. No puedes escuchar las opiniones ajenas. Tienes que pensar de forma independiente o nunca serás realmente bueno en lo que haces. Lo mismo se aplica para los productores de cine y televisión. Ellos tienen que saber lo que la gente quiere ver antes de que otra persona lo detecte. Si haces lo mismo que los demás y no tienes las agallas para ser diferente sólo conseguirás un éxito mediocre, aunque es más probable que fracases. Así que atrévete a ser diferente; atrévete a ser único y atrévete a correr el riesgo en lo desconocido.

En el año 1980 fui una de las primeras personas en "volar" con el fenomenal Tony Robbins, el gurú de la motivación. Hice todo lo posible para promoverlo porque tenía la firme convicción de que estaba en algo y que iba a ser muy grande. Tony fue uno de mis mayores descubrimientos. Aprendí mucho de él para superar el miedo y pasar a un nivel de desempeño mucho más alto. Me hizo pensar de un modo muy diferente. Sus enseñanzas e inspiración me dieron las agallas para buscar a alguien tan grande como Donald Trump. Le doy muchos méritos a Tony por ayudarme a descubrir mi pasión en el negocio y en mis relaciones. Pueden verlo en una de mis Conferencias sobre Riqueza o en uno de sus eventos. Es una persona que te cambia la vida; visiten su página web www.tony robbins.com.

En el año 1981, tuve la oportunidad de ver a Deepak Chopra, el cofundador del Centro Chopra para el Bienestar, cuando habló frente a un pequeño grupo de

30 personas en Nueva York. Nadie lo conocía, pero inmediatamente yo supe que sería muy exitoso. No sé por qué, pero tuve un presentimiento fuerte con él. De hecho, se convirtió en uno de los médicos de cuerpo y mente más conocidos y exitosos de la actualidad.

Aunque muchas personas ignoran esta herramienta—sus instintos— creo que todos la tenemos. En realidad es una respuesta inteligente a situaciones que hemos vivido anteriormente. Mientras más experiencia tengamos, mejor utilizaremos nuestros instintos. Es como el jugador profesional de póquer que evalúa la situación y decide su próxima jugada tras mirar rápidamente sus cartas y las caras de sus rivales. Tenemos un presentimiento instintivo de lo que debemos hacer o no, aunque no podamos explicar las causas de su origen.

The Learning Annex llevaba más de veinte años funcionando en el año 2001, pero yo ya no era su propietario. Era un negocio con tradición, comencé a pensar en él y sentí que tenía un enorme potencial sin explotar. En algunas ocasiones ves un negocio y sabes instintivamente que puedes llevarlo a un nivel más alto. Confié en mis instintos, pero el problema era que su propietario quería más dinero del que yo tenía.

Intenté conseguir dinero para comprarlo, pero los bancos y los prestamistas privados no estaban interesados. Confié en mis instintos y le dije a mi esposa: "Cariño, tengo que hacerlo." Ella vio que yo tenía la pasión necesaria y que nada me iba a detener, así que confió en mis instintos. Obtuve una segunda hipoteca por nuestra casa, saqué el máximo de dinero de mis tarjetas de crédito, y supliqué y pedí prestado a mis amigos y familiares. Sin embargo, no reuní lo suficiente y me fui a la Costa Oeste a hablar con el propietario de The Learning

Annex; lo convencí de que recibiera una promesa de compra que se haría efectiva en un año.

Seis años después, todos pueden ver los resultados; The Learning Annex ha estado en la lista de las 500 compañías de mayor crecimiento de la revista *Inc*. Mi apuesta fue exitosa; mis instintos me indicaron el camino.

Cuando compré de nuevo The Learning Annex, ofrecí muchas clases de "bienes inmobiliarios" y "cómo hacer dinero." Comencé a notar que cada vez asistían más personas; era lógico: estudié en la secundaria, luego en la universidad y nadie me enseñó a ganar dinero. Este es un gran vacío de nuestro sistema educativo; es una de las cosas más necesarias en la vida, y sin embargo, nuestras escuelas no la enseñan. Cada vez tenía más estudiantes, y tras observar que el número crecía, reuní a mi equipo y les dije: "Vamos a realizar una serie de conferencias con este tipo de clases y a conseguir los mejores cerebros para que les enseñen a los estudiantes cómo hacerse ricos." Nadie había hecho esto; mis instintos me decían que tendríamos un gran éxito si hacíamos las cosas bien. Sin embargo, mis instintos estaban basados en los números que yo veía; podría haber contratado consultores o hacer que mi firma de contabilidad hiciera un análisis, pero sabía que era el momento oportuno.

Si eres bueno en lo que haces y analizas los números sin prejuicios, tus instintos trabajarán tiempo extra para ofrecerte las decisiones correctas. Y si no estás seguro, espera. Algunas veces tengo un presentimiento acerca de algo, así que me reúno con mi equipo y les pregunto lo que piensan. Lo que realmente hago es ver si sus instintos también les dicen que hay algo que no está bien. Y aunque no sepa con seguridad qué es lo que me molesta, siempre termino detectando el problema tras discutirlo durante algunos minutos.

Mi vicepresidenta, Samantha Del Canto, a veces viene en la mañana con el café en la mano y tras comentarme que está luchando con un problema, me pregunta: "¿Qué te dicen tus instintos?" Algunas veces entro a su oficina y le digo que tengo un mal presentimiento sobre el mercadeo o un nuevo conferencista, y ella me aconseja: "Zanker, sigue tus instintos. Nos han llevado hasta aquí... no dejes de escucharlos." Esa es la clave: tienes que escucharlos... nacimos con instintos naturales pero nos han enseñado a NO escucharlos. Eso es falso: tu instinto es tu mejor amigo para tomar decisiones.

Por supuesto que utilizo el análisis racional y reúno toda la información disponible antes de tomar una decisión importante. Pero me he acostumbrado tanto a utilizar mis instintos que sólo quedo satisfecho cuando se complementan con mi razonamiento lógico. Puedes afinar tus instintos utilizándolos y jugando con ellos. Muchas personas utilizan datos e información; eso está bien. Pero hay que escuchar los instintos. Teníamos un abogado que sólo analizaba los datos. Era brillante, pero la educación le había matado el instinto y lo había dejado paralizado. Ya no es mi abogado, pues no pude trabajar más con él. Todo era análisis y más análisis. Me daba páginas y páginas sobre algún tema, pero cuando le hacía una pregunta tan simple como "¿Qué piensas?," se quedaba mudo, como si fuera una pregunta absurda.

Cuando hayas reunido toda la información relacionada con alguna decisión que debas tomar, date un descanso. Haz algo que no tenga ninguna relación con el asunto como tomar una siesta, mirar un programa de *Seinfeld* o correr en el parque. Dale a tu subconsciente una oportunidad para darle vueltas al asunto. Luego regresa a tu decisión: será mucho más instintiva.

PARA RESUMIR

Desarrolla tus instintos básicos y actúa de acuerdo con ellos. Hacerlo te brindará los mayores éxitos. No hay nadie que lo sepa todo. Nadie sabe realmente qué nos deparará el futuro. Si conoces tu oficio, comenzarás a percibir las señales ocultas sobre eventos y personas. Aprenderás a leer entre líneas y a tener un sexto sentido. Afina esta destreza, utilízala con sabiduría y tendrás mucho éxito. Por supuesto que debes estudiar todos los aspectos de una situación y analizarlos racionalmente antes de actuar. Y cuando sea hora de decidir, hazlo siguiendo tus instintos.

PUNTOS CLAVE

▶ Debes tener muy buenos instintos para tomar buenas decisiones.

▶ Cuando obtienes experiencia, aprendes a seguir tus instintos.

▶ Cuando le des la mano a alguien, has cerrado un negocio, así que cumple con tu palabra.

▶ Seguir tus instintos requiere afinar todos los detalles relacionados con tu decisión.

▶ Utiliza tu instinto para perfeccionar el sentido del tiempo.

▶ Reúne toda la información posible y luego actúa siguiendo tus instintos.

4

CREA TU SUERTE

Hablemos de un concepto que es sumamente complejo que se llama "suerte." Algunas personas la tienen más que otras. Algunas mujeres son muy hermosas de nacimiento, no tuvieron que hacer nada, simplemente tuvieron suerte. Algunos individuos tienen facilidad para lograr grandes resultados en los negocios porque simplemente tienen suerte. Algunas personas se esfuerzan mucho, pero las cosas les salen mal. Parece injusto, pero yo creo que la suerte existe.

Tengo un amigo que es uno de los hombres de negocios más importantes del mundo. Me dijo: "Donald, la suerte no existe: cada uno crea su propia suerte."

"¿En serio?," respondí. "Tienes dos padres fabulosos y naciste en el país más grande del mundo. ¿No crees que eso sea tener suerte? Naciste con un cerebro especial, eres muy inteligente. ¿No crees que eso es tener suerte?"

"Insisto en que cada uno crea su suerte."

"Eso es falso," le dije. "Algunas personas tienen suerte."

Mi amigo es terco y no pude convencerlo. Sin embargo, el hecho es que algunas personas *tienen* más suerte que otras.

Por ejemplo, Billy, un amigo muy cercano, tiene mala suerte y es propenso a los accidentes. No hace mucho lo llamé y le pregunté: "¿Cómo estás?"

"No muy bien."

"¿Qué demonios te pasa?"

"Me fracturé el hombro."

"¿Te fracturaste el hombro? ¿Acaso eres un jugador de fútbol?"

"No, tuve un accidente. Me caí de unas escaleras y me fracturé el hombro. Me siento muy adolorido."

Billy estaba en el hospital. Cuando fui a visitarlo, estaba gimiendo acostado; su esposa estaba llorando, la situación era un desastre. Le dije, "Billy, pronto te irás a casa y te recuperarás." Permaneció tres semanas más en el hospital.

Sin embargo, tuvo un accidente automovilístico mientras regresaba a su casa. Un camión enorme chocó contra una de las grandes columnas que sostienen los avisos del Long Island Expressway y el aviso cayó sobre su auto. ¿Alguna vez han escuchado algo semejante? Billy tuvo que ser internado de nuevo en el hospital. Algunas personas son más afortunadas que otras.

Hace unos diez años me dejé seducir por un negocio que me habría llevado a la ruina. Tenía mucho interés en comprar un periódico; estaba sumamente emocionado. Había realizado lo que yo creía que era un gran negocio que me daría mucho dinero.

Les hablé de este gran negocio a un montón de personas. El cierre estaba ya programado y me dio una gripe terrible; me sentía muy mal, tanto que llamé a los vendedores y les dije que tendríamos que aplazarlo hasta que me recuperara.

Esto era muy inusual, pues nunca me da gripe. No me he enfermado un solo día desde hace diez años. El vendedor me llamó y me dijo que le iba a vender a otra persona, y perdí el negocio. Tuve suerte en hacerlo porque el periódico vale mucho menos ahora que lo que yo iba a pagar por él. Hubiera perdido una fortuna. La gripe fue un golpe de suerte que me salvó de la ruina. A veces la suerte hace mejores negocios que el talento.

He observado a los grandes negociantes durante más de 20 años, y las personas que tienen éxito siempre son las mismas; año tras año las mismas personas y el mismo éxito. Por alguna razón, hay personas que siempre parecen ser más exitosas que otras, como por ejemplo, Warren Buffett, Steve Schwarzman, Carl Icahn, Henry Kravis, Terry Lundgren de Macy's, John Mack de Morgan Stanley, Stan O'Neil de Merryl Lynch. No quiere decir que sean más inteligentes, pero casi siempre tienen éxito.

CREA TU PROPIA SUERTE

Hay cosas que uno puede hacer por su suerte. Miren el caso de Gary Player, el famoso jugador de golf. Es una persona de baja estatura y en 1978 lo vi ganar el campeonato de maestros de golf. Ha ganado nueve en su carrera a pesar de su estatura, pero tiene una ventaja: trabaja más duro que los demás; siempre lo hace. Constantemente hace ejercicios y practica su *swing* y su *putting*, mientras otros jugadores que son el doble de altos se dedican a ver televisión. Es el jugador de golf que más se esfuerza de todos, y esa es la razón por la cual ganó tres veces el torneo Masters, además de muchos otros. Cuando alguien le preguntó por qué tenía tanta suerte, Player respondió: "Mientras más trabajo, más suerte tengo." Esa es una respuesta fabulosa y la repito de nuevo en este libro: "Mientras más trabajo, más suerte tengo."

Gary Player es un gran jugador; le decían "diminuto." Era el más pequeño de todos, pero practicaba más que cualquiera y ganó nueve campeonatos importantes. Piensen en esto: ganó nueve campeonatos y los comentaristas siempre le decían Gary "el diminuto" cuando él se disponía a dar el primer golpe. ¿Qué les parece? Estás en televisión y te dicen diminuto. No estaba bien, pero a Gary no le importaba. Todos los días hacía flexiones y se ejercitaba durante horas antes de que a otros jugadores se les ocurriera hacer ejercicio con frecuencia. Nunca olvidaré cuando lo vi ganar el U.S. Open: golpeó un tiro de hierro cinco que llegó a un lado del banderín, la metió y ganó el torneo.

Los cometaristas dijeron, "Es increíble, Gary; tuviste mucha suerte."

Y él les respondió, "Mientras más trabajo, más suerte tengo."

Me encanta esa frase, y Gary es una persona increíble.

Les contaré una historia mía que ilustra el concepto de que

mientras más trabaja una persona, más suerte tiene. Presten atención porque esta historia es una mezcla de pasión, instinto y... ¡suerte!

En el año 1991 los mercados estaban en una situación desastrosa y muchas personas se estaban arruinando. Yo tenía muchos problemas y debía miles de millones de dólares. Por supuesto que podría decirles todo lo que you quisiera sobre lo bien que manejé la presión, pero le debía miles de millones a muchos bancos, y eso no era precisamente divertido. Créanme, no es bueno ser Donald Trump cuando debes miles de millones de dólares.

Un día estaba trabajando en mi oficina y mi secretaria me dijo: "Sr. Trump, esta noche tiene una convención de banqueros." Esta cena formal para 2,000 personas de la industria bancaria a la que generalmente asistía yo, se iba a realizar en el hotel Waldorf-Astoria. Cuando estás en una época mala, no tienes la misma energía y el mismo ánimo que cuando las cosas van sobre ruedas. Yo prefería irme a casa y ver un partido de fútbol en la televisión; me sentía cansado, había tenido un día muy difícil y los bancos me habían atacado desde 15 flancos diferentes.

Había un banco que era el peor de todos. El encargado de cobrar los préstamos era malvado y desagradable; estaba arruinando a todo el mundo. Obligó a 37 promotores inmobiliarios de Nueva York a declararse en bancarrota tras exigirles el pago inmediato de la deuda. Le debía alrededor de 149 millones de dólares, uno de mis préstamos más pequeños, y yo era el siguiente en su lista. En términos generales se puede negociar con los bancos, pero este hombre quería el 100 por ciento del dinero y de inmediato; era una bestia, quería acabar conmigo.

Yo no quería reunirme con los banqueros porque te odian cuando les debes dinero. ¿Quién quisiera ir a una cena donde cada uno de los asistentes quiere darte una paliza? Y todos los banqueros a quienes les debía dinero estarían allí. Era una noche fría y lluviosa, y no podía ir en mi limosina porque habría sido bastante inapropiado llegar en un automóvil tan costoso cuando les debía miles de millones a los banqueros. Me sentía muy cansado y cuando mi secretaria me dijo que tenía que ir al Waldorf-Astoria, le respondí: "No iré."

Me fui a casa, pero cuando llegué, lo pensé de nuevo y me dije: "Creo que asistiré." Me puse mi traje a última hora y salí. No había taxis, así que caminé en medio de la lluvia helada hasta el hotel, situado a diez cuadras de la Torre Trump. Llegué empapado y sentí que había caído al punto más bajo, pero fui por mi trabajo. Me senté; a mi izquierda había un banquero: era Steven, un hombre agradable. Le dije: "Hola Steven, ¿cómo estás?" Claro está que yo no le debía dinero y por eso era tan amable conmigo; todo es más fácil cuando no hay deuda de dinero de por medio. Él me respondió con mucha amabilidad: "Hola, Donald."

Luego miré a mi derecha y dije, "Hola." El hombre gruñó y me miró mal. Steven me dijo, "No sé quién es, pero parece que no le agradas mucho." Yo no lo conocía y tampoco quiso decirme su nombre; era una persona despectiva.

Seguí hablando un momento con Steven y luego intenté hacerlo con el hombre que estaba a mi derecha, pero fue inútil, era como intentar hablar con una pared. Fue claro en dejarme saber que no quería hablar conmigo. Me sentí mal porque detestaba estar en esa situación y deberles dinero a casi todos los banqueros de Nueva York. Este hombre era un banquero y me odiaba, y supuse que le debía mucho dinero para que se comportara de ese modo.

Durante 15 minutos intenté hablar con él y no fue nada placentero. Steven me dijo, "Ese hombre es desagradable," pero yo seguí intentando entablar comunicación con él. Luego de otros 15 minutos miserables, finalmente el hombre comenzó a ceder, me habló un poco y empezamos a conversar. Le pregunté, "¿Para cuál banco trabajas?" Me respondió y no podía creerlo. "¡Santo cielo! ¿Cómo te llamas?" Me dijo su nombre y realmente quedé asombrado. Aunque había 2,000 personas en la cena, terminé sentado al lado del hombre despiadado que había pulverizado a tantas personas y destruido sus vidas. Era el hombre desalmado que me estaba buscando, y no supe si era una fortuna o una desgracia, pero estar a su lado fue algo sorprendente.

"Estás acabando con todo el mundo y también quieres acabar conmigo," le dije. "Sí, eso hacemos," me respondió. Sin embargo, seguimos conversando y al cabo de una hora ya nos estábamos entendiendo. Le encantaban las mujeres y quería hablar sobre ese tema, así que le hablé de mujeres; cuando les debes tanto dinero como yo le debía a él, hablas de lo que ellos quieran.

Descubrí que él también tenía muchos problemas. Había enviado a 37 compañías a la bancarrota. Los 37 promotores inmobiliarios le debían mucho dinero pero no tenían cómo pagarle. Y como era una persona malvada y cruel, quería sangre. Se sentía mejor por haber enviado a 37 compañías a la bancarrota, pero esto no le producía ningún dinero.

De hecho, estaba perdiéndolo. Sus tarifas legales se lo estaban devorando a él y a todos sus activos. De paso, esa es una ventaja que tienen los abogados; son tan codiciosos que llega el momento en que su cliente sólo quiere terminar el caso, lo cual es una buena oportunidad para llegar a un acuerdo. Resulta que los abogados de este banquero le habían dado una dosis de su propia medicina y su banco estaba pagando un alto costo financiero. Sus jefes estaban muy molestos con él porque gastaba mucho en abogados en vez de llegar a acuerdos que le garantizaran el recibo de dinero.

Fui muy afortunado en hablar con él en la cena. Si lo hubiera hecho un año antes, habríamos discutido, pues él no estaba dispuesto a hablar en ese entonces y sólo quería destrozar a todos sus clientes. Nos estábamos llevando muy bien y al final de la noche nos estábamos divirtiendo. "¿Sabes algo, Donald?" me dijo "No eres un tipo malo." "Te lo dije," le respondí. Y él me sugirió: "¿Por qué no vienes a mi oficina para que arreglemos esto?"

Cuando me iba bien, yo era el rey y las personas venían a *mi* oficina. Pero cuando le debes dinero a alguien, tienes que ir a su oficina. Yo no podía decirle: "No, ven tú a mi oficina." Así que este banquero salvaje me dijo, "¿Por qué no vienes a mi oficina el lunes a las nueve? Veremos si podemos hacer algo." Y yo le respondí, "Me encantaría." Fui a su oficina el lunes y en cinco minutos llegamos a un gran acuerdo.

Por eso creo en la frase de Gary Player, "mientras más trabajo, más suerte tengo." Yo no quería ir a la cena; quería estar en casa, relajarme, ver televisión y descansar; quería hacer cualquier cosa menos estar con los banqueros, pero lo hice y me senté al lado de ese hombre difícil. Si no lo hubiera hecho, probablemente no estaría en la situación actual; quizá no me estaría yendo bien y habría sido una más de las personas que se declararon en bancarrota y salieron del negocio. Si no hubiera ido a la cena, el banco habría intentado destruirme (aunque yo los habría golpeado duro), y no les estaría contando esta historia.

Ir a esa cena fue una labor difícil; no se trataba de ir a un evento agradable y pasar una noche fantástica; se trataba de trabajo. Fue una época terrible de mi vida, pero finalmente las cosas funcionaron porque hice mi trabajo, tuve mucha suerte y negocié un acuerdo increíble.

Es cierto que algunas personas tienen más suerte que otras; no tengo la menor duda al respecto. Puedes contribuir a tu propia suerte, puedes hacer que sucedan cosas por medio del trabajo duro y la inteligencia. Puedes tener mejor suerte. El hecho es que muchas personas han podido transformar una situación mala o desafortunada por medio del trabajo duro.

Comencé a construir edificios que eran una mezcla de hotel y condominio en la ciudad de Nueva York y ésta estrategia me ha dado muchos éxitos. Cuando construí el Trump Internacional Hotel & Tower en Las Vegas, sabía que era un mercado bueno, pero me sorprendí al vender todo antes de terminarlo. Tuve mucha suerte y un manejo del tiempo perfecto con ese proyecto. También conocí a Phil Ruffin, un gran amigo que ha hecho una fortuna y realmente tiene grandes instintos.

La suerte no se presenta con frecuencia, así que cuando lo haga, asegúrate de sacar el mayor provecho de ella, aunque implique trabajar muy duro. Cuando la suerte está de tu lado, no es el momento de ser tímido o modesto; es el momento de buscar el mayor éxito que puedas lograr, ese es el verdadero significado de pensar en grande.

LA BUENA SUERTE LLEGA CUANDO
LA OPORTUNIDAD Y LA PREPARACIÓN
SE ENCUENTRAN

Los últimos años de mi vida han sido muy activos, y me quedo corto; el ritmo se ha incrementado a pasos agigantados y me encanta que sea así. Es algo sumamente exigente pero también muy satisfactorio y emocionante. No me cuesta trabajar duro, pues lo he hecho durante toda mi vida y gracias a esto me he acostumbrado a esperar el éxito en todo lo que hago. Algunas personas me dicen que soy "afortunado," pero la realidad es otra. Como dijo Gary Player, el trabajo duro tiene mucho que ver con eso.

Mucha gente mira a las personas exitosas y sólo ve los resultados finales; no ve todo el trabajo que tuvieron que hacer para obtener los resultados, y entonces le atribuye el éxito a la suerte. Yo lo veo de este modo, "Claro, tuvieron suerte; fueron lo suficientemente afortunados de tener el cerebro para trabajar duro."

Por ejemplo, cuando *The Apprentice* se convirtió en un gran éxito, todos pensaron que yo tenía mucha suerte, cuando realmente contaba con 30 años de experiencia que me sirvieron en las escenas de la sala de juntas. Di la impresión de ser una persona que sabe lo que hace porque eso fue lo que viví. *The Apprentice* les ofrece a los televidentes un panorama real de estar dentro de una corporación importante de Nueva York, algo que es muy atractivo. Aparecer en televisión fue una experiencia nueva para mí, pero el resto me era familiar. Los negocios son negocios, independientemente de que sean filmados o no.

He escrito muchos libros y últimamente parece que siempre estoy escribiendo uno nuevo. Paso seis o siete meses recopilando notas, artículos y dictando historias e ideas antes de comenzar a escribir. Luego sigue el proceso de escritura y de edición. El trabajo de crear un manuscrito y terminarlo es algo que consume mucho tiempo, paciencia y perseverancia, pero cuando veo salir los primeros ejemplares de la imprenta, siento una gran satisfacción de haber hecho un buen trabajo. Los lectores nunca ven todo el esfuerzo y energía que requiere escribir un libro, pero lo cierto es que éstos no aparecen por arte de magia.

Cuando estaba escribiendo uno de mis libros, me interesé en los orígenes de la nueva actitud de "dame" que parece imponerse en todo el país. Creo que comenzó a finales de los 80 con la aparición de la ética de la gratificación instantánea propia de la generación "yo y sólo yo." Los jóvenes recién graduados de la universidad esperaban el éxito instantáneo. Esta mentalidad continuó vigente en los años 90, impulsada por la burbuja tecnológica y el floreciente mercado de acciones.

Los menores de 30 años renunciaban a sus empleos para crear compañías tecnológicas y convertirse en multimillonarios literalmente de la noche a la mañana. La antigua idea de trabajar mucho y duramente para alcanzar el éxito fue sustituida por la actitud de "lo quiero en este instante." Esta tendencia está arraigada en la psique americana porque las estrellas del deporte, el cine y las estrellas de rock de MTV ganan muchísimo dinero, aunque algunas de ellas sean adolescentes.

Actualmente, todos piensan que deberían tener lo mismo que poseen esas pocas personas. La sociedad en general es bombardeada por los medios con historias de éxito fácil, de tal modo que todos creen que puede sucederles lo mismo. La realidad es que esta clase de éxito es poco común, sólo le ocurre a pocas personas y casi nunca de la noche a la mañana. No todo el mundo puede ser como Sergey Brin o Jerry Yang, los fundadores de Yahoo.

Los medios han distorsionado la realidad, así que la gente que se ha esforzado o trabajado durante muchos años para alcanzar el éxito queda con la extraña sensación de que en cierto modo es excluida. Sienten que el mundo les debe algo. Sin embargo, las cosas no son así en la vida real. No existe ninguna garantía de que alguien se volverá rico y exitoso; nadie te debe nada, necesitas aterrizar y entender que tienes que forjar tu propio camino hacia el éxito trabajando duro y siendo diligente, no existe ninguna otra forma.

Claro que la suerte juega un papel en el orden de las cosas, pero nadie puede controlar la suerte. ¡Lo único que puedes hacer es ver lo que has hecho por ti y utilizarlo al máximo! No pienses en lo que no tienes, pues si te concentras en lo negativo no tendrás posibilidades. La suerte no tendrá cómo llegar a tu vida. Recuerda que muchas personas han alcanzado grandes cosas a pesar de sus debilidades. Es muy importante saber qué es lo que quieres y no lo que los demás quieren para ti. Toma tus decisiones basado en lo que sea mejor para ti.

NO TEMAS ARRIESGARTE

No te estanques ni hagas siempre lo mismo. Debes estar abierto a nuevas ideas y dispuesto a probar cosas que no has hecho. ¿Qué tal si yo hubiera dicho: "No quiero que mi nombre aparezca" cuando me preguntaron si quería ponerle la marca Trump a productos diferentes a mis edificios? En varias ocasiones me ofrecieron respaldar muchos productos con mi nombre, y como yo estaba dispuesto a intentar cosas nuevas, la marca Trump figura en trajes, corbatas, camisas, vodka, carnes y otros productos de la mejor calidad. Me siento orgulloso de respaldar esos productos, pues son muy exitosos. Si no hubiera estado dispuesto a probar algo nuevo, esos productos no existirían.

Cuando se me presentó la oportunidad de construir mi primera cancha de golf, tuve que pensarlo detenidamente. Construir algo que nunca había hecho era una oportunidad emocionante, una oportunidad para flexionar mis músculos y crear algo nuevo que fuera funcional e impactante al mismo tiempo. Dudé porque era un nuevo territorio para mí y tenía que aprender mucho.

Decidí hacerlo y algunas personas me preguntaron por qué

me molestaba en construir campos de golf. No necesitaba ese trabajo ni el dinero, tenía muchos otros negocios en los que sabía que no tendría que molestarme en aprender nada nuevo.

Actualmente me doy el lujo de trabajar en lo que quiera. Decidí construir campos de golf porque me encanta y quería construir campos espectaculares. No necesitaba hacerlo pero lo deseaba, y para mí esta era una gran razón. Resultó ser una gran experiencia y también ha sido muy rentable. Nunca habría sucedido si yo no hubiera estado abierto a nuevas experiencias.

Lo mismo me sucedió cuando comencé *The Apprentice*. No sabía nada sobre la televisión, salvo por el hecho de que programas como el de Larry King, Bill O'Reilly y muchos otros tenían una gran audiencia cuando comenzó nuestro programa, ¡vaya ventaja! Era un terreno completamente nuevo para mí, pero estaba dispuesto a intentarlo. Me sumergí en esto y descubrí que realmente me gustaba encontrar formas interesantes de hacer que el programa fuera más emocionante y atractivo para los espectadores. Ya saben lo que sucedió, nunca me lo esperé al comienzo, pero terminé siendo la estrella de un programa gigantesco. *The Apprentice* fue un enorme éxito y 41.5 millones de personas vieron el capítulo final.

¿Por qué fue un éxito rotundo? Porque me arriesgué a hacer algo completamente nuevo. Realmente no era ningún riesgo, pues no estaba arriesgando mi fortuna. Algunas personas inteligentes me dijeron que si yo hubiera fracasado, habría sido un fuerte golpe para mi imagen. Les respondí, "Si mi imagen es tan mala, ¿que importancia tiene?"

Insisto una vez más en la importancia de correr nuevos riesgos. Recientemente, mi amigo Vince McMahon me invitó a participar en un gigantesco evento de Wrestlemania llamado "La Batalla de los Multimillonarios." Aunque me gusta ver lucha, nunca había considerado la posibilidad de participar en una, pues no era típico de mí. Sin embargo dije: "¡Qué importa! ¿Por qué no probar? ¿Qué podría perder?," y le comenté a Vince que lo haría. Vince McMahon es un hombre sorprendente y tiene un espectáculo increíble.

Un número récord de 82,000 personas llenaron el estadio de fútbol donde juegan los Leones de Detroit para ver la Batalla de los Multimillonarios.

Vince y yo escogimos a dos luchadores que nos representarían en el cuadrilátero. Si mi luchador perdía, Vince me afeitaría la cabeza frente a 82,000 espectadores delirantes, y si su luchador perdía, yo le afeitaría la suya. Él escogió a Umaga, un luchador de Samoa que pesaba 400 libras. Yo escogí a Bobby Lashley, quien tiene 310 libras de puro músculo.

Fue una gran pelea y los dos luchadores dieron lo mejor de sí. Cuando mi luchador ganó, me moría de ganas por derribar a Vince y afeitarle la cabeza; tuve la oportunidad de hacerlo frente a todo el estadio y millones de televidentes. Arremetí contra él, lo derribé, le di algunos golpes en la cabeza, y luego vino otro luchador y lo sostuvo mientras yo le cortaba todo el cabello. Posteriormente, cuando menos lo esperaba, Steve Austin llegó y me dio varios golpes para desquitarse. Todo esto era en broma, me divertí mucho y Vince rompió todos los récords, tanto de asistencia al estadio como de televidentes.

Vince y su equipo hicieron un trabajo increíble. Hasta *The New York Times* comentó el gran éxito. Me alegro de haberme arriesgado y hacer algo fuera de lo habitual. Afortunadamente, todo salió muy bien. El espectáculo dio mucho de qué hablar, fue un éxito, y lo más importante de todo, conservé mi cabello.

Cuando te concentras en una profesión, es muy fácil atascarse y no intentar cosas nuevas. Al cabo de un tiempo nos sentimos tan estancados en la rutina que tememos ensayar otras cosas. No dejes que esto te suceda, debes estar dispuesto a abandonar tu cómodo refugio y hacer cosas que nunca has hecho. Esto te brindará una nueva perspectiva sobre la vida, que podrás aplicar a todo lo que hagas. Mi experiencia de construir canchas de golf y participar en un programa de televisión me abrió todo un mundo, me ofreció nuevos desafíos y oportunidades para utilizar mi inteligencia y creatividad de diversas formas.

Debes estar siempre abierto a nuevas ideas, información y oportunidades. No cierres tu mente a las cosas nuevas, pensando que sabes todo lo necesario. El mundo está cambiando rápidamente y debes mantenerte actualizado si quieres tener éxito. Cerrar los ojos ante los nuevos descubrimientos y oportunidades es algo realmente absurdo. Cuando comencé en el mundo de los negocios, tuve éxito básicamente porque estaba alerta a las ideas nuevas y a las oportunidades ocultas.

Estar alerta y ser abierto me permitió hacer mis mejores negocios y conseguir la mayor cantidad de dinero. Si le hubiera cerrado mis ojos a la realidad nunca habría hecho nada; habría terminado antes de comenzar. No cometas ese error; todos los negocios presentan sorpresas, peligros ocultos debajo de la superficie y oportunidades casi desconocidas que pueden conducir a un éxito fenomenal.

Todos los días me despierto muy temprano y leo los periódicos. No leo con una meta particular en mente, salvo para satisfacer mi sed de conocimiento. Leo mucho acerca de diversos temas, no sólo de negocios, sino por la diversión de aprender cosas nuevas e interesantes. Es una forma fabulosa de comenzar el día. Cuando aprendo, me siento bien, me emociono y quiero aprender más. Por eso nunca me aburro, y considero que esa es una razón importante y parte del secreto de mi éxito.

DESARROLLA UN VIGOR POSITIVO

Otra cosa que puedes hacer es pensar positivamente y esperar lo mejor. Mi actitud positiva me ha traído mucha suerte. Al comienzo de mi carrera, cuando estaba intentando comprar la enorme propiedad abandonada de Penn Central, yo era nuevo en la ciudad. No tenía dinero, empleados, ni contactos. La ciudad estaba sumergida en una crisis financiera, pero yo era optimista y entusiasta. Como era muy joven, no podía ganarme la confianza de los bancos con mi experiencia o logros, así que lo hice con mi entusiasmo.

Es importante pensar positivamente, pues los pensamientos negativos, especialmente sobre ti mismo y sobre tus posibilidades de éxito, demolerán tu concentración y destruirán cualquier posibilidad que tengas de ser exitoso. Yo juego golf y he notado que los mejores jugadores son los que tienen la mayor capacidad para pensar positivamente. No se trata de lo lejos que puedas lanzar la bola o de que tenga una trayectoria recta; el golf no es un juego físico, sino mental. Los mejores golfistas tienen fortaleza mental. Este juego está diseñado para poner a prueba tu fortaleza mental en las situaciones más adversas. Los árboles, el terreno accidentado, las trampas de arena, los búnkers, el agua y las curvas pronunciadas están ahí para intimidar al jugador y hacerle perder su concentración mental.

Debes aprender a manejar tu mente. No dejes que una situación te haga pensar negativamente; algunas veces fracasarás, pero aprenderás para la próxima. Cuando tengas pensamientos negativos, elimínalos y reemplázalos por pensamientos positivos. Esto requiere energía, pero obtendrás vigor, un vigor positivo que es el ingrediente necesario para el éxito.

No sucumbas a la rabia. Muchas personas creen que tengo mal genio, pero esto no es cierto. Soy duro y exigente, pero nunca pierdo el control. Claro que hay que ser duros, pero la rabia descontrolada no es fortaleza sino una debilidad, pues no te permite perseguir tus metas y arruina tu concentración.

Cuando siento rabia, canalizo esa energía en otras actividades en vez de descargarla. Trabajo más, me concentro más, estimulo mi voluntad y mi decisión para superar un problema difícil en lugar de descontrolarme. Algunas veces utilizo la rabia de una forma controlada para dejar en claro que no voy a ceder. En estas situaciones, la utilizo para producir un efecto, para impulsar mis metas. Utilizar la rabia constructivamente es otro tipo de fortaleza mental que necesitas para alcanzar el éxito. Si estás a punto de "echar humo," es mejor que lo utilices para conseguir lo que quieres.

Pensar positivamente no consiste sólo en hacerse ilusiones sino en darle un sentido optimista a todo lo que hagas mientras eres consciente de que también existen aspectos negativos. Winston Churchill, quien fue primer ministro británico, tenía este tipo de optimismo a pesar de enfrentar el gran desafío de la supervivencia misma de Inglaterra. El presidente Ronald Reagan también conservó su optimismo radiante en medio de la Guerra Fría que amenazaba con hacer volar el mundo en pedazos en cualquier momento. Reagan era consciente de los peligros, pero se mantuvo optimista, salió victorioso y dejó un gran legado. Si aprendes a ser optimista incluso en medio de los desafíos más fuertes e intimidantes, tu vida experimentará una revolución.

Mi optimismo natural me llevó a participar en *The Apprentice*. No respondí automáticamente que no cuando me pidieron realizar el programa; ya había rechazado otras propuestas para hacer programas basados en la realidad sobre los negocios, pero acepté este gracias a mi optimismo. Cuando escuché la idea, me sentí optimista de que el programa tendría éxito; fue la primera propuesta televisiva que me emocionó.

Yo sabía que hacer *The Apprentice* era un riesgo. Todo el mundo me decía que "la mayoría de los nuevos programas fracasan," que "este tipo de programa estaba en decadencia" o que perdería mi credibilidad. Pensé con detenimiento y sopesé los riesgos, haciéndome las siguientes preguntas: ¿Y si era un éxito? ¿Y si lo disfrutaba? ¿Y si demostraba ser una experiencia iluminadora? ¿Y si le daba a la Organización Trump el reconocimiento que merecía? ¿Y si el empleo que obtenía el ganador era una valiosa oportunidad para un individuo que la merecía?

Cuando terminé de hacerme éstas preguntas, tenía una larga lista de aspectos positivos y negativos. Decidí hacerlo, fue un gran éxito, y todos los aspectos positivos se hicieron realidad. Si sólo me hubiera concentrado en los negativos, nunca lo habría hecho y no habría disfrutado de las recompensas. Escogí una perspectiva positiva.

Cuando era muy joven leí un libro titulado *El Poder del Pensa-*

miento Positivo, escrito por un gran orador y ministro, el Dr. Norman Vincent Peale. Hay otro libro muy popular titulado *El Secreto*, que enfatiza el mismo aspecto, el pensamiento positivo. Ese libro ha tenido mucho éxito. Algunos de los expertos mencionados en *El Secreto* han participado conmigo en las Conferencias sobre Riqueza de The Learning Annex. Creo firmemente en el poder del pensamiento positivo.

Las lecciones que contiene *El Poder del Pensamiento Positivo* realmente me impactaron. En todos los negocios que hago, mi principal labor es ser positivo, incluso cuando todos los demás son negativos y pesimistas. Cuando me decidí a comprar las propiedades de Penn Central en los años 70, todos los neoyorquinos eran pesimistas. Todos los días, los periódicos publicaban titulares sobre bancarrotas y colapsos financieros de todo tipo. Nadie sabía si la ciudad se recuperaría. Sin embargo, yo me mantuve optimista, hablaba con la gente y la convencía de que fuera optimista, esto lo hice con banqueros, funcionarios municipales, arquitectos y contratistas. Les di la esperanza de que las cosas terminarían funcionando bien. Esa es mi labor como promotor inmobiliario.

EL PODER DEL PENSAMIENTO NEGATIVO

También creo en el poder del pensamiento negativo porque a veces tienes que pensar en esos términos; es como ponerse en guardia. Necesitas protegerte contra todas las fuerzas negativas que existen en el mundo. Te guste o no, hay guerras, tsunamis, huracanes, tornados y personas malas. Yo practico el poder del pensamiento positivo mientras hago todo lo posible para protegerme de las cosas malas.

Un ejemplo de mi pensamiento negativo fue cuando le compré el Hotel Commodore a Penn Central, yo no era ningún ingenuo, sabía que había riesgos. Si fracasaba, ese negocio significaría mi final. Desde un comienzo intenté minimizar mis gastos y mis riesgos. No era tan optimista como para correr peligros innecesarios. Les hice creer a todos los participantes en el negocio—a los banqueros, a Penn Central y a la ciudad—y sin que me tocara arriesgar mucho dinero, que yo era la mejor oportunidad que tenían de remodelar un antiguo edificio abandonado y revitalizar así todo el vecindario.

Finalmente llegamos a un acuerdo mediante el cual yo tenía una opción exclusiva para comprar la propiedad por 10 millones de dólares, siempre y cuando la ciudad me ofreciera una reducción de impuestos y yo encontrara una empresa financiera, y otra que administrara el hotel. El precio de tener esa opción era de 250,000 dólares. Yo no tenía esa cifra ni quería arriesgarla en ese negocio. Firmé el contrato pero no tuve que cargar con los 250,000 dólares. Al contrario, hice que mis abogados descubrieran varias inconsistencias legales y que las discutieran con las otras partes mientras yo me encargaba de los demás aspectos del negocio. Hay que ser positivos, pero nunca debemos aventuramos en una idea confusa que tal vez no resulte.

Una actitud mental realmente positiva es cuando eres bueno en lo que haces y estás preparado para todas las eventualidades, tanto las buenas como las malas. Si estás completamente preparado, puedes fomentar la actitud mental positiva. No puedes pretender ser exitoso el 100 por ciento de las veces, independientemente de si estás en los negocios, las finanzas, los bienes inmobiliarios, la administración, la medicina o la ciencia. Si no estás preparado para un resultado negativo, algunos reveses menores como el no ser promovido o un negocio que no resulte, pueden causar confusión y dudas innecesarias. La actitud mental positiva y una buena ética laboral son factores importantes para crear tu propia suerte, pero no puedes depender exclusivamente de ellas.

La verdad es que los negocios no siempre resultan, no siempre consigues ese nuevo cliente que quieres, no siempre ganas la demanda, no siempre te promueven, los pacientes no siempre se recuperan y las personas que tratas no siempre son honestas. Siempre hay circunstancias que están fuera de tu control. La única forma de protegerse y evitar que tu confianza se venga abajo es encarar la dura realidad de que pueden suceder cosas negativas y de que muchas veces es así. Cuenta con eso y prepárate para ello. Entiende que así es la vida y que no tiene nada que ver contigo ni con tus capacidades. No dejes que afecte tu autoestima en lo más mínimo.

¿QUÉ NOS DICE ZANKER?

En 1982 un increíble golpe de suerte hizo que The Learning Annex rápidamente alcanzara el éxito. El jueves 11 de marzo de ese año, vi que se había matriculado nuestro estudiante número 100,000. Quería celebrar esta importante ocasión lanzando diez mil billetes de un dólar desde la cima del Empire State. Era mi forma de retribuir a la comunidad y de obtener la publicidad que tanto necesitaba. A pesar de no tener mucho dinero, decidí correr un gran riesgo. Mis colegas y yo fuimos al banco a cambiar dinero y a cada billete le pegamos una etiqueta que decía "The Learning Annex ama a Nueva York."

Luego les informamos a todos los medios noticiosos y estaciones de televisión sobre nuestro plan de lanzar 10,000 dólares desde el Empire State y que el evento comenzaría el viernes 12 a la 1 P.M. Les encantó la historia y divulgaron esta forma novedosa de conseguir un poco de dinero gratis. Eso llamó la atención de todos y el jueves por la tarde llenamos de dinero dos grandes bolsas de basura limpias, y al día siguiente nos dirigimos al Empire State para repartir el botín. Las autoridades habían bloqueado la calle 34 y miles de personas asistieron para recoger dinero, así como equipos de televisión, reporteros, fotógrafos y un escuadrón de policías para mantener el orden.

Pero 30 minutos antes de que llegáramos al edificio, dos hombres decidieron robar la sucursal del Bankers Trust, situada en la primera planta del edificio. Entraron al banco, abrieron las ventanillas, metieron una pila de dinero en bolsas de basura y escaparon. Cuando salieron, se encontraron con un espectáculo increíble: miles de peatones, equipos de camarógrafos, reporteros, oficiales de policía y vigilantes de tiendas. Los delincuentes corrieron por entre la multitud, perseguidos por un guardia del banco y varios detectives vestidos de civil que les gritaban "¡Deténganse! ¡Deténganse!," y no tardaron en ser capturados y arrestados.

Entonces llegamos con nuestras dos bolsas de basura llenas de dinero. Atravesamos el vestíbulo del edificio, pero las autoridades no nos dejaron entrar al ascensor ni lanzar los billetes. Intenté convencerlos y les dije: "Hasta donde yo sé, no es un delito," pero se mantuvieron inamovibles, y nosotros caminábamos por aquel vestíbulo atestado de gente con dos bolsas de dinero gigantescas sobre nuestras cabezas, mientras la multitud esperaba afuera. Fue una experiencia terrible; no pudimos lanzar el dinero y tuvimos que salir en una patrulla por razones de seguridad.

Ese extraño desenlace terminó siendo la mayor oportunidad de mi carrera. Al día siguiente, la sorprendente historia salió publicada en la primera página de *The New York Times* y en miles de periódicos del mundo. Me pidieron participar en todos los programas televisivos importantes y eso le dio una publicidad enorme a The Learning Annex. Fue un golpe sorprendente de buena suerte. Yo había esperado obtener un poco de publicidad lanzando billetes desde el edificio, pero nunca esperé un artículo de primera página. Como el asalto al banco sucedió al mismo tiempo que el evento que habíamos planeado, The Learning Annex obtuvo una gran cantidad de publicidad y literalmente despegó de la noche a la mañana, lo que me dio el flujo de dinero que tanto necesitaba en aquella época.

La buena suerte también puede manifestarse en el manejo adecuado del tiempo. Inmediatamente después de contratar a Donald Trump para que participara en la primera Conferencia sobre Riqueza, la primera temporada de *The Apprentice* salió al aire. La publicidad que obtuvo este programa fue fenomenal.

Los niveles de audiencia se dispararon y todo el mundo hablaba de Donald Trump y decía: "*You're fired!* (¡Estás despedido!)." Donald Trump se convirtió en un hombre muy conocido y en todos los centros de trabajo hablaban de él. La cantidad de personas que se inscribieron para ver a Donald en persona en la primera Conferencia rebasó todos los límites. Obviamente, fue el momento oportuno y un gran golpe de suerte.

Sin embargo, y este es el punto más importante, me llegó la suerte y seguí tras ella. Sólo se tienen uno o dos golpes de suerte como éste en la vida, así que hay que aprovecharlos. La primera Conferencia de Riqueza fue un éxito rotundo, y sin embargo, muchas personas me aconsejaron que dejara las cosas así, que habíamos ganado mucho dinero y no tenía sentido hacer otra conferencia y correr el riesgo de perder todas nuestras ganancias.

Pero mi experiencia me había enseñado que cuando tienes un golpe de suerte, debes aprovecharlo. Entonces decidí programar 20 conferencias, una en cada ciudad grande de Norteamérica.

De manera semejante, Steve Jobs transformó su trabajo en una fortuna asombrosa. Se motivó a fabricar la primera computadora personal y quiso venderla al público, así como Motorola vendía televisores. Se asoció con Steve Wozniak y vendió su camioneta Volkswagen y su calculadora programable Hewlett Packard por 1,350 dólares. Con ese dinero, Jobs trabajó noche y día para crear la primera computadora Apple; asumir semejante desafío convirtió a este desertor universitario en la persona que comenzó el mercado de las computadoras personales que más tarde cambiaron nuestra vida.

Intenta describir algo que te haga superar los límites normales; luego debes esforzarte en mejorar tus habilidades todos los días y no rendirte nunca. Prácticamente en todos los campos, las personas aprenden rápidamente al comienzo, pero al cabo de un tiempo dejan de hacerlo. Sólo unas pocas personas continúan mejorando durante años y décadas. Winston Churchill ha sido uno de los más grandes oradores del siglo veinte. La gente piensa que nació con ese talento, pero lo cierto es que practicaba sus discursos una y otra vez hasta perfeccionarlos. Bobby Fischer era un gran maestro de ajedrez a los 16 años. ¿Era un niño prodigio? No lo creo. Fischer practicó intensamente durante nueve años antes de ganar su título.

Tiger Woods fue el campeón más joven del Campeonato Amateur de Estados Unidos a los 18 años. Practicó durante 15 años para llegar hasta ahí. Utiliza tu trabajo y tu práctica; intenta siempre mejorar tu rendimiento. No te conformes simplemente con hacer el trabajo, también procura mejorar. Si diseñas páginas Web, sé más creativo en cada trabajo. Si escribes informes financieros, procura hacer una mejor investigación, análisis y presentación en cada nuevo proyecto. Lo mismo se aplica para ingenieros, contadores, consultores administrativos, abogados, profesores, médicos, psicólogos, inventores, poetas, músicos, consultores y empresarios. Utiliza tu trabajo para mejorarte a ti mismo y obtendrás reconocimiento. Haz que todos los días sean extraordinarios sin importar a qué te dediques.

El trabajo es lo suficientemente duro cuando no realizas un esfuerzo adicional. La mayoría de las personas hace su trabajo mecánicamente, pero si todos los días intentas sentirte orgulloso de tu trabajo y mejorar cada vez más, llegará el momento en que serás grande y reconocerán tu valor. Y todo el mundo dirá que tienes buena suerte.

PARA RESUMIR

Es cierto que algunas personas nacen con más suerte que otras. Las personas con suerte tienen padres acaudalados, buenas oportunidades educativas y conexiones poderosas que les dan una ventaja sobre el resto de nosotros. La mayoría de las personas completamente exitosas que conozco trabajó duro para crear su propia suerte.

Recuerda: "Mientras más trabaje, más suerte tendré." Un día, en mi época más difícil, fui a una cena de banqueros en Manhattan. Este evento cambió el curso de mi vida. Si no hubiera ido a esa cena, no estaría escribiendo este libro. No quería ir, pero lo hice porque mi responsabilidad era estar allí. Era trabajo, trabajo duro y horrible, pero lo hice y tuve suerte; por eso estoy aquí ahora. Puedes hacer que llegue la suerte con el trabajo duro y la inteligencia. Por supuesto que pueden pasar cosas malas y de hecho suceden, y debes estar preparado para lo peor; pero si trabajas duro y eres inteligente, la suerte te llegará cuando menos la esperes.

PUNTOS CLAVE

▶ Algunas personas nacen con más suerte que otras, pero sólo es un pequeño punto de partida.

▶ Tú puedes crear tu propia suerte.

▶ Mientras más trabajes, más suerte tendrás.

▶ El mundo no te debe nada: tienes que trabajar para conseguirlo.

▶ La buena suerte no llega de la noche a la mañana.

▶ Debes estar abierto a nuevas ideas e información.

▶ Debes estar dispuesto a asumir nuevos desafíos.

▶ Piensa siempre positivamente y espera lo mejor.

▶ No dejes que nada se interponga en tu camino.

▶ Protéjete pensando negativamente.

▶ Mantén la confianza aunque te suceda algo malo: es sólo un obstáculo en el camino y lo dejarás atrás.

EL FACTOR
MIEDO

La vida no es fácil. El mundo es un lugar brutal y despiadado donde la gente quiere matarte, si no física, por lo menos mentalmente. Es algo que sucede todos los días. Las personas quieren aplastarte, especialmente si estás en la cima. Cuando veía películas del oeste en mi infancia, notaba que los vaqueros siempre trataban de matar al pistolero más rápido y nunca pude entenderlo. ¿Por qué querían matar al mejor pistolero?

Sin embargo, así es la vida real, todos quieren matar al pistolero más rápido. En los bienes inmobiliarios, yo soy el pistolero más rápido y todos quieren matarme. Tienes que saber cómo defenderte. La gente es desagradable y querrán matarte por deporte. ¡Incluso tus amigos quieren acabar contigo!

TAN PRONTO TENGAS ÉXITO TE PERSEGUIRÁN

Como les contaba, soy propietario de un hermoso club en Florida llamado Mar-a-Lago. Elton John, Celine Dion y muchas estrellas más se han presentado allí, y casi todas las personas con mucho dinero quieren ser socios. El club ha sido un gran éxito. Uno de los socios es un importante promotor inmobiliario de Nueva York. Hace tres años, este hombre me pagó una suma de dinero y se hizo socio de mi club de golf. Es un hombre mezquino, duro y grosero; tiene unos mil millones de dólares, lo que no es demasiado dinero en la actualidad. No es el socio más rico, pero tiene mil millones. Siempre lo había tratado bien y le decía al personal: "Asegúrense de darle una buena mesa a mi amigo." Los promotores inmobiliarios somos como una confraternidad; en nuestro negocio procuramos cuidarnos mutuamente y por eso le dije a mi personal: "Asegúrense de tratarlo bien."

Un día recibí una llamada de uno de mis abogados acerca de un negocio que hice con un edificio de oficinas. El abogado me informó que este socio, quien tenía un edificio muy diferente en otra zona de la ciudad, me había demandado. Le dije, "No puede ser. Es imposible, siempre lo he tratado muy bien."

Creí que era imposible que me hubiera demandado. No pensé que lo haría nunca porque era socio de mi club y yo lo trataba muy bien, mejor que a nadie. El abogado me insistió:

"Sr. Trump, le estoy diciendo que se trata de él."

"Es imposible; anda y mira de nuevo," le sugerí.

Me llamó una hora después y me dijo: "Sr. Trump, definitivamente es él y su compañía."

Esto me hizo ver la clase de hombre que era y desilusionarme de nuestra armónica confraternidad de promotores inmobiliarios. ¡Debería haberlo sabido antes! Este hombre era una mala noticia, la personificación de un promotor inmobiliario codicioso y mezquino que disfrutaba en grande aniquilando a sus adversarios.

Me demandó arguyendo que el nombre de mi edificio creaba confusión con el suyo. Cuando me reuní con mis abogados, me dijeron: "Sr. Trump, le va a costar mucho dinero."

Llamé al hombre y le dije, "Déjame preguntarte algo. ¿Cómo es posible que me hayas demandado?"

Él me respondió: "Sí, Donald, lo hice."

"¿Por qué?"

"Porque hay confusión."

"¿Confusión? De ninguna manera, los nombres son distintos, los edificios son distintos y están lejos el uno del otro. ¿Cómo puedes decirme que hay confusión? ¡Eso es basura!"

Muchas personas son así; te atacan sólo por deporte, pues quieren derribarte a toda costa.

Mi abogado estudió el caso y me dijo: "Sr. Trump; ganará el caso pero le costará casi medio millón de dólares."

"¿Por qué cuesta tanto?," le pregunté.

"Porque tenemos que realizar encuestas que demuestren que el público no está confundido y eso es muy costoso."

"No puedo creerlo," respondí. Yo no quería gastar todo ese dinero, pero después mandé todo al diablo y les dije que pelearan con ese desgraciado.

Mis abogados les informaron a los de él que iríamos a juicio. Pocos días después recibí una llamada de mi abogado, para decirme que la otra parte quería llegar un acuerdo. Este hombre quería ser miembro de por vida de mi club sin tener que pagar un solo centavo. ¿Pueden creerlo? A cambio de esto, yo podía seguir utilizando el nombre de mi edificio, y él el suyo, y ambas partes quedaban satisfechas.

En un comienzo me dije, "Odio hacerlo por principios," pero luego anuncié: "Está bien, negociaremos un acuerdo." Lo hice porque me ahorraba mucho dinero en tarifas legales. Este hombre tiene mil millones de dólares y sólo se ahorra ocho mil dólares al año por la tarifa de mi club. ¡Ocho mil dólares! Lo tratábamos como a un rey y se convirtió en mi enemigo: tal vez le guste que las cosas sean así.

Acepté el acuerdo, pero desde ese día lo he tratado de la peor manera. Lo más sorprendente es que mientras más mal lo trato, más viene al club; es increíble: una noche estaba en una fiesta en Mar-a-Lago y le dije frente a diez personas que había en su mesa: "Eres una basura, no puedo creer que sigas viniendo." Le dije a sus acompañantes: "¿Cómo pueden sentarse con un tipo como este?" Él permaneció sentado sin decir una palabra.

Regresó dos días después para saber si podía conseguir boletos para un concierto muy popular. Le dije al personal que le informara que estaban agotados. Siempre que viene a cenar—cosa que hace con frecuencia—le damos la peor mesa en el peor rincón. Lo tratamos como a un perro y él regresa por más. Es completamente increíble, casi enfermizo. Por eso los negocios son duros. Fui ingenuo al pensar *no, no puede ser él*. Lo cierto es que el mundo es duro y está lleno de gente despiadada que te ataca por pura diversión, como lo hizo el hermano de la supuesta confraternidad de bienes inmobiliarios. Le he pagado con la misma moneda y ahora me divierto atormentando a ese imbécil; esto demuestra que tienes que protegerte incluso de tus supuestos amigos. Si alguien juega sucio contigo, no dudes en hacerle lo mismo.

Nunca debes vender a tus amigos. Por ejemplo, Donny Deutsch es un gran amigo mío. Tiene un programa muy exitoso en CNBC y un contrato de arrendamiento en un apartamento que tengo en Park Avenue y la calle 59 en un nuevo edificio que construí donde estaba el antiguo Hotel Delmonico. El edificio ha tenido mucho éxito y es uno de los más apetecidos de la ciudad. Muchas personas querían alquilar o comprar ese apartamento, pero yo pensaba que el contrato de Donny expiraba dentro de dos años. La renta mensual es de 45,000 dólares; le pregunté cuándo me lo entregaría y me respondió que "en unos dos años." Le dije, "Está bien, creo que tendré que esperar." Al día siguiente su abogado me llamó para decirme que había una cláusula de terminación del contrato en 30 días y querían cancelarla. Lo cierto es que no era lo más importante para mí, yo no sabía que esa cláusula existía, pues de haberlo sabido, habríamos terminado el contrato para obtener una mejor oferta.

Les dije a mis abogados que llamaran a Donny y le explicaran que íbamos a terminar el contrato, pero lo hice realmente por pura diversión, tal como lo hace un amigo. Me pregunté, "¿Cuándo me llamará?" Lo hizo unos tres minutos después de la notificación; Donny no creía que yo hubiera podido hacerle eso, pero le dije: "Donny, tu costoso abogado me explicó que teníamos una cláusula de la cual no sabíamos nada. Por favor, dime cómo se llama, ¿te ha cobrado mucho dinero?"

En realidad, nunca le haría nada malo a Donny porque, primero, es una persona increíble, y segundo, yo quería que viviera más tiempo en mi apartamento. Pero quería divertirme un poco. Donny no tuvo que pagarme una renta mucho más alta, sino tan sólo algunos dólares más, pero más importante aun, aceptó hacer una contribución de 50,000 dólares a la Liga Atlética de la Policía de Nueva York, una de mis instituciones de caridad preferidas. Lo cierto es que Donny siguió viviendo en mi apartamento.

En los negocios suceden muchas cosas extrañas. Las personas que crees conocer, por lo menos por fuera, resultan ser muy diferentes a la opinión que tienes de ellas. Siempre creí que Lee Iacocca era un hombre muy duro y estricto. En los años 90, cuando los promotores inmobiliarios se estaban arruinando, él quiso hacer un negocio conmigo y comprar una propiedad por poco dinero.

Vimos un pequeño hotel en la calle East 60 del que Lee estaba enamorado, pero no llegamos a un acuerdo sobre el precio. Posteriormente, se me presentó un negocio milagroso; había dos edificios en West Palm Beach, Florida, cuya construcción costaba aproximadamente 139 millones de dólares y los constructores se declararon en bancarrota. Eran edificios hermosos pero la "depresión" inmobiliaria estaba en todo su apogeo y era muy difícil vender algo.

The Bank of New York, la institución a cargo de la hipoteca de las edificios, quería venderlos, así que los compré con Lee Iacocca. El problema de comprar propiedades en medio de una depresión inmobiliaria es que no sabes cuánto durará la depresión y si dura mucho, habrás hecho un mal negocio.

En este caso, duró más de lo que se pensaba. Aunque compres una propiedad a bajo precio, como lo fue en mi caso, al final no resulta ser una gran inversión porque hay que esperar mucho tiempo a que el mercado se recupere, y cuando le sumas los costos de mantenimiento y el dinero pagado, es mejor olvidarse de ello. En cualquier caso, Lee quería hacer el negocio y lo hicimos por mitades.

Desde el día en que adquirimos las propiedades, Lee nos llamaba todos los días a mí y al personal del edificio. Le dije: "Lee, relájate; las cosas tomarán un tiempo. Estamos en medio de una depresión inmobiliaria y no terminará pronto. Relájate porque no podemos hacer nada contra el tiempo." Yo tenía una vendedora que trabajaba en esto; era muy capaz pero también muy dura. No tenía una buena opinión de Lee y le hablaba en términos despectivos. Le decía cosas como: "¿Por qué demonios no nos deja tranquilos?" "¿Cuál es su problema, por qué llama tanto?" o "Métase su cara en el trasero." Ella lo sacaba de sus casillas.

Lee me llamaba constantemente para ver si obtendría una ganancia en el negocio. En cierta ocasión terminó llorando; lo escuché llorar cuando me pedía que le devolviera su dinero en dos ocasiones. Sé que tiene mucho dinero y no entendía por qué le prestaba tanta importancia a la pequeña suma que aportó, pues los bancos contribuyeron con casi todo el dinero. Una de las cosas que más me sorprendió fue oírlo llorar, pues pensé que no había derramado una sola lágrima en toda su vida. Le devolví su dinero y disolví la sociedad, pues era más fácil hacer esto que tener que soportarlo a él. Negociar con Lee Iacocca no fue nada divertido.

Eventualmente, todos los apartamentos se vendieron y actualmente el Trump Plaza es uno de los edificios más cotizados de Palm Beach.

CUÍDATE Y ESCUCHA

Hace pocos años le alquilé un local a una prestigiosa tienda de departamentos, querían remodelarlo antes de abrir sus puertas. Conozco a todos los contratistas de Nueva York y sólo cerca del 25 por ciento hacen bien su trabajo. Además, todos me han engañado, así que les dije a mis nuevos inquilinos: "No llamen a ningún contratista sin mi consentimiento." No me importaba a quién contrataran porque me pagaban una renta elevadísima. Y como yo no recibía un porcentaje, no me importaba cuánto les costara. Sin embargo, me gusta ayudar, así que les dije: "Les recomiendo a estos tres," y ellos me dieron las gracias.

Los llamé dos meses después y les pregunté a quién habían contratado. "A fulano de tal." "¿Qué? Es todo un bandido, los estafará." Tenían un presupuesto de 17 millones, lo cual no es nada en Nueva York. Querían una tienda muy lujosa y emplearon un contratista que los iba a estafar.

Soy muy listo y conozco bien la construcción, conozco esta ciudad y aquí viven personas terribles. Ese contratista había sido despedido de casi todos los trabajos que conseguía, y creo que incluso estuvo en la cárcel.

Les dije a mis nuevos inquilinos: "Les haré un gran favor, no pueden emplear a ese tipo."

"¿Por qué?"

"Los estafará. En primer lugar, creo que estuvo preso por robar. En segundo lugar, el trabajo tardará el doble y les costará mucho más de 17 millones."

Ellos me dijeron: "Lo vamos a emplear porque es un hombre maravilloso; realmente nos agrada, y de paso, Sr. Trump, hemos alquilado su espacio y tenemos un contrato por 20 años, así que haremos lo que queramos."

"¿Por qué me hablan así? Están actuando como unos tontos," les respondí. Concluí que no los volvería a ayudar, pues ya habían demostrado que no tenían la cabeza bien puesta. Luego me dijeron que tenían un gran problema. La puerta, que había sido diseñada por el prestigioso arquitecto que habían contratado, iría justo donde había una columna. Les dije: "¿Por qué no modifican el diseño y ponen la puerta en una pared nueva? ¿No creen que sería más económico?" Mover la columna les costaría unos 2 millones de dólares y habría que instalar un soporte en el edificio mientras lo hacían, era una tarea descabellada.

Finalmente, los 17 millones que tenían como presupuesto terminaron en 48 millones. Yo estaba seguro de que estos principiantes cerrarían sus puertas y eso fue lo que sucedió. Me dijeron, "Sr. Trump, fracasamos. Queremos cancelar el contrato."

"Quiero que me paguen 100 millones para hacerlo."

"No tenemos esa suma."

"¿Cuánto tienen?"

Mencionaron una cifra, que no era muy alta después de todo lo que les había sacado el arquitecto. "La tomo," les dije.

Fue un final feliz, me pagaron el dinero y cancelaron el contrato de arrendamiento. Este caso demuestra que tienes que ser listo y escuchar. Hay muchas personas malas que quieren sacarte cualquier centavo. Si actúas como un tonto y un crédulo, no tardarán en llevarse tu dinero, así que anda con cuidado y presta atención.

HAZ QUE LA GENTE TE RESPETE

Tienes que asegurarte de que las personas con quienes haces negocios comprendan que tú sabes lo que sucede a tu alrededor, pues de lo contrario, se aprovecharán de ti y estoy seguro de que no te agradará. Haz que te respeten por tus conocimientos. Soy bueno para los bienes inmobiliarios y nadie puede engañarme. Esa es la lección más importante para que te respeten, saber lo que haces.

Casi desde el momento en que aprendí a caminar fui a visitar construcciones con mi padre. Lo veía trabajar y aprendí su forma de relacionarse con sus trabajadores. De adolescente, cuando iba a casa en las vacaciones de la escuela militar, me mantenía junto a mi padre para aprender el negocio de cerca: hablar con contratistas, inspeccionar propiedades y cerrar negocios.

Aprendí que para obtener ganancias, debes mantener bajos costos. Mi padre negociaba tanto los precios de traperos y escobas como la construcción de un edificio. Él sabía lo que hacía. Si sabía que un trabajo en el techo le costaría 800,000 dólares al contratista, no intentaba que se lo rebajara a 600,000, pero tampoco dejaba que el contratista le cobrara 1,200,000 dólares.

También debes hacer que los demás sepan que conoces tu oficio. Si eres un empresario, actúa como un empresario; luce y actúa como tal. No permitas que piensen que no sabes lo que haces. Cuando hice mi primer negocio en Manhattan, no tenía dinero ni empleados. Cuando iba a una oficina, me comportaba como si estuviera respaldado por la Organización Trump. Estaba solo y ya no trabajaba con mi padre. Pocas personas sabían que la Organización Trump no tenía empleados y que funcionaba desde mi estudio en Manhattan.

Aparenté ser un exitoso promotor inmobiliario; iba a la oficina del vendedor impecablemente vestido con un traje negro a rayas, camisa blanca y corbata con monograma, exhibiendo la determinación y el entusiasmo propios de alguien que obtiene resultados. Nadie se preguntó si yo era capaz, pues actuaba como si pudiera hacer lo que fuera, y nadie se atrevió a poner esto en duda. Desde un comienzo, tuve un control total de todos los negocios porque transmitía respeto.

En una de las conferencias de The Learning Annex, dije frente a una multitud de 62,000 personas que pensaba que la Secretaria de Estado Condoleezza Rice era encantadora, pero que preferiría a una matona que negociara con China e Irán, en el sentido en que optaría por un negociador que fuera realmente duro. Utilicé la palabra *matona* para referirme a un negociador duro que representara los intereses de nuestro país. Pero no van a creer lo que sucedió. El titular de la prensa al día siguiente decía: "¡Trump dice que Condi Rice es una matona!" Yo no dije eso, lo cual demuestra que no hay nadie más deshonesto que la prensa. Hay algunos periodistas buenos, pero también hay muchos sinvergüenzas.

Esto es lo que sucede básicamente con Condi Rice: Ella visita algún país para hablar con un dictador que es un asesino despiadado mucho más listo que ella. Condi desciende del avión, saluda con una gran sonrisa y luego le lanza una pequeña ofensiva. Va a la oficina del dictador y posa para una sesión de fotos con él. Las sillas están dispuestas en ángulo de 45 grados para que los fotógrafos puedan tomar buenas imágenes de ella y del dictador. Luego sale de la oficina, se despide, aborda el avión y no pasa nada, nunca pasa nada.

Podría darles los nombres de 10 o 20 de los mejores negociantes del mundo que viven en este país, los cuales podrían obtener acuerdos fabulosos para Estados Unidos con China o Irán. Sin embargo, tenemos negociadores académicos y bien intencionados, pero demasiado ingenuos que no saben cómo actuar en situaciones realmente difíciles. Nunca se han enfrentado a negociaciones a muerte, donde hay que estar dispuestos a arrasar con adversarios crueles y despiadados. Si el gobierno utilizara los negociadores más idóneos, se solucionarían muchos problemas y Estados Unidos estaría en la cima. Para comenzar, tenemos las mejores cartas: el aparato militar y la mejor economía de la Tierra (o al menos los tuvimos). ¿Quién puede derrotarnos? Debemos negociar desde la fortaleza, sólo podemos ganar si utilizamos a las personas más idóneas.

Deberíamos nombrar a uno de nuestros genios para que negociara con otros países. Estas personas son realmente escasas, al igual que los médicos y científicos realmente talentosos. Creo que nuestros enemigos se mueren por negociar con nosotros. ¿Qué país quisiera estar en la posición de Irán, sin saber cuándo lo va a atacar Estados Unidos? Ellos están en una posición difícil y podríamos obtener una gran ventaja, pero necesitamos que las personas más capacitadas realicen ese trabajo. Condi Rice va allá a posar para la foto, ¡y ya es hora de acabar con tanta incompetencia! Cuando estás negociando o alguien lo hace por ti, ya se trate de construir una propiedad de mil millones, vender un auto usado o firmar un tratado internacional de armas, tienes que asegurarte de que tienes los mejores negociadores.

NO CONFÍES EN NADIE

Yo acostumbraba a decir: "Consigue a las mejores personas y confía en ellas." A través de los años he visto muchos chanchullos y ahora digo: "Consigue a las mejores personas y desconfía de ellas." No debes confiar, porque si no sabes lo que haces, te robarán en tus narices. Conozco decenas de empresarios sofisticados que contrataban contadores, abogados y otros profesionales, y confiaban en ellos, pero terminaron estafados. Por eso digo: "Consigue a las mejores personas y desconfía de ellas."

Sin embargo, debes empezar por conseguir a los mejores. Luego de *The Apprentice* tuve fama de despedir a los empleados, pero lo cierto es que yo me concentro mucho más en contratar personas capaces y a promoverlas dentro de mi compañía. He aprendido a juzgar muy bien el carácter de las personas con el paso del tiempo.

Cuando entrevisto a los aspirantes, procuro evaluarlos enseguida y no pierdo mucho tiempo con ellos. Descubrí que cada contratación es una apuesta. Los resultados obtenidos en exámenes, las entrevistas, los títulos y logros de los nuevos candidatos no tienen mucha importancia. He notado que mi primera impresión es la guía más efectiva para elegir buenos trabajadores. Las reuniones y entrevistas prolongadas muchas veces son una pérdida de tiempo.

En algunas ocasiones llegan candidatos que lucen muy bien, hablan muy bien, se visten muy bien y todo parece estar muy bien. Pero cuando los contratas, resultan ser unos imbéciles. A veces llega alguien realmente desaliñado, mal vestido y de mal aspecto, que no parece ser muy inteligente. Y resulta que cuando lo contratas, descubres que es un genio.

Ten cuidado en contratar a personas con actitudes negativas. El viejo adagio es cierto: una manzana podrida pudre a las demás. Una persona con una actitud negativa puede propagarla como un virus peligroso, arrasando con todos sus colegas y destruyendo a un equipo sano y funcional.

Los investigadores han demostrado que las conductas negativas pueden atentar más contra una empresa que las contribuciones que puedan aportar las conductas positivas. Unas cuantas personas negativas pueden arruinar el ambiente de toda una oficina, lo que demuestra el gran poder que tiene la negatividad; es algo tan nocivo que ni tan siquiera los trabajadores positivos pueden enmendarlo. Cuando un empleado le encuentra defectos a todo, termina contagiando a todas las personas que escuchan la interminable lista de quejas. Muy pronto, toda la oficina estará invadida con la atmósfera negativa de esa persona y será un lugar desagradable para trabajar; todos pueden sentirlo, la negatividad de la manzana podrida se propaga como un cáncer y pronto todos comienzan a quejarse; hasta las personas que tratan con los empleados se contagian, y eso no es saludable para el negocio.

Intenta detectar las manzanas podridas cuando entrevistes aspirantes; si alguien se queja de su trabajo anterior, de su jefe o de sus antiguos colegas, es señal de que serás el blanco de sus quejas si la contratas. No contrates a personas que parecen ser beligerantes o desagradables, ya que es señal de una futura negatividad.

Procuro contratar personas honestas y leales. Valoro mucho la lealtad; me gustan las personas sinceras, honestas y realistas. Evito a las personas que tienen una gran opinión de sí mismas o que valoran excesivamente sus capacidades. La autoestima es un aspecto bueno, pero ser pretencioso no lo es.

No soy una persona vanidosa ni me gusta rodearme de ellas. No todo el mundo aguanta a los vanidosos. Yo aconsejo contratar personas que quieran trabajar duro, que están dispuestas a aprender, que son leales y que les gusten los desafíos. No es fácil reconocer estas cualidades en personas que no conoces, por lo que generalmente dejo que mis instintos me orienten.

Por ejemplo, tengo una gran capacidad para reconocer cuando alguien me engaña. Debido al tipo de negocio en el que estoy, inmediatamente me doy cuenta cuando alguien intenta engañarme. Puedo detectar la deshonestidad a una milla de distancia. Muchas veces, un aspirante me dice que está interesado en la construcción y los bienes inmobiliarios. Luego le pregunto sobre tasas de interés e hipotecas variables, aspectos que cualquier persona interesada en los bienes inmobiliarios debería saber, y descubro que no saben de qué estoy hablando. Esto me basta para descalificar de inmediato a esa persona. Si un candidato laboral no me inspira confianza, lo rechazo de inmediato.

Algunas personas son tan astutas como los estafadores y generalmente producen muy buena impresión; su apariencia es impecable y se expresan con elocuencia; por eso es mucho más difícil detectar a los impostores. Intento que los aspirantes se relajen y hablen de ellos y de sus intereses. Muchas veces dicen qué es lo que realmente les gusta en la vida, y algunas veces no son los bienes inmobiliarios; son músicos o escritores frustrados que quieren incursionar en la industria de bienes raíces sólo por el dinero. Es obvio que no encajan en los bienes inmobiliarios y no los contrato por eso.

A veces los candidatos tienen mal aspecto y poca experiencia, pero me doy cuenta que realmente aman este oficio y que tienen la energía para trabajar duro, hacer negocios y administrar proyectos. La actitud es algo que me dice mucho; si tienen una buena actitud, han superado el primer obstáculo conmigo. Luego, es asunto de saber para qué sirven. He notado que los exámenes y las notas no me dicen casi nada; las personas con las mejores notas no siempre son las más inteligentes. Lo que realmente me importa es adónde los llevan sus instintos. Estoy acostumbrado a tratar con gente muy inteligente y tengo la capacidad para detectarla, y contrato al candidato si parece ser inteligente. No siempre funciona, pero es la forma más eficaz que he descubierto para evaluar la inteligencia de alguien.

Una vez que tengas un buen personal, debes administrarlo. Una de las claves para ser un gran líder es la capacidad de delegar. Algunas personas tienen dificultad para hacer esto. Es difícil ceder las riendas porque uno quiere asegurarse de que las cosas se hagan bien. Muchas personas creen en el proverbio: "Si quieres algo bien hecho, hazlo tú mismo."

Los ejecutivos, administradores y líderes de cualquier tipo están demasiado ocupados para encargarse de todos los detalles, así que es crucial delegar. Sin embargo, debes monitorearlos si quieres asignarles tareas a los empleados; ellos deben respetarte o incluso temerte, pues de lo contrario las cosas saldrán mal. Si te preocupas por simpatizarles, estás en problemas. Es más importante ser respetado y temido por tus trabajadores que simpatizarles. Es importante crear una atmósfera donde los empleados te respeten y sean leales a ti, para mantenerlos a raya.

Si no creas una atmósfera de respeto y lealtad, pasarás momentos difíciles. Estoy seguro de que los ejecutivos de Coca-Cola no se han recuperado del caso de la secretaria acusada de venderle los secretos de la compañía a Pepsi.

Afortunadamente, los ejecutivos de Pepsi eran personas honorables y la delataron de inmediato. Ella y sus cómplices fueron arrestados y enfrentan cargos graves. Coca-Cola tuvo suerte de que Pepsi hiciera lo correcto y la conducta de esos ejecutivos me inspira un gran respeto, pues muchos competidores podrían haber jugado más sucio.

Este caso ha hecho que Coca-Cola y otras corporaciones evalúen de nuevo qué hacer para mantener segura la información confidencial y que haya un mayor control en el proceso de selección de personal. Los empleadores son cuidadosos al contratar a quien hace los cheques y paga la nómina de los empleados, pero hay que ser igualmente cuidadosos cuando contratas a alguien que va a tener acceso a la información más importante de tu compañía, ya se trate de un vicepresidente o una secretaria.

Otra forma de evitar el problema de la traición es hacer que todos los empleados se sientan parte del equipo, como si tuvieran un papel importante en el éxito del negocio; si es así, es muy probable que estas situaciones no se presenten.

El siguiente ejemplo es la historia de un empleado que está realmente comprometido con su trabajo y es un gran ejemplo a seguir. Hace poco, el jugador Hideki Matsui de los New York Yankees se lesionó la muñeca durante un juego contra los Red Sox de Boston. Desafortunadamente, los Yankees perdieron el juego. La lesión de Matsui terminó con su racha de 1,768 juegos consecutivos, incluyendo sus 1,250 partidos con los Yomiuri Giants en Japón.

Cuando le dijeron que probablemente no podría jugar el resto de la temporada, Matsui no reaccionó airadamente. Lo primero que hizo fue disculparse; dijo: "Lo siento mucho, y al mismo tiempo estoy muy decepcionado de haber defraudado a mis compañeros. Haré todo lo posible para recuperarme de nuevo y regresar al terreno para ayudar otra vez a mi equipo."

Joe Torre es un gran líder y administrador, y es amigo mío. Cuando hablé con él, me dijo que no le sorprendían las disculpas de Matsui, pues siempre había pedido disculpas cuando cometía un error durante el juego. Matsui también expresó su admiración por Joe Torre y le agradeció por ponerlo en la alineación todos los días, lo que le permitió jugar tantos partidos seguidos. ¿No sería maravilloso si cada empleado se sintiera así con respecto a su trabajo? Supongamos que todos los empleados tuvieran esta actitud y demostraran esa lealtad, eso sería indudablemente un ideal por el que vale la pena luchar.

De hecho, valoro la lealtad por encima de cualquier cosa, ya sean la inteligencia, la motivación o la energía. En un episodio de la cuarta temporada de *The Apprentice*, me preguntaron por qué no había despedido a Rebecca Jarvis luego de la acalorada discusión que habíamos tenido en la sala de juntas.

Rebecca aceptó ser la administradora del proyecto del equipo femenino, aunque se había fracturado el tobillo una semana atrás. Creo que quería demostrarme que era fuerte y que podía dirigir a su equipo con eficacia a pesar de su lesión. Su voluntad de asumir el riesgo me impactó. Desafortunadamente para ella, su apuesta no resultó ser efectiva y su equipo perdió. La situación se fue de las manos en la sala de juntas y todos los miembros del equipo de Rebeca intentaron salir adelante culpando a los demás.

Muchos integrantes atribuyeron la derrota del equipo al bajo rendimiento de Toral Mehta. Sin embargo, Rebecca la respaldó porque Toral la había ayudado después de su lesión, y porque admiraba que se hubiera graduado de mi Alma Mater, la Wharton School of Finance. Rebecca sabía que sus compañeros tenían la razón, pero en lugar de ir con Toral a la sala de juntas, donde seguramente la despedirían, Rebecca la envió a la oficina.

Yo sugerí que fuera con Toral a la sala de juntas, pero Rebecca no cedió; ella demostró una gran lealtad al respaldar a Toral, lo cual fue un paso muy inteligente. Yo quería despedirla, pero no lo hice porque hay muy pocas cualidades que valore más que la lealtad. Su firmeza me impactó y su dedicación me conmovió. Actualmente, ella realiza una gran labor para CNBC.

Lo más importante que debe existir en una oficina es un espíritu de equipo, en el que cada trabajador esté comprometido con el éxito de sus compañeros y de toda la compañía. Un grupo de músicos que toque con cada uno de sus integrantes persiguiendo su propio éxito no funciona. Algunos de mis mejores empleados llevan décadas conmigo. Recompenso ampliamente a mis empleados por su lealtad hacia mí y hacia la Organización Trump. Todos trabajamos juntos para ser más exitosos.

Mis mejores empleados han demostrado, a lo largo de los años, que siempre se dedicarán a lograr nuestras metas y los recompenso por eso. Creo que la razón por la que tenemos tantos empleados leales es que premiamos la lealtad y ellos lo saben; esto se ha convertido en parte de la cultura corporativa de la Organización Trump. Personas como Allen Weisselberg y Matt Calamari son excelentes y lo han comprobado durante muchos años.

No todas las compañías son así. Muchas de ellas les exigen lealtad a sus empleados pero no actúan con reciprocidad. Esa es una forma segura de perder empleados buenos y talentosos. Los administradores ejecutivos de la organización Trump son muy leales con nuestros empleados y por eso tenemos tanto éxito en conservarlos.

TODO EL MUNDO MERECE UNA SEGUNDA OPORTUNIDAD

Recientemente, Tara Conner violó las leyes de Miss USA al consumir públicamente drogas y alcohol en Nueva York. Yo no tolero ni perdono ninguna concursante que incurra en esa clase de comportamientos descontrolados. Sin embargo, creo en las segundas oportunidades. Lo cierto es que le di una cita, pues quería despojarla de su corona. Después de hablar con ella, comprendí que lo más adecuado era perdonarla y darle una segunda oportunidad. Esta decisión causó revuelo en los medios de comunicación.

Éstos se escandalizaron y exigieron una explicación; les dije que Tara se había equivocado la primera vez que estuvo sola en Nueva York. Se sumergió en el mundo de las fiestas y no pudo demarcar sus límites, pero había aprendido la lección: básicamente es una chica buena que cometió un error. Está dispuesta a aprender de sus errores y a no volver a cometerlos. Gracias a su voluntad para cambiar, decidí que era mejor darle una segunda oportunidad, en vez de destruir su carrera y sus oportunidades en la vida. Creo que hacer esto fue lo correcto por muchas razones, pues ella trabajó duro para llevarse el título. Cometió un error, pero se comprometió a no repetirlo y a buscar la ayuda que necesitaba. Después de terminar su reinado, sigue respaldando incondicionalmente los objetivos de Miss USA.

En la Organización Trump saben que perdoné a Tara, y creen

que esto fue acertado y ha consolidado su lealtad hacia mí. Mientras tanto, disfruto la libertad de cometer un error ocasionalmente, pues mi meta no es ser perfecto. Es importante sentar este precedente; todos cometemos errores y no hay por qué atacar al empleado que cometa uno. Si castigas cada error con severidad, establecerás un parámetro difícil de alcanzar. Muchos empleados no correrán riesgos para no cometer errores; estos disminuirán, pero lo mismo sucederá con la productividad y el ingenio. Si quieres resultados extraordinarios, tienes que darles a los empleados cierto margen de maniobra. Tienes que aprender de los errores, así como ocasionalmente perdonar y olvidar algunos hechos.

Muchas veces perdonar no es una buena idea. Yo no puedo perdonar a las personas que han robado, alterado los libros o cometido fraude. Nunca perdono a alguien que toma malas decisiones continuamente.

Una característica que trato de inculcarles a mis empleados es que se preocupen por la organización como un todo. Premiamos a los empleados que trabajan sin reservas para que la Organización Trump sea más exitosa, como si los éxitos de la compañía fueran los suyos. Respeto a los empleados que actúan y piensan con rapidez. El tiempo es esencial y aprecio a los trabajadores que siempre tienen respuestas y soluciones.

También me gustan los empleados que le ahorran dinero a la compañía, pues las empresas sufren cuando sus empleados no se esfuerzan lo suficiente en controlar los gastos.

Finalmente, aunque es necesaria cierta dosis de ambición personal, una ambición desmedida puede socavar la meta común de una compañía, la cual debe ocupar el primer lugar para todos los empleados. Siempre perdono los errores honestos y les doy una segunda oportunidad a las personas buenas. Nadie lo hace bien la primera vez y por esto hay que aprender a perdonar.

ESTABLECE ESTÁNDARES ALTOS PARA TI Y PARA LOS DEMÁS

Espera lo mejor de las personas, pues la mayoría de las veces estarán a la altura de los desafíos y es importante inculcarles la confianza para que asuman retos. Hay que darles la oportunidad de destacarse. ¿Cómo pueden hacerlo si no les das una oportunidad? No limites sus capacidades por su posición o sus títulos. He visto que muchas personas talentosas tienen un potencial muy superior al cargo que ocupan.

Cuando contraté a Matthew Calamari como guardia de seguridad hace más de 20 años, inmediatamente comprendí que podía ofrecerme mucho más de lo que sugería su cargo. Él llegó a ser vicepresidente ejecutivo y ahora es el jefe de operaciones de Propiedades Trump. Ha sido un trabajador dedicado y confiable, y si no le hubiera puesto desafíos o asignado responsabilidades, no habría podido mostrar ese aspecto suyo.

No podemos menospreciar a las personas, hay que darles una oportunidad y ser un instrumento para su éxito. Así, todo el mundo gana. Recuerda que no vives en un mundo ideal. Las personas no son perfectas y algunas de ellas son malvadas y quieren perjudicarte a toda costa. Utiliza tus instintos para contratar a los mejores empleados que puedas, pero no confíes en ellos. Crea una atmósfera de trabajo en la que premies a los empleados cuando hacen un buen trabajo y son leales contigo y con tu compañía. Sé exigente con los empleados y verás que llegarán al nivel necesario. No seas demasiado duro cuando cometan errores, ya que todos los cometemos. Dale una segunda oportunidad a alguien que quiera mejorar.

¿QUÉ NOS DICE ZANKER?

Es poco lo que podemos hacer solos. Necesitas que otras personas te ayuden a alcanzar grandes cosas en la vida. Contratar a los mejores puede ser un factor determinante entre el éxito y el fracaso en los negocios. Donald tiene razón, tienes que estar alerta para no fomentar lo peor de las personas, sino lo mejor. A continuación leerán algunas sugerencias para la administración de personal, las cuales me han sido de una ayuda invaluable.

A Veces Es Mejor Dar la Propina Antes y No Después

Mi amigo John Goodfriend me enseñó: "Dale una buena propina al barman cuando te sirva el primer trago y no cuando te vayas." Yo sigo esa regla tanto en mi vida personal como en mi trabajo. Una vez me fui de vacaciones con mi familia a un resort en Jamaica, donde todo estaba incluido en el precio del paquete. Había otra familia que también tenía dos niños y nos encantó que cada familia pudiera contar todo el día con el servicio de una niñera durante nuestra estadía. Le di una buena propina a nuestra niñera cuando llegamos, y ella siempre cuidó a nuestros hijos, además de que fue muy amable y divertida.

La otra familia hizo lo tradicional, le dieron la propina a su niñera el último día. Ella sólo cumplió con sus deberes, pero no fue divertida. No importaba que ellos fueran generosos al final; su generosidad llegó demasiado tarde para producir un impacto.

Cuando decidí que The Learning Annex iba a lanzar una serie de Conferencias sobre Riqueza, y que mi equipo iba a tener que rendir el 10,000 por ciento al año siguiente, me reuní con todo el personal en el hermoso Hotel Doral en Westchester, Nueva York durante el fin de semana. Lo primero que hice fue entregarle un sobre con 10,000 dólares a cada uno. Les dije: "Este es sólo el preámbulo a la prosperidad que les espera." Esa reunión de planeación fue la más productiva en la historia de The Learning Annex.

Los empleados llamaron a sus casas y les contaron sobre los bonos a sus esposos o esposas, así que éstos, en vez de quejarse y hacer sentir culpable a mi personal, les dijeron, "Trabaja duro este fin de semana que yo me ocupo del hogar." Para algunos de mis empleados, el bono equivalía al 25 por ciento de su salario. Nadie esperaba esta bonificación, la cual cambió las expectativas del equipo. Siempre que salimos un fin de semana, todos esperan un sobre y yo nunca los decepciono porque se lo merecen.

Haz que Sea Divertido Aprender

Aunque ganamos dinero con nuestra primera conferencia, insistí en que el equipo debía trabajar y asegurarse de que la siguiente conferencia fuera aun mejor. Una de las conclusiones que sacamos fue que el fin de semana era demasiado serio; es cierto que las personas aprendían, pero uno de los emblemas de The Learning Annex era que aprender debía ser algo divertido. ¿Cómo podíamos hacer que fuera así? Alguien dijo en broma: "Contratemos embajadores de la diversión." Y otra persona respondió, "Es una buena idea."

Antes de la siguiente conferencia en Los Ángeles, viajé con una semana de antelación, visité bares, restaurantes y tabernas, conocí personas muy alegres y divertidas y las contraté de inmediato. Contraté a 100 hombres y mujeres, quienes repartieron premios y dulces a los asistentes, bailaron, animaron y jugaron con pelotas de playa. La estrategia funcionó, el nivel de energía fue mucho mayor y los asistentes se divirtieron mucho más. Actualmente contratamos embajadores de la diversión, hombres y mujeres perfectamente entrenados para cada conferencia que realizamos, y muchos de ellos se van con nosotros de gira por el país.

Le di un toque de *sex appeal* a la educación para adultos en Nueva York, y posteriormente alrededor del país, publicando fotos de mujeres hermosas en la cubierta de nuestras revistas, así como lo hacen otras publicaciones urbanas como la revista *New York, People, Us Weekly y Esquire*. Transformé la aburrida educación para adultos y la hice sexy y divertida. Lo mismo puede aplicarse a cualquier negocio o industria. Hay que mirar los negocios con ojos diferentes: ¿Qué puedes hacer para cambiarlo, mejorarlo o hacerlo más agradable?

Busca el Consejo de los Expertos

Si quieres que un experto te dé consejos, pregúntale y escúchalo en silencio. No hagas lo que hace la mayoría de las personas, que es responder la pregunta o hacerla una selección múltiple. Esto lo distraerá y sólo te dirá lo que crea que quieres escuchar. Si quieres un consejo realmente objetivo, no seas inseguro ni intentes demostrarle a un experto lo inteligente que eres sugiriendo las respuestas. Ellos son inteligentes y cobran por su experiencia. Si quieres obtener los mejores consejos, deja que el experto trabaje para encontrar una respuesta basada en su propia experiencia y perspectiva.

Sigue el consejo que Jim Collins ofrece en su excelente libro *Good to Great: Why Some Companies Make the Leap… and Others Don't* (Por qué algunas compañías dan el salto… y otras no), y contrata personas inteligentes.

Cuando comencé con The Learning Annex en los años 80, creció tan rápidamente que necesité urgentemente un jefe financiero, pero no pude encontrar a la persona indicada. Repartí volantes, pregunté, contraté incluso a un cazatalentos que me cobró una fortuna y me envió personas ineptas. Un día estaba desayunando en una cafetería de Greenwich Village y noté que el mesero me parecía conocido. Era Clive Kabatznik, a quien había conocido en la universidad, y a quien recordaba por su gran inteligencia. No entendí como un hombre tan inteligente podía trabajar en una cafetería.

Comenzamos a hablar; me contó que era de Sudáfrica, que estaba recorriendo Estados Unidos y que comenzó a trabajar en la cafetería cuando se quedó sin dinero. Pronto descubrí que era un hombre abierto a todo. El único cargo disponible que yo tenía era el de jefe financiero. Pensé, "es inteligente y confío en él, ¿qué puedo perder?" Clive fue un estupendo jefe financiero. Hace varios años se retiró de mi empresa, pero aún me sigue dando consejos valiosos. Actualmente es un empresario muy exitoso que ha ganado muchos millones abriendo compañías para luego venderlas. Siempre busco personas inteligentes.

Cuando compré de nuevo The Learning Annex en 2001, pensé en las personas más inteligentes que conocía y en las cuales confiaba, que podía convecer que trabajaran conmigo. Andy Hyams, un antiguo amigo, es una de las personas más inteligentes que conozco. Somos amigos desde cuarto grado; él estudió Leyes y Salud Pública en la Universidad de Harvard y tuvo una exitosa carrera en el sector público. Lo admiraba mucho, pero al mismo tiempo sentía que no tenía desafíos. Por la forma en que hablaba de su trabajo, parecía que su corazón estaba en otra parte.

Quería que trabajara en The Learning Annex pero no quería presionarlo; luego vi la oportunidad. Le dije, "Te invito a un fin de semana con Tony Robbins, quien hablará sobre la liberación del poder interior." En ese evento de tres días de duración, los participantes caminan descalzos sobre carbones ardientes. Yo dudaba que Andy lo hiciera, pero Tony Robbins tenía muchas otras cosas para ofrecer.

Andy era muy escéptico y me dio unas disculpas maravillosas para no asistir. Finalmente, confió en mí y asistió. Luego me llamó de San Diego. "La vida me está cambiando," me dijo. "¿En serio?" Realmente me alegré por él, pues era lo único que me importaba. Pero no pude resistir la tentación de preguntarle: "¿Caminaste sobre carbones ardientes?"

Él me respondió: "Sí, renunciaré tan pronto regrese al trabajo y abriré mi propia firma de abogados."

"Fantástico," le dije. "Me sentiré orgulloso de ser tu primer cliente."

La gente me decía que yo estaba loco al contratar a un abogado sin ninguna experiencia en negocios, contratos, corporaciones y legislación de impuestos. Yo les respondía: "No se preocupen. Primero, es inteligente, tiene un gran criterio y no es terco. Segundo, si no sabe algo, lo más probable es que lo aprenda. Y tercero, si no puede aprender, confío en que contrate expertos porque será tan cuidadoso con el dinero de The Learning Annex como con el suyo."

Y resultó cierto. Andy ha trabajado duro y con inteligencia, y ha sido un gran acierto que se haya unido a la ola de éxito de The Learning Annex.

Como dice Donald Trump: "Valora la lealtad sobre todo lo demás."

Soy poco tradicional cuando se trata de contratar personal, y para ser honesto, la mayoría de las personas que trabajan conmigo no duran mucho. Esto se debe a que mis estándares son muy altos. Como empresario que soy, he aprendido que tienes que liderar con tu propio ejemplo. Y no tengo dificultades para hacerlo porque me impongo altos estándares para mí. Trabajo muchas horas y espero lo mismo de mis ejecutivos. Trabajo días feriados y fines de semana, y espero lo mismo de mi equipo. Si alguien quiere un trabajo de 9 a 5, no hay nada malo en eso, pero eso no funciona para mi empresa.

Si un candidato laboral me pregunta cuál será su horario, termino la entrevista de inmediato. No es extraño que yo intercambie correos electrónicos con mis empleados a las dos de la mañana para discutir ideas. Para trabajar estas largas jornadas necesitas algo más que una buena ética laboral, necesitas pasión por lo que haces y sed de hacerlo mejor que cualquier otro. Me encantan los riesgos y contrato a las personas que tienen esta actitud.

Por ejemplo, en el año 1986 un joven me solicitó un trabajo. Lo rechacé varias veces porque no tenía experiencia. Sin embargo, continuó enviándome cartas y pasando por mi oficina. Luego de seis meses de rechazarlo, se ofreció a trabajar gratis. Era una oferta descabellada, pero me demostró que quería trabajar. Quería poner sus pies en la empresa a cualquier costo, así que lo contraté: Harry Javer lleva más de 20 años conmigo y dirige nuestras conferencias y operaciones.

Otro gran miembro de mi equipo es Heather Moore. Ella tenía experiencia en administrar clubes nocturnos y manejar talentos. No sabía nada de los medios de comunicación, pero era consciente, se involucraba y tenía la actitud de poder hacer cualquier cosa. Actualmente, Heather dirige nuestro departamento de medios, y sus ventas ascienden a más de 20 millones de dólares anuales. También dirige nuestro departamento de publicidad y relaciones públicas.

Las tarjetas de mis empleados no especifican su cargo porque todos cumplimos diversas funciones.

He tenido otros empleados y consultores con estas mismas características: apasionados, leales, diligentes y todos comparten mi mentalidad de que "el cielo es el límite." Hay un refrán que dice: "la mediocridad se interpone en el camino de la grandeza," y yo procuro pensar en eso cuando contrato empleados. Si no tienen la capacidad para ser grandes, sólo están ocupando espacio. Si no pueden destacarse, están ocupando el espacio de alguien capaz.

Muchos empresarios no pueden darse el lujo de tener presupuestos enormes y una gran cantidad de personal, por lo que tienen que contratar empleados que puedan hacer el trabajo de diez; por esta razón, procuro contratar personas que sean inteligentes, flexibles y versátiles. Si necesito un especialista, contrato a un consultor. Si contratas personas inteligentes y dispuestas a trabajar duro, no necesitas una plantilla de trabajadores inmensa y costosa.

Comparte la riqueza.

Una cosa más… creo firmemente que tienes que recompensar a las personas por el trabajo que hacen. Los empleados que permanecen conmigo reciben grandes recompensas. Estamos en el negocio de las conferencias, pero funcionamos como una firma de Wall Street, así que todos compartimos la riqueza. Utilizo esta estrategia con empleados, consultores y cualquier persona con la que haga negocios. Tienes que ofrecerles a tus empleados una parte de las ganancias; es muy sensato pagarles un buen salario a quienes lo merecen. Y si alguien no se esfuerza, no dudes en despedirlo antes de que propaguen la enfermedad por toda la compañía, con esto me refiero a la enfermedad de la mediocridad.

Hace cuatro años tenía un empleado encargado de contratar a los conferencistas. Una vez lo invité a almorzar para evaluar su trabajo y comprendí que tenía dificultades para cubrir sus gastos. Nueva York es una ciudad costosa, y como él tiene muy buen gusto para la ropa, le quedaba poco dinero. Dedicaba su tiempo a pensar en sus problemas financieros en lugar de conseguir conferencistas. Yo no sabía qué hacer con él; íbamos caminando cuando vio un traje Versace en una tienda de la Quinta Avenida y dijo, "Es un traje increíble." "Vamos a mirarlo," sugerí. Se probó el traje y era sorprendente, así como el precio: valía unos 7,000 dólares.

En esa época yo quería contratar al Dr. Nicholas Perricone, el famoso dermatólogo, para que hiciera una gira con nosotros. Sabía que mi empleado había trabajado varias semanas para contratarlo, pero Perricone había demostrado ser muy escurridizo. Entonces le dije, "Te regalaré el traje si consigues a Perricone."

Regresamos a la oficina y pocas horas después lo vi salir. "¿Adónde vas?," le pregunté. "A reclamar mi traje." Miré el tablero de las contrataciones y vi que Perricone ya estaba tachado. Los propietarios de negocios deben comprender que si quieren que un empleado tenga un rendimiento excelente, deben darle una recompensa excelente. Este empleado ya no trabaja conmigo, pero al retirarse me agradeció por motivarlo a dar más de sí. Es una fórmula simple, pero muchos propietarios de negocios son tacaños, y eso sólo los afecta a ellos y a su negocio. Si un empleado mío se esfuerza al máximo y le deja 100,000 dólares de ganancia a mi compañía, lo recompenso con un bono de 25,000.

PARA RESUMIR

El mundo es un lugar terrible. Los leones matan para comer, pero las personas matan por diversión. La gente intentará aniquilarte mentalmente, especialmente si estás en la cima. Todos tenemos amigos que quieren todo lo que tenemos como nuestro dinero, negocio, casa, auto, esposa y perro;

estos son nuestros amigos, ¡y nuestros enemigos son peores! Tienes que protegerte en la vida.

La misma codicia desmedida que hace que las personas saqueen, maten y roben en emergencias como incendios e inundaciones, también opera en la vida diaria de las personas normales. Se oculta bajo la superficie, y cuando menos lo esperas, saca su desagradable cabeza y te muerde. Tienes que aceptar que el mundo es un lugar brutal. La gente te aniquilará por pura diversión o para alardear ante sus amigos. Espera siempre lo mejor de las personas, pero prepárate para lo peor.

No creas que las cosas son color de rosa. Sé paranoico, ten mucho cuidado cuando contrates empleados. Si no te proteges, seguramente te devorarán. No te preocupes por simpatizarles; no importa si les caes bien o no a tus empleados. Asegúrate de que te respeten. Anteriormente decía: "Contrata a los mejores y confía en ellos." Ahora he aprendido y digo: "Contrata a los mejores y no confíes en ellos."

PUNTOS CLAVE

► No te hagas ilusiones porque el mundo es un lugar brutal lleno de gente mala.

► Todos quieren matar al pistolero más rápido.

► Los leones matan por comida, los humanos por diversión.

► Hazte respetar, sin importar si le gustas a la gente o no.

► Si sabes lo que haces, la gente te respetará de inmediato.

► Siempre exige respeto.

► Contrata a los mejores y no confíes en ellos.

► Contrata sólo a personas con actitudes positivas y despide rápidamente a las manzanas podridas.

► Dale a tus empleados un gran espíritu de equipo.

► Valora la lealtad por encima de todo.

► Perdona a las personas por el primer error honesto que cometan.

► Nunca perdones a una persona deshonesta.

► Establece estándares altos para tus empleados y espera que los logren.

6

VENGANZA

Yo siempre busco vengarme. En los años 80 contraté a una mujer que ganaba muy poco dinero con el gobierno. Ella era inteligente y creí que podía progresar mucho bajo mi orientación. No era nadie en su trabajo y no tenía ningún futuro, así que decidí que fuera alguien. Le di un gran trabajo en la Organización Trump y con el tiempo adquirió mucho poder en la industria inmobiliaria. Compró una casa hermosa.

Necesité su ayuda cuando yo pasaba por momentos difíciles a comienzos de los 90. Le pedí que llamara a un íntimo amigo suyo, quien tenía un alto cargo en un banco muy importante, pues él haría lo que ella le pidiera. Me respondió: "Donald, no puedo hacerlo." Yo la había sacado de su trabajo sin futuro, la aconsejé, le enseñé, la formé y después de todo esto me dijo que no podía llamarlo. La despedí y abrió su propio negocio.

Posteriormente, supe que había fracasado y me alegré porque me rechazó después de haber hecho tanto por ella. Le pedí un favor y me lo negó. Terminó perdiendo su casa, su esposo, que estaba con ella sólo por el dinero, la dejó, y eso también me alegró. Muchas veces me han llamado para pedirme referencias y siempre les doy las peores, pues no soporto la deslealtad.

A las personas que son leales conmigo las "subo a un pedestal" y las trato muy bien. Hago lo que sea por las personas que me han sido leales en los momentos difíciles. Esta mujer fue muy desleal y hago todo lo posible para que sea infeliz. Me ha llamado para invitarme a almorzar o a cenar, pero nunca le devuelvo las llamadas.

He contribuido al éxito de muchas personas. Algunas me agradecen y otras no. Algunas tienen buena memoria y recuerdan lo que has hecho por ellas aunque ya no trabajen contigo, pero la mayoría de las personas lo olvidan.

Hace poco sucedió algo interesante con un joven jugador de golf profesional que inicialmente no lograba clasificarse para el Tour. Jugó varios años en el Nationwide Tour y ascendió a la categoría PGA. Le fue muy bien durante sus primeros meses en esta categoría, pero desde entonces no ha tenido un buen desempeño.

Antes de que él ganara buen dinero, yo lo dejaba practicar y jugar en el Trump International Golf Club de Palm Beach, Florida, un club de mi propiedad muy prestigioso. Durante tres años jugó y practicó allí como si fuera su propio campo de golf.

Cuando llegó al Tour y adquirió reconocimiento, John Nieporte, el director de instructores de golf del Trump International, me preguntó si después de todo lo que habíamos hecho por él, le podíamos pedir que llevara la marca Trump en varios torneos PGA. No es que fuera lo más importante en mi vida, pero le dije, "Claro, pregúntale. Creo que no será ningún problema después de todo lo que hemos hecho por él." John le pidió el favor y el jugador le respondió, "Lo siento, pero tendré que hablar con mi agente." Entonces le dije a John, a quien le sorprendió mucho aquello, que cuando el jugador no estuviera en el tour y quisiera jugar en el campo de golf, le dijera, "Lo siento, pero tengo que llamar al agente del Sr. Trump para pedirle permiso."

Martha Stewart es otro ejemplo. Yo fui bueno y leal con ella. La ayudé cuando salió de la prisión, pues promoví su programa televisivo *The Apprentice: Martha Stewart.*

No me gustaba mucho la idea de que hubiera dos versiones del mismo programa y me parecía que eso creaba cierta confusión. Sin embargo, NBC quería intentarlo. A mi programa le estaba yendo muy bien, y seguramente pensaron: "Hagamos otro." El hecho es que en vez de asumir la responsabilidad por el fracaso de su programa, Martha me culpó a mí, cuando lo único que hice fue ayudarla; dije que era una mujer valiente y que estaba trabajando duro. Sólo vi su programa cuando salió al aire y me di cuenta de que era terrible y que no tendría éxito.

Martha le dijo a todo el mundo que el de ella sería la única versión del programa *The Apprentice* y que yo había aceptado que ella me despidiera en vivo y en directo, lo cual es completamente absurdo: ¿Quién iba creer que ella despediría a alguien que tenía uno de los programas más exitosos de la televisión? Lo cierto es que su programa no funcionó, y por alguna razón, Martha no se desempeñó muy bien. Lo intentó, se esforzó, pero no tiene lo que se necesita para un programa exitoso. En la vida a veces se fracasa y eso no tiene nada de malo, pero cuando lo hagas, intenta no culpar a otras personas. La versión del programa *The Apprentice* de Martha fue un fracaso. El mío tuvo una gran audiencia, o sea, funcionó, y el de ella no.

Lo que más me molesta de Martha es su ingratitud. Fui su mayor promotor; promocioné cada uno de sus programas y dije que era una mujer maravillosa, algo que todavía creo. Sin embargo, ella nunca me agradeció. Nunca me llamó para decirme: "Muchas gracias, Donald." La defendí muchísimas veces y nunca recibí una nota de agradecimiento ni una llamada. En la vida, si alguien te ayuda, es bueno darle las gracias, y ya yo me cansé de los que no la dan.

Como si fuera poco, me echó la culpa cuando su programa fracasó, pero en vez de cruzarme de brazos la ataqué. Le escribí una carta dura diciéndole que ella era la única culpable de su fracaso. Le escribí: "Tu presentación fue terrible. El programa carecía de ambiente, temperamento y de casi todo lo que se necesita para triunfar." Añadí, "Supe que fracasaría desde la primera vez que lo vi, para no hablar de los bajos niveles de audiencia." Mi lema es el siguiente: Siempre tienes que desquitarte. Si alguien te perjudica, págale con la misma moneda.

Sir Richard Branson y Mark Cuban también fracasaron con sus pobres copias de *The Apprentice*. Richard Branson es un buen tipo. Hace poco me llamó, pero antes quiero contarles su historia.

El año pasado me molesté con él porque estaba haciendo un nuevo programa llamado *The Rebel Billionaire: Branson's Quest for the Best* (El multimillonario rebelde: Branson busca a los mejores), que era una copia de *The Apprentice*. Nadie recuerda siquiera el nombre de su programa. Comenzó a promoverlo con globos y con un gran despliegue en los medios de comunicación dos meses antes de salir al aire. Decían que era un multimillonario, pero ¿cómo puede ser multimillonario el propietario de una aerolínea? Es cierto que él tiene otros negocios, pero los aviones son muy caros, hay mucha competencia y los boletos aéreos son demasiado baratos para obtener ganancias considerables. No conozco a nadie que se haya hecho multimillonario con una aerolínea, y tal vez por eso quería hacer un programa de televisión. De todos modos, lo entrevistaron en la cadena Fox antes de que su programa saliera al aire y le preguntaron qué pensaba de mí. Como es amigo mío, dijo: "Es fantástico. Donald es amigo mío, es un gran hombre de negocios y es muy exitoso. Lo respeto mucho."

Pero unas dos semanas antes de que el programa saliera al aíre, un productor imbécil le dijo, "No puedes hablar bien de Trump; tienes que decir cosas horribles sobre él." Richard le preguntó, "¿Por qué?" Y el productor le respondió, "Porque tienes que decir cosas terribles para obtener buenos niveles de audiencia." Así que una semana antes del programa, Richard dijo, "No me gusta Donald Trump. A él no le gusta saludar a la gente con la mano." Tambien dijo muchas otras cosas malas sobre mí.

Ya era incorrecto que intentara acabar con mi programa, pero además me estaba insultando, así que prometí vengarme y esperé a que su programa saliera al aire. Yo no tenía intenciones de atacarlo si su programa tenía éxito, pues no quería comportarme como un estúpido. Sinceramente, no quería aumentar los niveles de audiencia de su programa al darle publicidad.

Finalmente salió al aire y fracasó, pues sólo fue visto por 4.85 millones de personas. A los críticos les pareció un programa terrible. Tom Shales, el crítico de televisión de *The Washington Post* dijo que era un programa tonto, estúpido y ridículo. La cadena televisiva canceló rápidamente el programa por su mala calidad. Y entonces llegó mi oportunidad y arremetí con todo contra él. Le dije al *New York Daily News*: "Creo que el programa era terrible. ¡El mejor programa que hay es *The Apprentice*! Richard Branson, tus niveles de audiencia hablan por sí solos por eso te acaban de despedir."

Cuando el programa de Cuban fracasó, escribí una carta al *New York Post* diciendo que yo habría podido ahorrarle mucho tiempo y energía, pues sabía muchas cosas de la vida, los negocios y la televisión. Mark Cuban tiene una imagen y una personalidad nulas. Parece un Neandertal pero no lo entiende. Más importante aun, no es un triunfador. Su equipo era favorito para ganar las eliminatorias de la NBA en la temporada antepasada, pero no pasaron la prueba y perdieron contra los Miami Heat liderados por el gran Shaquille O'Neal, quien es amigo mío, y por Dwayne Wade.

Este año le ha ido peor aun; pasaron a las eliminatorias, también como favoritos para llevarse el campeonato, pero perdieron en la primera ronda contra los Golden State Warriors, un equipo que no tenía pergaminos.

Cuando Mark hizo *The Benefactor*, transmitido por ABC, fue un fracaso total y muy pronto fue retirado. Él dijo cosas falsas sobre mí para crear expectativas y despertar rivalidades. Manifestó que hace muchos años estuvo en mi casa de Mar-a-Lago y que humillé a varias personas que no tenían mi nivel económico. Eso no es cierto, de hecho, es justamente lo contrario. Me divierto mucho más humillando a individuos como él. Además, no me simpatizan las personas que inventan historias. Siempre he dicho que Mark Cuban es un perdedor y el tiempo me dará la razón. Por otra parte, Branson es un buen tipo.

SI ALGUIEN TE GOLPEA, GOLPÉALO MÁS FUERTE

Las cosas fueron peores con Rosie O'Donnell porque ella es toda una degenerada. Atacó a Kelly Ripa, una persona maravillosa, porque Clay Aiken le puso la mano en la boca para callarla. Rosie atacó a Kelly por este incidente. Kelly es decente y no le respondió. Rosie también atacó a Danny DeVito; se refirió a él como si fuera un alcohólico porque estuvo bebiendo con George Clooney la

noche anterior a presentarse en el programa *The View*. Yo lo conozco y sé que no es un alcohólico; es amigo mío. Lo llamé y le
dije, "Danny, ella dijo que eras un alcohólico. ¿Por qué no haces
algo al respecto?" Esto fue antes de que yo tuviera problemas con
ella. Le dije a Danny, "Anuncia por la televisión que es una chis-
mosa y que no eres un alcohólico." Él me respondió, "No quiero
involucrarme en eso." Le dije, "Te entiendo; tienes una personalidad diferente a la mía."

Un día recibí una llamada de un periodista, quien me dijo,
"Rosie se ensañó contigo de una manera delirante durante 10 minutos en el programa *The View*." Me atacó porque le di a Tara
Conner—que en aquel entonces era Miss USA—una segunda
oportunidad cuando todos creían que la iba a despedir. Rosie me
insultó de varias formas y dijo cosas muy desagradables de mí.

Tara Conner es una joven encantadora, pero tuvo algunos
problemas para adaptarse a las presiones de Nueva York. Empezó
a consumir drogas y alcohol, y eso le estaba causando muchos
problemas. Decidí darle una segunda oportunidad después de hablar con ella; aceptó someterse a un programa de rehabilitación y
actualmente se encuentra muy bien y agradecida por "salvarle
la vida."

Sin embargo, a Rosie O'Donnell no le gustó que yo le diera
una segunda oportunidad a Tara. Apareció en televisión y comenzó a destilar su veneno. Un amigo mío me llamó y me dijo,

"Realmente te odia." Conozco a Rosie desde hace mucho tiempo y siempre ha sido una mala persona.

La despidieron de su programa *El Show de Rosie O'Donnell* debido a la baja audiencia. También acabó con su revista. Su intromisión y perversidad desmoralizaron a todas las personas que trabajaban con ella. El editor de la compañía realizaba una carrera fulgurante pero terminó perdiendo su trabajo. El espectáculo de Broadway que hizo Rosie fue un desastre total; es una persona desagradable por dentro y por fuera, y completamente baja; siempre ha sido una matona.

Yo tenía dos opciones, podía atacarla o ignorar el asunto. Decidí atacarla tan fuerte que ella lamentara el día que decidió atacarme. Los medios se interesaron mucho en mi respuesta. Me llamaron de *Entertainment Tonight, Inside Edition, Access Hollywood, Extra* y de otras partes para preguntarme, "¿Vas a responderle?" "Sí," dije. "Tengo una respuesta: Rosie O'Donnell es desagradable por dentro y por fuera. Mírenla bien, es una cerda. Habla como un camionero, su programa fracasó, su revista fue una catástrofe total y ha sido demandada en varias ocasiones. Tal vez yo haga lo mismo, sería muy divertido y me gustaría sacarle dinero de sus bolsillos. Rosie es una mujer poco atractiva y una matona. Es una perdedora y ese programa fracasará por su culpa. Barbara Walters cometió un error al contratarla." Y Barbara me respondió, "Donald, no te revuelques con los cerdos en el fango."

Una mañana asistí a *The Today Show* para hablar sobre *The Apprentice*, pero Meredith Vieira comenzó a hacerme preguntas sobre Rosie. Inmediatamente me preguntó:

"Donald, ¿por qué atacaste a Rosie?"

"¡Qué descaro! Ella fue quien me atacó," le respondí.

Luego me preguntó: "¿Es cierto que dijiste que ella era burda?"

Le dije, "No, nunca dije eso, no es lo suficientemente fuerte. ¡Dije que era una degenerada!"

"¿Es cierto que dijiste que era una cerda gorda?"

"No, dije que era una cerda," le respondí.

Es curioso; dije que era toda una degenerada y a nadie le importó, pero todos pusieron el grito en el cielo, creyendo que yo le había dicho "gorda," Rosie señaló que sus hijos le dijeron: "Mami, mami, él te dijo una vulgaridad," pero no creo que sus hijos le hayan dicho eso.

"No dije que fuera gorda porque eso es políticamente incorrecto. Piénsalo, Meredith. ¿Ella es gorda?"

Meredith evadió la pregunta diciendo, "Preferiría no responder." Yo la presioné:

"Meredith, quiero saber: ¿ella es gorda?"

Se salió por la tangente y dijo, "Creo que no debería responder eso". Entonces le pregunté:

"¿Crees que me equivoco si suponemos que le dije cerda gorda? No dije eso, pero ¿crees que estaría equivocado?"

"No hablemos más de ese tema," me respondió.

Esto demuestra que muchos reporteros de televisión no tienen agallas. Meredith me agrada mucho y es muy amable, pero hizo algo incorrecto. Luego me hizo otra pregunta estúpida, "Donald, ¿por qué siempre hablas de Rosie?" Le respondí, "Porque tú me has preguntado por ella." Lo cierto es que yo no empecé a hablar de Rosie y esa fue la entrevista más tonta que me han hecho en la vida.

Por esa época, Rosie anunció que sufría de depresión y los reporteros me llamaron para pedirme un comentario. En vez de decirles, "No tengo ningún comentario" o "Es una verdadera lástima, ¿verdad?," como diría la mayoría de la gente, les dije: "Creo que puedo curarle la depresión: Si deja de mirarse al espejo no se sentirá tan deprimida." Esto salió en el programa *Entertainment Tonight* y el reportero señaló: "Es un comentario horrible." "¿Qué tiene de horrible?," le respondí. Si ella me ataca y dice cosas feas de mí, ¿no tengo derecho a responder atacándola?

Pocos días después entrevistaron a Rosie en un evento. El reportero le preguntó: "Rosie, Donald dijo que te curarás de tu depresión si no te miras al espejo. ¿Tienes algún comentario?" Ella respondió: "No tengo ninguno. ¡No quiero hablar de él!" ¿Saben por qué dijo eso? Porque le di un golpe terrible. Ella seguirá hablando de Kelly Ripa, de Danny DeVito o de Tom Selleck, pero cuando golpeas a los matones, siempre se doblegan. En la secundaria aprendí que a los matones hay que golpearlos realmente duro. Algunas personas habrían ignorado los insultos de Rosie, pero yo decidí responderle y hacer que se arrepintiera del día en que decidió descargarse conmigo.

Por eso es que siempre le digo a la gente: "¡Vénguense!" No es el consejo típico, pero sí es un consejo de la vida real. Eres un cobarde si no lo haces. Por alguna razón, les caigo bien a los deportistas y me llaman con frecuencia. Conozco a muchos que han perdido enormes cantidades de dinero; muchas veces son chicos que ganan mucho cuando están muy jóvenes, pero lo pierden casi todo antes de retirarse y se quedan sin nada. El dinero desaparece porque tienen managers, contadores, abogados, agentes y los supuestos asesores financieros que se llevan su dinero con la misma facilidad con la que un adulto le quita un dulce a un bebé.

Un deportista que era amigo mío me llamó un día y me dijo que tenía pruebas de que su manager le había robado todo el dinero. Es un gran basquetbolista que jugó varios años en la NBA. Me dijo: "Sr. Trump, lo tengo atrapado con la información que descubrí, ¿verdad?" Él es un deportista muy famoso y todos ustedes lo conocen, aunque no sean muy aficionados al baloncesto. Le dije, "Agarremos a ese hijo de ya sabes quién. Te puedo ayudar, tengo el abogado más desagradable que te puedas imaginar. Lo demandarás y lo dejarás en la calle. Le haremos tanto daño que nos suplicará de rodillas." Y agregué, "Te ayudaré a agarrar a ese tipo; lo haremos sufrir y recuperarás casi todo tu dinero, aunque no te lo haya robado." Él me dijo, "No, Sr. Trump. No haga eso. No quiero hacerlo." Le pregunté, "¿Qué estás diciendo? ¿Por qué no quieres hacerlo?" Y me respondió: "No quiero involucrarme en eso." Yo le pregunté, "¿Por qué?"

Este es el caso de un gran deportista que había perdido casi todo su dinero, pero no quería perseguir al manager que lo dejó sin un centavo. Esta persona no le robó poco dinero, ni cometió un pequeño error sino que le robó todo lo que tenía. Le dije, "Escucha, si no haces esto, eres la persona más tonta que he visto en mucho tiempo." Me respondió, "No puedo hacerlo." Y ahí le dije, "¡De acuerdo, pero nunca vuelvas a llamarme porque eres un cobarde!" No he vuelto a hablar con él desde entonces. Me llama de vez en cuando, pero no le contesto el teléfono porque es un perdedor. Tienes que demostrarle a la gente que nadie jugará contigo. Seguramente, quienquiera que sea el próximo manager de este deportista—al que no le quedan muchos años de carrera—le robará el dinero que está ganando ahora. ¿Por qué no habría de hacerlo? El deportista se quedará de brazos cruzados porque es un tonto.

No puedes pensarlo dos veces para perseguir a quienes te han perjudicado. Esto es importante no sólo para la persona que persigues, sino para que los demás sepan que no pueden aprovecharse de ti.

Cuando los demás vean que no te quedas con los brazos cruzados y que persigues a quien te ha hecho daño, aprenderán a respetarte. Sin embargo, debes tener razones sólidas cuando persigas a alguien, de lo contrario, nunca lo hagas. Si te hacen daño, persigue al responsable porque es una sensación agradable y también porque esa persona sabrá que no eres un cobarde.

Vengarse no siempre es un asunto personal, simplemente es parte de los negocios. Un ejemplo de esto fue mi relación con Merv Griffin, quien falleció recientemente. Merv era un personaje muy interesante. Tuvimos muchas discusiones, pero creo que al final logramos respetarnos mutuamente. Él decía que Donald Trump era un genio (creo que incluso lo escribió en su libro), pero hubo algo que nunca admitió: Merv le decía a todo el mundo que me había ganado en un negocio, cuando realmente sabía que las cosas habían sido diferentes, y así lo reconoció ante mí.

Le vendí una compañía llamada Resorts International por un precio muy alto. Yo tenía la mayoría de las acciones con derecho a voto, así que él no podía hacer nada a menos que yo quisiera venderla, pero su oferta fue tan alta que habría sido descabellado no aceptarla. Cuando hicimos el negocio, Merv le dijo a todo el mundo que me había ganado. "¡Le gané a Donald Trump en el negocio!"

Los periódicos y revistas me llamaron a decirme que Merv me había derrotado. Recuerdo que le respondí a uno de los reporteros: "Los negocios son curiosos. No sé qué sucederá en cinco años, pero lo cierto es que obtuve muy buena ganancia, mucho más de lo que habría tenido que pagar porque yo estaba dispuesto a aceptar una cifra mucho menor."

En cualquier caso, el negocio resultó ser un desastre para Merv y sé que aplicó dos veces para el "Capítulo 11," el programa de gobierno relacionado con la reorganización de las empresas. Creo que por eso dijo que yo era un genio, pero también puedo decir que él era un competidor formidable, agradable y suave por fuera, pero un verdadero tigre por dentro. En un evento dijo, "Yo solía tener muchos cocos," refiriéndose jocosamente a todo el dinero que le había costado la compra de Resorts Internacional. Dejamos de ser amigos debido a ese negocio, pero siempre lo extrañaré.

Me encanta vengarme cuando alguien me hace daño. Sí, es cierto que probablemente las personas quieran aprovecharse de mí y algunas veces lo logren, pero lo cierto es que las persigo. ¿Quieren saber algo? Las personas no me molestan tanto como a los demás porque saben que si lo hacen tendrán una gran pelea. Siempre hay que vengarse. Si estás en los negocios, necesitas vengarte de las personas que te han perjudicado. Tienes que perjudicarlos quince veces más, no sólo para ajustar cuentas con esa persona sino también para que los demás vean lo que les puede suceder si se meten contigo. Si alguien te ataca, no lo dudes, tírale a matar. ¡Devuélvele el golpe!

¿QUÉ NOS DICE ZANKER?

La vida está llena de perdedores que quieren perjudicar a los demás, especialmente a los que tienen éxito. Creo que esto se debe a los celos, a la codicia o a una combinación de ambas cosas. A veces lo hacen sin que haya dinero de por medio, como dice Donald: "lo hacen por deporte."

En cierta ocasión, una compañía creó una copia mala de The Learning Annex y comenzó a promoverla como mi competencia directa. Básicamente nos estaban robando los clientes y le escribí una carta al director para que dejaran de hacer algo tan desleal. Se negaron y los demandé por violación de derechos de autor y por infracciones a nuestra marca registrada. Cuando fuimos a la corte, el juez les preguntó si querían llegar a un acuerdo extrajudicial y dijeron que no. El juez falló a favor de The Learning Annex y le impuso una multa tan alta a la otra compañía que se vio forzada a cerrar sus puertas, porque no pudo pagarla. Yo sentí un gran placer. Tienes que perseguir a quienes intentan perjudicarte.

La perseverancia es fundamental. Mi compañía estaba en juego y no podía recibir el golpe y cruzarme de brazos, tenía que responder atacando. Llevé el caso a la Corte de Apelaciones del Estado de Nueva York, la corte más importante del estado, y seguí luchando hasta que gané. Nunca descanses hasta que hayas logrado vengarte.

En los años 80, cuando mi negocio estaba en peligro, contraté a una conferencista que ha escrito varios libros muy exitosos y es una experta en relaciones públicas. Su conferencia estaba programada para un sábado por la mañana en The Learning Annex en Washington. D.C. Su vuelo debía llegar el viernes por la noche de Los Ángeles y varios centenares de personas se habían inscrito en su clase.

Me llamó a las once de la noche para decirme que su vuelo había sido cancelado y que no podría dictar la clase. Yo estaba en una situación difícil porque aquellas personas necesitaban ayuda y querían asistir a su clase, pero era demasiado tarde para informarles que el evento tendría que ser cancelado. Asistirían al día siguiente, no recibirían su clase y eso no sería bueno para mi negocio ni para mi reputación.

Llamé a las aerolíneas y descubrí que no habían cancelado el vuelo, por lo que concluí que ella había decidido violar su compromiso a última hora. Era una falta de respeto conmigo y con todas las personas que se habían inscrito en su clase.

Si ella hubiera reconocido su error y se hubiera disculpado por haberme causado problemas, yo me habría olvidado del asunto. Sin embargo, nos trató como si no le importáramos. Entonces redacté una lista con las personas que me habían hecho daño, anoté su nombre y esperé la oportunidad para vengarme. A veces mi lista es corta y a veces es más larga, pero siempre llevo una y nadie quisiera estar en ella.

Algún tiempo después me llamó un productor de televisión, quien pensaba hacer un programa sobre relaciones públicas con esa persona. La mujer había dado mi nombre como referencia y di las peores recomendaciones que se puedan imaginar. Le dije que era una persona terrible, extremadamente deshonesta e irresponsable.

Posteriormente me alegró saber que no la habían invitado al programa. No sé si fue por mis referencias, pero espero que haya sido por esto. Ella me ha llamado en varias ocasiones para dar clases en The Learning Annex y promover sus libros, pero nunca se lo he permitido. Nunca olvidaré lo ruda e irrespetuosa que fue con nosotros. Nunca olvido este tipo de cosas y siempre me desquito.

Recientemente tuve que despedir a un empleado por incompetente. Detesto hacerlo, pero él estaba realizando un trabajo terrible y tuve que salirme de él. Pocas semanas después, un abogado me escribió una carta para informarme que mi ex empleado me había demandado por terminación indebida de contrato. Me habría costado una fortuna defenderme, así que decidí vengarme.

Se me ocurrió una idea.

Llamé a mi técnico y le dije que buscara todos los archivos eliminados en la computadora que había usado esa persona mientras trabajó para mí, pues quería saber qué había hecho. Mi experto encontró varias cosas interesantes; por ejemplo, que el empleado había visitado cientos de páginas pornográficas en Internet durante su horario de trabajo.

Le pedí a mi abogado que le escribiera una carta diciéndole que si íbamos a juicio, toda esa información sería divulgada en público (y que no me importaría que él pasara semejante vergüenza). Nunca más volví a saber de él. Esto demuestra que tienes que responder con todo cuando alguien te ataca.

Lleva una lista de las personas que te han hecho daño y luego espera tu oportunidad para vengarte cuando menos lo esperen. Tírales a matar. Ahora, si una persona te pide disculpas sinceras y te paga el dinero que te debe, acéptalas y olvida el asunto. En caso contrario, espera la oportunidad y dale con todo.

PARA RESUMIR

En tu infancia, tus padres y profesores te decían que no peleáras y que intentaras llevarte bien con los demás. Lo hicieron con buenas intenciones, para tratar de protegerte de la dura realidad de la vida. Sin embargo, las cosas son diferentes en el mundo de los adultos; hay muchos matones que quieren aprovecharse de ti y pueden ser muy desagradables. Si un matón te persigue, no puedes rendirte ni ser amable. No te cruces de brazos a esperar el golpe, ¡desquítate! Este no es el consejo típico, pero es un consejo de la vida real. ¡Si no te desquitas es porque eres un cobarde! La mayoría de los autores de libros de negocios no serán tan claros ni honestos sobre este tema. Saben que es la verdad pero no te la dirán, pues les gusta que la gente crea que son "personas amables." No me gusta andarme con rodeos, si te hacen daño y no haces nada, no parecerás una persona amable, parecerás un cobarde.

Por eso digo que si alguien te perjudica, persíguelo. Es una sensación agradable y la gente verá tu reacción. Yo persigo a todas las personas que intentan hacerme daño, y por eso prefieren aprovecharse de otros. Saben que si lo hacen conmigo, se meterán en grandes problemas. Siempre debes vengarte.

PUNTOS CLAVE

▶ Si alguien te hace daño, hazle daño también.

▶ Perdona a las personas buenas, pero nunca perdones a alguien que sea malo.

▶ Si alguien te ataca en público, devuélvele el golpe.

▶ Si quieres detener a un matón, dale un golpe realmente fuerte. Lo pensará dos veces antes de volver a meterse contigo.

▶ Incluso algunos de los deportistas más rudos son unos cobardes que se dejan robar y les da miedo vengarse.

▶ Véngate sólo si tienes razones de peso.

▶ Tira a matar para que las personas que lo vean no se metan contigo.

▶ Si alguien reconoce que cometió un error y te pide disculpas, perdónalo y sigue adelante, pero no vuelvas a confiar en él.

7

¡LLEGÓ LA HORA!

Es muy importante saber cuándo ha llegado la hora de actuar. Aprendí una lección muy valiosa sobre el momento justo con William Levitt, el increíble padre de los suburbios. William Levitt se hizo tan famoso que apareció en la portada de la revista *Time* el 3 de julio de 1951. Su carrera comenzó cuando finalizó la Segunda Guerra Mundial.

Antes de eso no existía una industria de la vivienda tal como la conocemos hoy, sólo había constructores locales que únicamente podían construir unas pocas casas al año. El sistema de construcción era muy lento y engorroso para satisfacer la enorme demanda generada por el regreso de millones de hombres y mujeres que volvían de la guerra. La gente estaba tan desesperada por conseguir vivienda que una pareja acampó dos días en la vitrina de una tienda de departamentos en la ciudad de Nueva York para hacer pública su situación.

William Levitt resolvió la crisis de vivienda posterior a la Segunda Guerra Mundial aplicando técnicas de producción en cadena a la construcción de viviendas. Logró construir grandes cantidades de casas de una forma rápida y económica. Sus casas eran tan baratas que los conductores de autobús, los maestros y

los obreros de las fábricas podían comprar una. Fue un constructor brillante que creó métodos de construcción modernos y fue el
responsable de la aparición de los suburbios como los conocemos
en la actualidad. Dividía el proceso de construcción en 27 operaciones y construyó sus casas utilizando equipos especializados en
carpintería, pisos, pintura, techos, etcétera.

Bill Levitt era una persona ambiciosa y estaba al tanto de todos
los detalles. Mientras construía 17,000 casas en Levittown, Nueva
York, iba a recoger personalmente los clavos al final de la jornada.
Se aseguraba de que los trabajadores recogieran el aserrín, pues
podía venderlo a otras compañías y ganar dinero. Mantenía bajos
los precios de la madera comprando bosques y aserraderos. Elimi-
naba el porcentaje que obtenían los distribuidores al comprar las
máquinas directamente a los fabricantes y producía incluso sus
propios clavos. Él insistía en la perfección. Cada sábado recorría
en su Cadillac negro las calles de Levittown para inspeccionar las
obras que había realizado. Escuchaba los rumores y se aseguraba
de que todo estuviera en perfectas condiciones.

Levitt construyó 140,000 casas para la clase pobre y media en
Nueva York, Pennsylvania, Nueva Jersey, Maryland, Georgia y
otros lugares de Estados Unidos y Canadá. En 1968 le vendió
su compañía a ITT, un gran conglomerado dirigido por Harold
Geneen, quien era un gran negociante. Levitt recibió 92 millones
de dólares en acciones, que actualmente equivalen a dos mil
millones.

Se retiró y se casó con una mujer hermosa; algunos dicen que era despampanante. Luego se dedicó a derrochar casi toda su fortuna en lujos como *La Belle Simone*, un yate de 237 pies (bautizado en honor a su tercera esposa), y una mansión de 30 habitaciones en Mill Neck, Nueva York. Llevó una vida fácil y plácida. El negocio de venta que hizo con la compañía estipulaba que él no podía construir en Estados Unidos por un período de diez años. Sin embargo, realizó algunos proyectos en países como Irán, Venezuela y Nigeria. Utilizó sus acciones en la ITT como garantía legal para los préstamos que solicitó con el fin de construir sus nuevos proyectos.

Entre tanto, la ITT asumió la dirección de la empresa de construcción de viviendas de Levitt, pero no la administró tan bien como él. En vez de utilizar el ingenio para resolver los problemas, este conglomerado gigantesco intentó resolverlos inyectándoles mucho dinero. La ITT no sabía lo que estaba haciendo y desperdició una fortuna; no se interesaban por los detalles y despilfarraban el dinero comprando tierras en las que posteriormente descubrían que no se podía construir. La ITT hacía todas las cosas que hace una compañía grande, pero estaba perdiendo dinero y no le importaba. En cuatro años, sus acciones perdieron el 90 por ciento de su valor. Cuando sus proyectos en el extranjero tuvieron dificultades financieras, la compañía quedó debiendo millones.

Quince años después, la ITT decidió vender su compañía. Levitt, quien quería trabajar de nuevo, la adquirió; comenzó a construir casas en Estados Unidos, pero nunca obtuvo la gloria de antes; sufrió una fuerte recesión y muchos otros problemas que no pudo solucionar. Al final, se declaró en bancarrota y lo perdió todo.

En 1993, me invitaron a una fiesta para 100 personas muy exitosas, que tuvo lugar en el apartamento que un poderoso hombre de negocios tenía en la Quinta Avenida. A mí me iba muy bien, había comprado el edificio 40 Wall Street y estaba construyendo el Trump International Hotel and Tower, y me invitaron a esa fiesta aunque no consumo alcohol. En la fiesta, un hombre mayor estaba sentado en un rincón. Me acerqué a él y me di cuenta que era William Levitt; tenía unos 82 años. Nadie conversaba con él, todos hablaban entre sí y hacían negocios. Me sorprendió que estuviera allí.

Como promotor inmobiliario, me interesaba mucho hablar con él, pues siempre había respetado su labor.

"Buenas noches, Sr. Levitt, ¿cómo está?," le pregunté.

"No muy bien, Donald, nada bien," me respondió.

"Lo sé. He leído que ha pasado momentos muy difíciles."

"Ha sido extremadamente difícil y humillante," me respondió.

"¿Qué fue exactamente lo que le sucedió?," le pregunté con curiosidad.

"Perdí el impulso, Donald," me respondió.

Este era el hombre brillante y dinámico que construyó 140,000 casas y revolucionó la industria de la vivienda, pero perdió el impulso y se quedó sin nada. Es la única vez que he escuchado este tipo de comentario.

Todos podemos perder el impulso, y si eso sucede tienes que saber cómo reaccionar porque no hay motivos para que caigas en esa situación. Su comentario me pareció brillante, impactante y muy lamentable. Levitt murió poco después, sin nada, porque perdió su impulso. Esa noche aprendí una gran lección de William Levitt. Desde entonces, he dedicado mucho tiempo a estudiar y aplicar el poder del impulso en mis negocios y mi vida personal. No quisiera perderlo, y esta lección se aplica para todos, independientemente de que estén o no en la industria de bienes raíces.

Cuando comienzas a trabajar para lograr una meta importante, como por ejemplo conseguir un empleo en Wall Street, ser alcalde de Nueva York o construir el edificio más alto del mundo, todavía no has tomado impulso, aún no tienes contactos ni trayectoria. Nadie te conoce y no pasa nada.

El impulso funciona de la siguiente manera—y utilizaré los bienes raíces a manera de ejemplo, sin embargo, esto se aplica para vendedores, políticos, hombres de negocios, inventores, ejecutivos de compañías, abogados y prácticamente para todos los profesionales de distintas áreas—primero tienes que devanarte los sesos encontrando buenos negocios y propiedades, pero no consigues nada. Continúas esforzándote y conformas un equipo de profesionales a los que llamarás cuando consigas un edificio o un proyecto de restauración, pueden ser evaluadores, topógrafos, abogados, contadores y contratistas. Inicialmente nadie te conoce, y tampoco te creen, porque todavía no has realizado ningún proyecto. No saben si eres un promotor de verdad o simplemente una "flor de un día" que renunciará cuando se presenten momentos difíciles. Inicialmente no pasa nada.

Tomas impulso con el transcurrir de cada día y con cada contacto que haces. Demuestras que pueden contar contigo, y sin embargo no pasa nada, pero sigues esforzándote. Y un buen día, sucede algo importante, consigues un buen cliente o cierras un negocio. Les comentas a todos tus contactos, y de un momento a otro tu credibilidad aumenta y todos comienzan a creerte. Sigues trabajando y ya estás en un nivel superior. Al cabo de un tiempo has tomado tanto impulso que las cosas comienzan a salir muy bien, consigues dos o tres trabajos, clientes o varios negocios al mismo tiempo. Se lo comentas a todos y tu reputación aumenta de manera increíble. Todos ven que has tomado impulso y quieren ser parte de lo tuyo.

¿Qué puedes hacer para mantener el impulso? Primero debes concentrarte en una meta específica con pasión e intensidad, como he mencionado anteriormente. Escoge algo en lo que seas muy bueno o donde tengas la capacidad de llegar a serlo. Toma impulso convirtiéndote en un experto en el campo que elegiste.

Cuando yo estudiaba finanzas, la mayoría de los cursos eran muy buenos, pero no saciaban por completo la sed que tenía de conocer el mundo real. Yo sabía que quería ser un importante promotor inmobiliario, y en el tiempo libre que tenía en la universidad estudié cómo comprar y vender propiedades. No era parte del plan de estudios, pero lo hice y comencé a generar mi propio impulso.

Tener un buen mentor es algo que también te ayudará a tomar impulso. Busca a un experto en tu campo y hazte amigo suyo. Si no tienes un mentor con el que puedas hablar personalmente, busca uno a través de tus estudios o lecturas. Busca alguien que te atraiga y que haya realizado algo que admires y sueñes hacer. Por ejemplo, si estás interesado en la arquitectura, estudia la vida y obra de los grandes arquitectos del pasado y de la actualidad. Es importante que comiences con buenas bases. Muchas personas destacadas no tienen tiempo para dedicarle a los novatos. Aprende toda la técnica y los conocimientos que puedas por tus propios medios.

Para mí, un buen mentor es alguien que ofrece oportunidades y desafíos a manera de aprendizaje. Todos necesitamos conocer nuestras debilidades y fortalezas. Si ves *The Apprentice*, notarás que muchas veces los candidatos demuestran sus propias fortalezas y debilidades, sin que yo tenga que mostrarlas. Desafíate a ti mismo, critícate y sigue adelante para ganar seguridad y resistencia.

Mi padre fue mi mentor. Cuando me gradué de Wharton, comencé a aplicar ese conocimiento en el mundo real, trabajando con mi padre en negocios inmobiliarios, y eso me ayudó bastante a tomar impulso. Si quieres hacerlo, debes conseguir un empleo en tu campo tan pronto como puedas; ya sea en el departamento de correspondencia o en un internado de verano, haz todo lo posible por entrar a trabajar en lo tuyo y consolidar tu impulso en el mundo real.

Fue fantástico trabajar para mi padre, pero yo deseaba más. Hay algo muy importante, y es que debes desafiarte continuamente para lograr que tu impulso siga aumentando. Yo me desafié radicalmente cuando salté al vacío y comencé mi propio negocio en Manhattan. Aproveché el impulso que había acumulado trabajando durante cinco años para mi padre en Queens y Brooklyn, y lo utilicé para comenzar mi carrera en bienes raíces en el importante sector de Manhattan. Luego utilicé mi voluntad y el poder de mi entusiasmo para tomar más impulso, que es como las fichas de póker, que debes mantener en juego para acumular pozos cada vez más grandes.

Con el impulso pasa algo curioso y es que cuando te detienes, éste hace lo mismo; eso fue lo que me sucedió a finales de los 80. Yo tenía impulso y estaba en la cima del mundo de los bienes raíces en Nueva York. Me había preparado y era el momento ideal. Entré en acción precisamente cuando la actividad inmobiliaria de la ciudad estaba en su punto más bajo. Ingresé al juego cuando algunas propiedades devaluadas fueron puestas en venta y nadie se interesó por ellas. Hice ese negocio sin tener dinero y posteriormente, el mercado de bienes raíces en Manhattan tuvo una época de prosperidad que duró 16 años. Yo sólo había vivido las buenas épocas y creí que siempre sería así. Durante ese tiempo, siempre me había concentrado en una cosa, y esa era tomar más y más impulso, pero luego me detuve.

La revista *Business Week* publicó un artículo sobre mí que decía: "Todo lo que toca lo convierte en oro." Empecé a creer que eso era cierto y a actuar de esa manera. Fui a París y disfruté de la otra pasión de mi vida que son las mujeres hermosas y las supermodelos. Había perdido la noción de la realidad y pensaba que los bienes raíces eran "pan comido." Nunca me imaginé que el impulso que había tomado con cada negocio se detendría algún día, pero fue exactamente lo que sucedió y eso casi me aniquila. La siguiente es otra verdad interesante sobre el impulso y consiste en que si no haces que aumente continuamente, se detendrá, se volverá en tu contra y te arrastrará con todo lo que hayas conseguido. Esto fue lo que le sucedió a William Levitt y lo que casi me sucede a mí.

LO QUE NO TE MATA TE FORTALECE

Un revés puede destruirte o fortalecerte. Hay un antiguo proverbio en el que creo que dice: "Lo que no te mata te fortalece." Siento un gran respeto por las personas que han atravesado situaciones difíciles y se han recuperado; yo fui una de ellas y me sucedió a comienzos de los años 90. Tuve un período difícil y aprendí muchas cosas acerca de mí mismo, pero mi recuperación fue más importante, mejor y más fuerte. Fue algo semejante a lo que le sucedió a Frank Sinatra a comienzos de los años 50. Él se desconcentró, perdió de vista la bola y tomó malas decisiones (y al igual que en mi caso, las mujeres tuvieron una gran parte en esto, pero esa es una historia que dejaré para otra ocasión).

En su libro *Yes, I Can* (Sí, Yo Puedo), Sammy Davis Jr. narra una historia maravillosa: Él va rumbo a la cima (en gran parte debido al apoyo de Sinatra) y ve que Frank Sinatra va caminando solo y abatido por la calle Broadway. Por esta época, Frank estaba en su punto más bajo y había pasado de ser el mejor cantante a un hazmerreír que sólo cantaba canciones cómicas. Esta experiencia fue un llamado de alerta para él, pues se concentró de nuevo y obtuvo éxito.

La manera en que una persona maneja una situación difícil me dice mucho sobre ella. He visto personas que parecen ser muy fuertes pero se doblegan bajo la presión; he observado que esto se debe a la forma en que asumes ese revés o desafío. Si aceptas la derrota, serás derrotado. Si aceptas que una situación es difícil pero estás decidido a superarla, tendrás muchas posibilidades de hacerlo, esa es tu elección. Todos nos asustamos cuando sucede algo malo, lo sé por experiencia propia, pero yo no permití que eso destruyera mi confianza.

Nunca sabrás qué tan mala puede llegar a ser una situación

porque nadie conoce el futuro. Yo estaba en la peor situación posible, y luego se transformó en todo lo contrario. No sabía que todo iba a terminar bien, pero lo asumí como un revés que podía superar en mi mente y en mi corazón.

Tengo amigos que han decidido claudicar y reconocer su propia derrota. Es algo que no tiene sentido, pues cuando lo hacen, no se vuelven a recuperar nunca. Jamás digas que estás derrotado. Está bien que fracases en algo, pues hay cosas que se salen de las manos, pero nunca tires la toalla. Debes saber que tienes que luchar siempre, porque no sabes cuándo tendrás otra oportunidad.

SUBE LA MONTAÑA CON LA ROCA A CUESTAS

Había perdido el impulso, éste se detuvo y de un momento a otro empecé a tener serios reveses. Los bancos querían acabar conmigo porque mi impulso se había detenido. Fue muy duro, pero no renuncié. Seguí adelante, intentando aprender de mis errores. Seguí concentrado en mi trabajo, en nuevos negocios y propiedades porque eso me hacía sentir bien. Trabajar en nuevos proyectos me ayudó a tomar impulso otra vez de forma lenta pero segura, y luego las cosas se me dieron de la mejor manera.

De mis reveses aprendí que siempre debes mantener la concentración y el impulso. Tus problemas pueden ser temporales si conservas el impulso y sigues adelante. De nuevo, todo depende de cómo mires las cosas y definas tu situación. Si crees que todo está perdido, así será. Si consideras tu revés como una pausa o una disminución del ritmo que volverá a tomar fuerza si sigues haciendo lo que amas, así será tu realidad.

Todos tenemos dificultades porque así es la vida. Demuestras tu verdadera esencia según cómo manejas las situaciones más difíciles. El tiempo cura todas las heridas, así que sé optimista y continúa tu camino. Siempre que hago algo, sé que encontraré problemas, pero no me asustan porque sé que mi responsabilidad es resolverlos. Si logras resolver problemas difíciles, te pagarán mucho dinero por ello.

Todo el mundo puede hacer cosas fáciles. Lo difícil es encontrar personas que asuman grandes retos. Si lo haces, dejarás de ser uno más del montón. He concluido que cuando algo es muy fácil, generalmente no vale la pena. Seguramente hay muchas personas que ya lo están haciendo y los trabajos fáciles no son bien remunerados. Mi trabajo es tan difícil que a veces me siento como Sísifo, que fue condenado a subir una montaña con una roca a cuestas por toda la eternidad.

A veces las cosas son así y debes seguir tu camino; yo nunca me rindo, mi concentración es lo bastante fuerte para hacer que valga la pena esforzarme, y mi impulso se encarga de asegurarse de que no sea en vano. He aprendido muchas cosas de las situaciones difíciles.

ÁBRETE CAMINO ENTRE TUS PROBLEMAS

Todos los días cometemos errores, así que espéralos y aprende a manejarlos. Las cosas nunca salen como las hemos planeado. El hecho de que pienses que se van a presentar errores no quiere decir que seas pesimista o negativo; simplemente estás siendo realista y te has preparado para protegerte a ti mismo y superar cualquier desafío que se te presente en la vida. Los problemas, reveses, errores y pérdidas son parte de la existencia, y esto es algo que tienes que aceptar. No permitas que te abrumen cuando ocurran, sólo prepárate. Mientras más preparado estés, menos probabilidades tendrás de que te hagan perder el equilibrio.

Conserva la calma si algo inesperado te toma por sorpresa. Di: "Debería haberlo sabido." Sé flexible y adáptate a los momentos difíciles sin perder el ritmo. Luego, pregúntate cómo pudiste haberte preparado para enfrentar el problema. Aprende todo lo que puedas de las situaciones y sigue adelante; lo más seguro es que no vuelvas a cometer el mismo error. Es así como debes manejar los errores y los problemas, como debes crecer y dirigir tu negocio, tu profesión y tu vida.

No obstante, hay algunos casos en los que es mejor dejar de esforzarse, ya sea en un negocio, profesión o relación. A veces suceden cosas que te hacen preguntarte si deberías continuar. Si te gusta lo que haces y ves que progresas, debes seguir adelante. No permitas que las dudas y la inseguridad te detengan. Si ya no te apasiona tu profesión, encuentra otra cosa que te apasione.

Mi lema es: "Nunca te rindas." Sigo esto al pie de la letra. Sólo me rindo cuando comprendo perfectamente que no tengo otra opción. No permito que los problemas y desafíos me detengan ya que son cosas normales, pero cuando me encuentro con la deshonestidad y la crueldad, pienso de nuevo si no sería mejor renunciar.

En el año 1975, yo estaba negociando con las autoridades municipales mientras los bancos llegaron a un acuerdo para salvar de la ruina al sector de la estación Grand Central y de la calle 42. Eran épocas muy difíciles para mí; los bancos no querían prestarme dinero si las autoridades no me hacían una reducción de impuestos, y éstas no estaban dispuestas a concedérmela si yo no conseguía un préstamo bancario. Ninguna de las dos partes quería ceder. Pasé varios meses negociando y demostrándoles a los bancos y a las autoridades que el negocio funcionaría y que todos quedaríamos satisfechos con el Grand Hyatt Hotel que yo pensaba construir donde estaba el antiguo Hotel Commodore.

Finalmente, las autoridades me hicieron una gran reducción de impuestos. Les informé a los bancos, y sin embargo, no estuvieron muy dispuestos a financiarme. Muchos de los mayores promotores inmobiliarios de la ciudad protestaron al saber que me habían reducido los impuestos. Mi proyecto se aplazó una y otra vez, y realmente logró desafiar mi perseverancia; creí que renunciaría, pues todas las negociaciones fracasaban. Sin embargo, me negué a hacerlo; seguí adelante y finalmente cerré el negocio, el cual resultó ser un éxito rotundo para las autoridades municipales, para los bancos y para mí. Esta experiencia me enseñó que siempre debemos ser conscientes de que podemos sufrir reveses y que debemos solucionarlos uno por uno hasta concluir nuestra labor. Tú tienes que adoptar la misma actitud. No sientas miedo de los errores y las dificultades, pues son los mejores maestros, así que aprende de ellos. Utiliza estos conocimientos para lograr cosas grandes.

RETRIBUYE EN ALGO CUANDO LLEGUES A LA CIMA

Una de las formas para conservar tu impulso es imponerte desafíos cada vez mayores. ¿Qué hacer cuando llegas a la cima? Retribuir en algo, donar dinero a organizaciones de beneficencia, ayudar a tus hijos, compartir tus conocimientos con los demás y contribuir a la sociedad. He conseguido bastante dinero y también hago muchas donaciones.

Warren Buffett es un gran ejemplo en este sentido. Este inversionista multimillonario ha donado más de 30 mil millones de dólares a la *Bill and Melinda Gates Foundation*, cuya labor principal es contribuir a la salud global mediante instituciones como la

Alianza GAVI, que distribuye vacunas infantiles en países pobres, y apoyar la educación a través de programas como el *United Negro College Fund's Gates Millennium Scholars Program* (Programa de becas universitarias para afroamericanos). Buffett quiere que su dinero sea utilizado para contribuir a la solución de algunos de los problemas más complejos y difíciles de resolver en el mundo. Además, sus hijos estuvieron plenamente de acuerdo con que hubiera donado todo ese dinero. También es importante ofrecer tus conocimientos y puntos de vista de una manera desinteresada. Creo que las personas asimilan con mayor rapidez y eficacia si aprenden en la práctica, y me gusta ofrecerles a las personas los conocimientos que necesitan para tener éxito. Doy conferencias de dos horas de duración sobre este tema en las conferencias de The Learning Annex, y dono un gran porcentaje de mis honorarios a organizaciones de beneficencia.

Si quieres conservar el impulso, debes tener una conciencia personal sobre el dinero y saber también cuándo es hora de retribuir.

¿QUÉ NOS DICE ZANKER?

Siempre aprovecho el impulso. Después de la noticia de primera página sobre el intento de The Learning Annex de lanzar 10,000 dólares desde el edificio Empire State, aproveché el impulso recibido por este golpe de suerte para hacer crecer a mi compañía, y también aprovechamos el impulso de nuestros conferencistas para seguir creciendo. Hemos recibido el impulso de muchos conferencistas, entre los cuales figuran Tony Robbins, George Foreman, Robert Kiyosaki, Jim Cramer y muchos más. Mi sociedad con Donald Trump ha hecho crecer nuestra compañía y nos ha dado un gran impulso. Gracias a él estamos viviendo una aventura increíble. Encontrar a un socio te hará conservar el impulso.

Hablando de esto, *El Secreto*, una película que era poco conocida, saltó al escenario mundial y capturó la atención de millones de norteamericanos. Se ha propagado a través del mundo como un incendio; cientos de foros y páginas Web hablan de ella; millones de seguidores entusiastas compran el DVD y el libro, haciendo que *El Secreto* llegue al tope de todas las listas de los artículos más vendidos.

Los expertos de *El Secreto* han aparecido en programas televisivos tan conocidos como *The Oprah Winfrey Show*, *Larry King Live* y *The Montel Williams Show*. El diario *Los Angeles Times* señaló que *El Secreto* era un "fenómeno cultural." Para resumirlo en pocas palabras, *El Secreto* te dice cómo utilizar pensamientos llenos de energía para alcanzar el éxito en los negocios y en todos los aspectos de tu vida.

Siempre me ha apasionado el tema de la autoayuda. Me di cuenta de que *El Secreto* podía brindar un impulso enorme e invité a varios de los expertos que aparecen en el DVD para que dieran conferencias en The Learning Annex y en las Conferencias sobre Riqueza. Jack Canfield, James Ray, Loral Langemeier y Lisa Nichols han sido algunos de ellos. Fue un gran éxito y decidí capitalizarlo para tomar más impulso.

The Learning Annex se ha asociado con Jack Canfield para producir un especial sobre *El Secreto*, que será emitido por PBS, la cadena de televisión pública, en el que las personas aprenderán a lograr lo que quieren, simplemente, pensando de cierta forma. Jack Canfield es un escritor maravilloso, un profesor inteligente y un negociante pragmático. También es uno de los artífices de *Sopa de pollo para el alma*, un libro que ha vendido 100 millones de copias. Jack les ha enseñado a millones de personas su fórmula exclusiva para el éxito. En el especial de The Learning Annex transmitido por PBS, Jack enseña cómo ganar más dinero, lograr los máximos resultados en la vida, encontrar la pareja ideal y muchas cosas más modificando tu actitud mental y creando tu propia realidad.

Todo esto forma parte de mi plan para que The Learning Annex obtenga ganancias por mil millones de dólares. Me he reunido con ejecutivos y productores de televisión como Mark Burnett y Peter Guber para que The Learning Annex tenga su propio canal de televisión y para que cuando las personas piensen en la autoayuda, piensen de manera automática en The Learning Annex. La industria de la autoayuda obtiene 19 mil millones de dólares en ganancias. Quiero que cuando las personas deseen hacer algo para mejorar sus vidas, piensen automáticamente en The Learning Annex. Ya somos los líderes y eso que apenas estamos comenzando.

La industria de la autoayuda está a la espera de que una compañía se apropie de ella. Mi intención es que lo haga The Learning Annex; tenemos impulso, crecemos rápidamente y conocemos el mercado. Es algo que nos apasiona y sabemos que es el momento oportuno. Los miembros de la generación conocida como el *baby boom* son los mayores defensores del aprendizaje permanente. Las personas de todas las edades quieren mejorar y superarse. Nuestra programación, simplemente, tiene que estar relacionada con cada uno de los grupos de-

EL **SECRETO** DEL **ÉXITO** EN EL **TRABAJO** Y EN LA **VIDA**

mográficos a los cuales servimos. Aprovechamos nuestro impulso actual para subir al próximo nivel.

Cuando has tomado impulso, tienes que seguir moviéndote. Sigue una tendencia de negocios que tenga un gran impulso, luego asóciate con otras personas para trazarte metas más grandes y deja que el impulso te conduzca a niveles cada vez más altos. Cada día ofrece una nueva posibilidad. Cada día puedes mejorar y crecer. Dedícate a algo que te impulse y que te apasione. Trabaja en ello y verás que sucederán cosas increíbles.

PARA RESUMIR

Para tener éxito en cualquier campo necesitas tomar impulso. El impulso está relacionado con la energía y el momento oportuno. Cuando comienzas algo no tienes impulso y las cosas son difíciles. Nadie te llama y no pareces ir a ninguna parte, pero si lo sigues haciendo y trabajas para alcanzar las metas día a día, las cosas te saldrán muy bien. Tendrás contactos, mayor credibilidad, un historial de éxitos y todo será mucho más fácil. ¿Por qué? Porque tienes impulso pero no lo das por descontado. Si pierdes el impulso, tu éxito será cosa del pasado y las cosas serán mucho más difíciles. Tu sentido del tiempo ya no será oportuno, y las personas y las situaciones no estarán a tu favor. Así que debes estar alerta para nunca perder el impulso.

PUNTOS CLAVE

- ▶ Cuando comienzas algo nuevo no tienes impulso.

- ▶ Cada paso que das y cada tarea que completas te permite tomar impulso.

- ▶ Cuando el impulso alcanza un punto alto, todos se ponen alerta y te observan atentamente.

- ▶ Cuando las personas perciben tu impulso quieren ser parte de él.

- ▶ Para obtenerlo, tienes que concentrarte en una meta específica con pasión e intensidad.

- ▶ Los conocimientos especializados fomentan el impulso.

- ▶ Conseguir un mentor experimentado es algo que ayuda a tomar impulso.

- ▶ Debes retarte constantemente si quieres conservar el impulso.

- ▶ Recuerda que lo más importante es continuar. Si te detienes, tu impulso también se detendrá.

- ▶ Nunca te rindas.

- ▶ Si llegas a la cima, retribuye a la sociedad y conservarás tu impulso.

8

NUNCA PIERDAS DE VISTA TU META

Tuve muchos problemas en los años 90. Me creí lo que había escrito la revista *Business Week* sobre mí: "Todo lo que toca lo convierte en oro." Me dije: "Tienen razón, soy el mejor." Fue un gran error porque cuando empiezas a creer que eres infalible, terminas fracasando. Crees que no necesitas trabajar y que es muy fácil conseguir dinero, pero eso no es nada fácil.

Después de ese artículo, perdí mi concentración y dejé de trabajar duro. No estaba preparado cuando el mercado inmobiliario se derrumbó. Durante muchos años había ganado más dinero en los mercados malos que en los buenos, siempre había sido así. Pero ya no estaba concentrado; era como un boxeador que gana todas las peleas, y que llega un momento en que no las toma en serio, no se concentra y no entrena duro porque cree que las va a ganar todas. Y en el momento que menos lo espera, aparece alguien y arrasa con él.

En los años 90, muchas personas capaces se declararon en bancarrota. Yo nunca lo hice, pero viví momentos negros. Mi compañía debía miles de millones de dólares y tuve que pedir prestado mucho dinero para financiarla. Yo debía personalmente unos 900 millones. Un día iba caminando por la calle y le dije a mi esposa Marla, "Ese mendigo que está allá tiene 900 millones de dólares más que yo." Ella me preguntó, "¿A que te refieres?" Le respondí, "Debo 900 millones y él por lo menos tiene dinero en el bolsillo."

Yo acostumbraba decir: "Dios mío, estoy en problemas. Voy cuesta abajo." Yo no estaba concentrado pero nunca lo acepté, pues me había ido bien desde que me gradué de Wharton, en 1968. Así lo hice durante 21 años y creía tener el derecho a tomarme las cosas con calma y a no concentrarme.

La realidad me enseñó una lección importante, que yo no podía tener ambas cosas al mismo tiempo; si quería ser el mejor, el sorprendente Donald Trump que "todo lo que toca lo convierte en oro," necesitaba concentrarme. No podía hacer una cosa sin la otra. Decidí que quería seguir siendo el Trump de antes y empecé a concentrarme como nunca. En 1991 el mundo estaba a punto de colapsar. El mercado inmobiliario estaba tan mal que si una persona entraba a un edificio simplemente para mirarlo, pensábamos que era señal de que la situación estaba cambiando. Sin embargo, la persona no hacía nada, simplemente miraba, pues no tenía necesidad de comprar ni de alquilar. Se me ocurrió un lema: "Resiste hasta 1995," y se convirtió en la fórmula que me ayudó a mantener mi compromiso y dedicación aunque fuera una época realmente mala. Después de esto comencé a trabajar como nunca. Actualmente, mi compañía es muchísimas veces más grande y más eficiente que en el pasado.

Alguien me preguntó una vez, "¿Cómo era tu actitud mental cuando debías miles de millones de dólares?" Le respondí, "La misma de ahora." En realidad, yo tenía una actitud muy positiva. Empecé a hacer nuevos negocios aunque no estaba en capacidad de hacerlos, pero los hice porque me producía bienestar. Casi todos los promotores inmobiliarios amigos míos se deprimieron y dejaron de funcionar, porque no eran capaces de pensar y perdieron la confianza en sí mismos. Estaban realmente mal. Lo mejor de haber tenido problemas financieros tan grandes fue aprender que podía manejar esa situación, y que cuando me concentraba en los aspectos positivos y en las cosas que me hacían sentir bien, podía mantener una actitud básicamente igual a la que tengo actualmente. Recuerda que si tienes dificultades financieras, debes concentrarte en las cosas que te hagan sentir mejor. Por supuesto que debes manejar las malas situaciones, pero no dejes que eso te desmoralice o te distraiga de luchar por tus metas. Debes entender que es algo temporal y que pasará. Debes enfocar tu visión y pensar que el futuro será mejor, y que así será si te mantienes concentrado. Las cosas no pueden ir siempre hacia abajo, en algún momento tienen que dar un giro. Lo he visto en muchas ocasiones y por eso pude comprar la propiedad de Penn Central en 1973, cuando la situación de Nueva York era muy mala. Fue por eso que tuve la visión para comprar el edificio 40 Wall Street cuando todos los expertos inmobiliarios lo despreciaron. Fue así como pude hacer un regreso triunfal cuando estaba al borde del fracaso total.

Por supuesto que tuve algunas noches de insomnio, aunque no fue algo tan serio como les sucede a otras personas, pues yo podía dormir un poco y estaba en posesión de mis facultades; podía hacer lo que tenía que hacer. Sin embargo, fue una época terrible. Yo había sido el hombre más exitoso en los años 80, y pasé de ser un supergenio a un imbécil prácticamente de la noche a la mañana. Fue un golpe sumamente duro, pero comprendí que yo no era el imbécil al que se referían los medios, yo era la misma persona y tenía todo lo necesario para ser el mejor. Nunca lo olvidé.

En realidad, simplemente caí—igual que muchas otras personas—cuando el mercado se derrumbó. Lo que pasó fue que el gobierno modificó las leyes de impuestos para los bienes raíces e hizo que dichos cambios se aplicaran para los edificios que habían sido adquiridos años atrás, cuando la legislación de impuestos era diferente. Fue algo injusto que arruinó a muchos promotores inmobiliarios. Para mí, el colapso del mercado era simplemente otra situación difícil, pero yo ya había ganado dinero cuando el mercado pasaba por un mal momento. Me culpé a mí mismo por no estar tan concentrado como antes y aprendí de ese error. Creí firmemente en mí, y ningún banquero, abogado o medio de comunicación pudo derrotar mi actitud. Me concentré de lleno, trabajé más duro que antes. Todavía lo hago y me encanta.

Tu pareja cumple un papel muy importante en tu habilidad para concentrarte. Citaré un ejemplo: Andre Agassi, el gran tenista, era conocido por sus derechazos y su estilo agresivo. Su padre Mike era un ex boxeador que empezó a entrenarlo desde que pudo sostener una raqueta. Le daba globos y paletas para que los golpeara desde que era un bebé. Cuando Andre comenzó a jugar tenis, golpeaba 5,000 bolas todos los días. A los cinco años ya practicaba con jugadores profesionales como Jimmy Connors y Roscoe Tanner. Se convirtió en jugador profesional en 1986 y ganó su primer título importante al año siguiente. Agassi se clasificó como el mejor jugador del mundo en abril de 1995 y mantuvo su puesto por 30 semanas consecutivas.

En 1997 se casó con Brooke Shields, una mujer fantástica. Sin embargo, su nivel bajó y perdió la concentración en el tenis, pues se dejó distraer por todo el alboroto que hicieron los medios tras casarse con ella. Sólo jugó 24 partidos, no ganó ningún título y descendió al puesto 141. Parecía que su carrera había terminado. Recuerdo uno de los partidos que jugó en esa época; su esposa Brooke asistió y Andre estaba perdiendo. Ella abandonó el estadio antes de que el partido terminara. Me pregunté, "¿Qué demonios está sucediendo?" Creí que ella iba a regresar y no lo hizo.

Posteriormente supe que Andre y Brooke no pasaban mucho

tiempo juntos. Ella pasaba la mayor parte del tiempo en Los Ángeles y Andre vivía en Las Vegas. Comenzaron a circular rumores de que Brooke quería tener hijos y que lo estaba presionando para que abandonara su carrera, pero él no lo hizo. Al contrario, se dedicó a jugar tenis y siguió un riguroso programa de entrenamiento. Ganó cinco títulos y pasó del puesto 141 al 6 en un año. Se divorció de Brooke Shields y en 1999 entabló una relación con Steffi Graf. Ella lo apoyó en su carrera tenística y poco después ganó el French Open. Fue el quinto tenista en la historia en obtener los cuatro títulos del Grand Slam. Se casó con Steffi y volvió a ser el mejor jugador porque ella era la mujer adecuada para él.

Otro ejemplo es el de Carolyn Kepcher, quien trabajó para mí. Tuve que despedirla cuando dejó de concentrarse en su trabajo, pero no fue un momento dramático como los que se viven en la sala de juntas de mi programa. Siento mucho afecto por ella; trabajó 11 años para mí y realizó una buena labor administrando el Trump National Golf Club en Briarcliff, Nueva York. Pero cuando apareció en *The Apprentice*, su sed de fama y celebridad comenzó a afectar su trabajo. Ya no lo hacía como antes, no era capaz. Después del éxito del programa, se volvió una persona intratable y "los humos se le subieron a la cabeza." No creo que haya algo malo en esto, pues a fin de cuentas así es la naturaleza humana.

No es la primera vez que esto sucede ni la última. Su trabajo era administrar el campo de golf y vender membresías, pero dejó de hacerlo. Se creyó una diva y dedicaba su tiempo a dar conferencias y promocionar productos, lo cual era bueno para ella, pero no para mí.

Cuando yo la llamaba, estaba dando una charla o no estaba en la oficina. Si podía hablar con ella, le preguntaba: "¿Cuánto valen los cinturones?; ¿Cuánto valen las camisas?; ¿Cuánto valen las corbatas?" Por el tono de su voz, era como si me dijera: "¡Qué comentarios tan aburridos!" Antes de que la fama se le subiera a la cabeza, yo le preguntaba lo mismo y ella me daba una respuesta concreta e inmediata. De repente, los detalles propios de su cargo—y particularmente de mi negocio—dejaron de importarle.

Era obvio que yo tenía que hacer algo al respecto. Tenía que conseguir a alguien para que me administrara el club. Pensé seriamente en despedirla en vivo y en directo durante la última temporada de *The Apprentice*. Sin embargo, me pareció un poco cruel. Mi deber era encontrar a una persona responsable, y cuando ella dejó de concentrarse en su trabajo, contraté a una persona que se dedicara de lleno al club.

Carolyn perdió su trabajo porque perdió su concentración. Mi regla es nunca creer lo que alguien diga de ti, sea bueno o malo, y especialmente si lo hacen los medios de comunicación. No creas en las cosas malas y tampoco aprendas a creer en las buenas. Saca tus propias conclusiones y escucha tus propios consejos. Nadie sabe mejor que tú lo que debes hacer. Actualmente, mi club tiene un nuevo administrador al que le va muy bien y la vida continúa.

En el año 2006, el equipo de Ohio State fue el mejor en la liga universitaria de fútbol y se convirtió en el consentido de los medios, los cuales decían que era "imparable," que "nadie podía ganarle" y que eran "el mejor equipo que habían visto." Cuando Ohio State iba a jugar con Florida en el Tazón de la BSC, todo el mundo decía que Florida "sufriría una derrota humillante," que "no tenían ninguna posibilidad," y que "ni siquiera merecían estar en la misma cancha de Ohio State."

En realidad, ambos equipos estaban muy parejos, pero había una gran diferencia: Ohio State le creyó a los medios, mientras que Florida no. Ohio creía que no había duda alguna de que era el mejor equipo. Creyeron que tenían la victoria en el bolsillo y que triunfarían sin esforzarse. Creían haber ganado el partido antes de comenzar y que ya eran los campeones nacionales. Sin embargo, perdieron la gran concentración que se necesita para ganar en esta liga tan competitiva.

Por otra parte, Florida se negó a creer en la imagen tan difundida de que eran un equipo de segunda categoría que no merecía jugar contra Ohio State. Tomaron en cuenta a su rival sabiendo que se jugarían el partido de sus vidas y se prepararon para ello. Vivieron y entrenaron intensamente con un solo propósito en mente, derrotar a Ohio State y ganar el campeonato nacional, y lo lograron. Florida se puso rápidamente en ventaja y aprovechó el impulso. Ohio no pudo recuperarse y el equipo de Florida sorprendió a todo el mundo al lograr una victoria asombrosa y contundente.

Si quieres ser exitoso toda la vida, debes aprender a concentrarte. Tim Allen es un comediante que está teniendo mucho éxito. Sin embargo, no lo había tenido en el pasado, pues tenía problemas con abuso de sustancias y estuvo, incluso, en prisión. Actualmente tiene una compañía de producción, escribe sus propios guiones y es una estrella. Esto significa que su sistema es más que una teoría y le ha producido resultados.

Él sostiene que sigue tres listas para mantener la concentración. La primera contiene las metas que quiere lograr en la vida; la segunda, las cosas que necesita hacer este año para lograr las metas de su vida; y la tercera lo mantiene enfocado en lo que necesita hacer hoy para alcanzar esas metas. Es muy sencillo, la clave para hacer que su sistema funcione es la disciplina. El ganador será la persona que tenga la disciplina para hacer esto sin falta, todos y cada uno de los días de su vida.

Bobby Fischer, el campeón mundial de ajedrez, se mantuvo enfocado en la estrategia del ajedrez. Cuando le preguntaron por su técnica, respondió, "No creo en la psicología, sino en las buenas jugadas." También se vanagloriaba de dedicarle el 98 por ciento de su energía mental a este juego, mientras que los demás sólo le dedicaban el 2 por ciento. Esa fue la razón de su éxito, disfrutaba el reto de concentrar su energía mental.

Todas las personas exitosas tienen que hacerle frente a los problemas y conozco individuos que los consideran como partidos que hay que ganar y se concentran en eso. Conozco otros que ven todos los problemas como una carga y se sienten derrotados antes de comenzar. Algunas personas llevan consigo mucho equipaje mental y eso afecta su concentración. Tienes que deshacerte del exceso de equipaje mental, pues sólo es un estorbo que te hace disminuir tu ritmo.

Cuando participé en la primera temporada de *The Apprentice*, yo era nuevo en la televisión y sabía muy poco acerca de la forma en que funcionaban los programas, las cadenas de televisión y cómo se determinaban los niveles de audiencia. Tampoco tenía la trayectoria televisiva de otras personalidades. Ni siquiera me preocupaba que fuera desconocido en este medio, que estuviera haciendo un programa y que ninguno hubiera sido tan exitoso como el mío. No me preocupaban los patrocinadores ni los niveles de audiencia. No pensaba en el hecho de que el 95 por ciento de los programas nuevos fracasaran. Mi falta de experiencia fue algo positivo porque no tenía preocupaciones ni equipaje mental. Sólo dirigía toda mi concentración a lo que hacía y resolvía los problemas a medida que se presentaban.

La mayoría de las personas piensan demasiado en su situación actual, en vez de pensar en lo que pueden hacer. Se enfrascan tanto en el problema que pierden la capacidad para vislumbrar una solución. Por ejemplo, si tienes un problema con un empleado difícil y te concentras en su mala influencia y cómo está destruyendo la moral de toda la oficina, perderás tu concentración. Terminarás por pensar todo el tiempo en sus faltas y te torturarás con la mala situación. Si tu mente se ocupa sólo de las dificultades, dejarás de concentrarte en tus metas.

No caigas en esto. Reconoce el problema y dirige tu atención a las posibles soluciones. Comienza por pensar cuáles son los aspectos positivos que tiene la situación actual. Luego imagina un escenario en donde las cosas sean mejores; piensa en tantas ideas como sea posible para obtener los resultados que quieres y escríbelas sin criticarlas. No permitas que tu mente enumere las posibles razones sobre por qué tus ideas no van a funcionar. Escoge las mejores y actúa basado en ellas. Tus acciones constructivas te conducirán a una solución, esta es la "forma Trump" de utilizar la concentración para solucionar problemas.

No pienses en el problema en términos de, "¿Cómo sucedió?"; "¿Por qué sucedió?"; "¡Es tan difícil!"; "Es imposible resolverlo" o "¿Qué sucederá si no lo soluciono?" Más bien, acepta que tienes un problema y un gran desafío por delante. Acepta ese desafío y comprende que tienes lo que se necesita para superarlo. Luego trata de encontrar las posibles soluciones, reúne información, pide consejos y opiniones a los expertos, elabora un plan, ensaya soluciones diferentes; si una idea no funciona, intenta otra y luego con otra hasta que tengas éxito.

Es cierto que pocas personas nacen para ser exitosas. Poseen un talento especial que les facilita alcanzar el éxito: el músico talentoso, el deportista innato o el negociante hábil. La mayoría de las personas exitosas no recibió el éxito en una bandeja de plata sino que tuvieron que trabajar muy duro para lograrlo. Se trazaron metas y se mantuvieron concentrados en ellas hasta alcanzarlas.

La concentración y la disciplina son hábitos y destrezas que cualquier persona puede aprender. Yo era el chico más indisciplinado que ustedes se puedan imaginar. Mis padres no me soportaban y me enviaron a una escuela militar, donde aprendí a ser disciplinado. Nunca habría podido ser la persona que soy si no hubiera recibido ese entrenamiento.

Las preocupaciones, el miedo y la indecisión acaban con la concentración. Si quieres controlar tu vida, debes vencer tus temores. Mi consejo es que simplemente elimines cualquier pensamiento negativo tan pronto muestre su mala cara. Frena el diálogo interior antes de que comience, ya que es tu peor enemigo. Puedes tener enemigos en la puerta, lidiar con crisis financieras, entablar batallas legales y enfrentar las mayores dificultades de la vida, pero nada de esto tendrá efectos negativos sobre ti si controlas tu diálogo ínterno.

Cuando alguien intenta distraerme o asustarme al preguntarme: "¿Y si el mercado se deteriora?"; "¿Y si el banco te cobra el préstamo?" o "¿Y si todo sale mal?" Yo respondo: "No quiero pensar en eso." El peor infierno que puedes enfrentar es el que creas en tu propia mente, es mucho peor que el que los demás crean para ti. Así que en vez de concentrarte en todos los aspectos negativos, piensa más bien en lo que quieres, en todas las cosas buenas que harás en la vida. Mantente concentrado en tu meta y nunca te rindas porque los tiempos difíciles también traen grandes oportunidades.

La concentración es truculenta, esto no significa que debas cerrar tu mente ni ser inflexible, pues esto sería llevar la concentración demasiado lejos. Hace poco asistí a la ceremonia de los premios Emmy en Los Ángeles porque *The Apprentice* fue nominado como mejor programa basado en la realidad. Me pidieron cantar la canción *Green Acres* con Megan Mullally, y yo estaba vestido con un overol, sombrero de paja y sosteniendo una horquilla.

Eso no era precisamente lo mío. No soy Tonny Bennett, Frank Sinatra ni Elton John. Como estrella y coproductor, yo estaba concentrado en hacer que *The Apprentice* fuera un éxito. Podría haber dicho que no, puesto que no soy un cantante. Sin embargo, lo hice y obtuve el premio en la categoría de talento, por encima de cinco estrellas cinematográficas, incluyendo a William Shatner, una persona maravillosa. Yo no hubiera podido vivir esta increíble experiencia si no hubiera sido flexible.

Me siento orgulloso de ser obstinado, terco y duro, y creo que éstas son cualidades importantes que distinguen a las personas exitosas. Sin embargo, a veces necesitas relajarte un poco mientras permaneces concentrado en tus metas generales. Necesitas ser flexible y adaptarte a las situaciones que cambian constantemente si quieres triunfar en las duras batallas de los negocios y la vida.

Ser excesivamente rígido de pensamiento y hábitos no te llevará a la cima, pues si adoptas una posición inamovible, estás poniéndote límites a ti y a tu futuro.

Hay más formas de alcanzar el éxito de las que te imaginas, pero no lo lograrás al primer intento. El mundo está en un estado constante de cambio. Tu camino a la cima tendrá un gran número de desvíos, cambios de dirección, curvas y vueltas. Prepárate para un viaje emocionante y lleno de aventuras mientras te diriges a la cumbre. El viaje puede ser interesante, divertido y seguramente impredecible. Si tratas de reducirlo a algo que puedas predecir y entender, limitarás tu crecimiento. Al igual que un surfista, debes aprender a sortear las olas.

Realiza tus labores diarias, pero mantente abierto a las sorpresas agradables. También debes estar dispuesto a que las cosas puedan cambiar cuando tengas un golpe de suerte. Cuando Mark Burnett me habló de la idea de *The Apprentice*, yo podría haberlo rechazado sin molestarme en escucharlo, pues soy un hombre muy ocupado. Cuando me habló de su idea, realmente no me interesaba, pues ya me habían hecho propuestas para participar en programas y siempre las había rechazado. Después de escucharlo, comprendí que su idea era diferente y me gustó. Me alegra haber sido lo bastante flexible para haberlo escuchado.

Otra cosa que debes recordar mientras permaneces concentrado es que hay situaciones que no puedes controlar, como por ejemplo las catástrofes naturales, los ataques terroristas y las guerras. No seas demasiado rígido porque puedes "quebrarte." Es mejor ser flexible. Mantén tu equilibrio siendo consciente tanto de los aspectos positivos como de los negativos, y adáptate a lo que te depare la vida. Con *The Apprentice* sucedió algo negativo, fue nominado varias veces para el premio Emmy y en la primera nominación—durante la temporada inicial—era el favorito para ganar; todos decían que ningún otro candidato tenía posibilidades. La cadena NBC, Mark Burnett y muchas personas me pidieron que viajara a California para recibir el premio. Me pareció agradable. ¿A quién se le ocurriría que Donald Trump, el promotor inmobiliario que estaba haciendo un programa de televisión, iba a recibir un Emmy?

Lo cierto es que mi programa merecía este premio; estaba bien hecho y todo el mundo hablaba de él. Era uno de los programas más populares de la televisión, el programa basado en la realidad más exitoso en la historia de NBC. También era el consentido de los anunciantes, aunque este aspecto no tenga mucha importancia. Durante la ceremonia de premiación, mencionaron los cinco nominados y anunciaron el ganador, un programa que nunca ha sido muy bueno pero que siempre parece ganar Emmys, *Amazing Race*. Los asistentes se sorprendieron y yo también. De hecho, fue un poco embarazoso porque poco antes del anuncio me puse de pie, listo para ir a recibir el premio. Sabía exactamente lo que iba a decir, pero lo que más recuerdo de esa noche es que un gran hombre llamado Sir Howard Stringer, quien es el director de Sony, estaba sentado cuatro filas detrás de mí. Se puso de pie, salió de su silla, se acercó al pasillo donde yo estaba y me dijo al oído: "¡Te lo robaron!" y regresó de inmediato a su silla.

Me decepcioné, pero luego comprendí que no formo parte del mundo de los Emmy y que era difícil que le dieran un premio a alguien como yo y no a *Amazing Race*, un programa que seguramente se había esforzado por entrar en los círculos de los premios Emmy. No sé por qué, pero fue un momento incómodo. Sin embargo, me comporté como si no hubiera pasado nada y dos días después ya me había olvidado por completo del asunto. *The Apprentice* recibió otras nominaciones, pero nunca recibió un premio. No porque no lo mereciera sino porque así es como funciona el sistema.

Cuando estaba construyendo la famosa Torre Trump en los años 80, quería bautizarla Torre Tiffany porque está al lado de la famosa tienda Tiffany's de la Quinta Avenida. Un amigo me preguntó por qué iba a ponerle el mismo nombre de la joyería, cuando realmente era mi edificio. Tenía razón, así que le cambié el nombre y ahora la Torre Trump es uno de los sitios turísticos más importantes de Nueva York. Siempre vale la pena escuchar y cambiar tu forma de pensar.

La vida es impredecible, el mundo es impredecible, y no existe ninguna razón para que nuestras metas no nos permitan cambiar y crecer con él. Si te concentras en un mundo cambiante, siempre estarás en contacto con lo que sucede. ¡No te limites! Entiende que las metas no son patrones fijos. Actúa de acuerdo con esto y tu versatilidad te dará grandes resultados.

¿QUÉ NOS DICE ZANKER?

Debes mantenerte concentrado y no rendirte nunca. En el año 1985, el diario *USA Today* instaló miles de dispensadores de periódicos en los cinco distritos de Nueva York y en Nueva Jersey para que la gente pudiera comprarlos en la calle. Aunque no existía ninguna ley que lo prohibiera, el alcalde Koch dijo, "Hay que quitar esos dispensadores." Gannett, el dueño del periódico, demandó a la ciudad. Un día leí que Gannet había ganado la demanda, y el juez decretó que podía dejar los dispensadores en su sitio si pagaba un dólar.

Se me occurrió instalar dispensadores para distribuir catálogos de The Learning Annex. Cuando leí ese artículo, vi que yo tenía la oportunidad de hacerlo. Instalé miles de dispensadores en toda la ciudad al igual que *USA Today* y envié un cheque por un dólar. Recibí una llamada de las autoridades municipales para decirme que yo no podía hacer eso. "¿Por qué?," pregunté y me negué a quitarlos. Luego recibí una notificación por medio de la cual las autoridades de Nueva York me obligaban a quitarlos, pero no obedecí.

Llevamos el caso a la Corte de Apelaciones, la más importante de la ciudad, y ganamos. Al igual que Gannet, pude dejar los dispensadores en su sitio; aún están en las calles, y los hemos instalado en ciudades como Chicago, Los Ángeles, San Diego, Minneapolis, San Francisco y Toronto. Me mantuve concentrado, me negué a renunciar, y realmente valió la pena.

Como nuestras Conferencias sobre Riqueza tienen tanto éxito, comenzamos a recibir ofertas de todo tipo y todos querían trabajar con nosotros, pues Donald era nuestra máxima figura. Inicialmente nos ilusionamos, considerando una idea tras otra. Fue muy intrigante, pues llevábamos muchos años trabajando y no obteníamos muchos reconocimientos, pero comencé a notar que nuestro equipo se estaba distrayendo. Perseguíamos casi a ciegas muchas oportunidades diferentes y no estábamos concentrándonos en nuestro negocio. Reuní a todo el equipo tras realizar una conferencia gigantesca en San Francisco y les pregunté. "¿En dónde queremos estar en 30 meses?" Entonces decidimos que The Learning Annex requería su propio canal de televisión. Les dije que debíamos concentrarnos en dedicar el 80 por ciento de nuestro tiempo a nuestro negocio, a la vez que trabajábamos por obtener el canal y aplazamos las demás oportunidades. Fue una decisión difícil, pero supe que teníamos que mantenernos concentrados.

Todo el mundo piensa que para lograr 100 millones de dólares en ingresos se necesita una organización grande, pero no nos interesa tener mucho personal, pues todos compartimos las ganancias. De hecho, tenemos casi el mismo número de personas que cuando ganábamos 10 millones. Obviamente, somos una organización pequeña, pero muy rentable.

Cuando comencé con las Conferencias sobre Riqueza, me reuní con el presidente de una gran compañía gubernamental que invierte en la bolsa de valores de Nueva York y que realiza conferencias en todo el mundo. Esta persona es tan engreída que se rió cuando le conté lo que pensábamos hacer. Me dijo, "Ustedes son seis personas que piensan conseguir diez mil asistentes, pero no tienen experiencia, eso es imposible." Nos llamó "marginales." Regresé a la oficina, me reuní con mis empleados en nuestra pequeña sala de juntas y les dije cómo nos había llamado ese presidente arrogante. Fue algo fantástico porque eso se convirtió en nuestro grito de batalla y nos unimos contra su compañía.

Cuando él vio que no sólo habíamos reunido a 10,000 estudiantes, sino a más de 30,000, intentó imitarnos. Hizo una conferencia como la nuestra a la que asistieron menos de 2,000 personas. No tenía pasión y su organización estaba tan llena de ínfulas como él. Recientemente supe que lo habían despedido y el nuevo presidente me escribió una carta amable en la que me proponía que trabajáramos juntos.

Hay una canción que me gusta tararear cuando las cosas me salen bien: "Si crees que eres lo máximo, estás equivocado." Nunca me permito ser complaciente. Siempre somos "casi lo máximo."

PARA RESUMIR

Si quieres ser exitoso y permanecer así, debes aprender a concentrarte. Ser exitoso es muy difícil porque te encontrarás con muchos problemas y obstáculos. En vez de concentrarte en los aspectos negativos, piensa en lo que deseas. Piensa en las cosas buenas que vas a hacer en la vida. Mantente concentrado en tu meta y jamás te rindas. No puedes descansar nunca, no importa lo bien que te esté yendo. Tu "buen momento" actual sólo es el resultado de tu trabajo y tu dedicación.

Si quieres seguir siendo exitoso, tienes que seguir haciendo lo que te llevó hasta allí. Si te dejas distraer por todas las trampas del éxito, estarás sembrando las semillas de tu propia ruina; así que nunca dejes de concentrarte en tus metas sin importar el éxito que tengas.

Sólo algunos nacen para ser exitosos porque poseen talentos especiales: músicos talentosos, deportistas innatos o negociantes habilidosos. Sin embargo, la mayor parte de las personas exitosas no recibieron su éxito en una bandeja de plata sino que trabajaron muy duro para alcanzarlo. Se trazaron metas y se concentraron en ellas hasta lograrlas.

Es cierto que puedes alcanzar el éxito gracias a algún talento o capacidad especial con la que hayas nacido. Sin embargo, la mayoría del tiempo tendrás que trabajar duro y mantenerte concentrado para llegar a la cima. Aprovecha el talento natural con el que naciste y luego utiliza tu determinación en las épocas buenas y malas para lograr tus metas y obtener resultados sorprendentes en tu vida.

PUNTOS CLAVE

- ▶ Recuerda que el éxito nunca es fácil.

- ▶ Asume siempre tu trabajo con seriedad.

- ▶ Mantente concentrado en hacer lo que amas aunque los tiempos sean difíciles.

- ▶ Reconoce tus problemas pero concéntrate en lo que te haga sentir bien.

- ▶ El tiempo está de tu parte; no siempre las cosas van hacia abajo.

- ▶ Tu pareja puede influir en tu capacidad de concentración.

- ▶ El que permanezca concentrado por más tiempo es el que obtiene la victoria.

- ▶ La concentración y la disciplina son hábitos que todas las personas pueden aprender.

- ▶ La preocupación arruina la concentración.

- ▶ Concéntrate con flexibilidad. Concentrarse no significa ser rígido ni tener una mentalidad cerrada.

- ▶ Sé lo bastante flexible para adaptarte a las situaciones cambiantes.

9

TE AMO, FIRMA AQUÍ

Firma siempre un acuerdo prenupcial. He visto personas y negocios destruidos porque no tener uno. Seré honesto, si no hubiera tenido acuerdos prenupciales con Ivana y con Marla, ahora estaría sin nada. Ellas se ensañaron conmigo, pero afortunadamente, yo tenía un acuerdo prenupcial. Hice lo que tenía que hacer y actualmente mi compañía es mucho más grande, más fuerte y más rica que antes. Si no hubiera tenido acuerdos prenupciales, las cosas hubieran sido diferentes y probablemente lo habría perdido todo.

En realidad, tengo muy buena relación con mis ex esposas. Creo que por los hijos, uno tiene la obligación de que así sea. Ivana y Marla son mujeres maravillosas y no las culpo. Lo que sucedió fue culpa mía; es difícil ser exitoso, tener tu propio negocio o un trabajo bien remunerado pero estresante. Sinceramente, esto es muy difícil para tu familia. Ivana y Marla fueron maravillosas y no interferían con mi trabajo, aunque no pasaba mucho tiempo con ellas; el trabajo es muy absorbente para mí: ¡lo amo! Salgo temprano de casa y llego tarde en la noche.

Nadie piensa: "Me voy a casar, pero sé que me voy a divorciar." Está bien que te enamores, pero no permitas que te nuble la razón.

Lo cierto es que el 58 por ciento de los matrimonios termina en divorcio. Quieres abrir un gran negocio, comprar bienes raíces o aumentar tu patrimonio, pero no puedes hacerlo sabiendo que el 58 por ciento de las personas terminan divorciadas. Si te casas sin tener un acuerdo prenupcial, hay un 58 por ciento de posibilidades de divorciarte y perderlo todo, incluso si estabas perdidamente enamorado cuando te casaste. Como dijo un abogado especializado en divorcios refiriéndose al matrimonio: "Celebrados en el cielo y resueltos en la corte." Esto es triste y desagradable, pero es cierto.

He visto malos negocios y malas sociedades. He visto muchos negocios que terminan en litigio, y los litigios no son nada agradables. No hay nada peor que un hombre y una mujer peleando, especialmente si lo hacen por su patrimonio, sus hijos, su negocio, su casa, sus autos, y todo lo que tengan; es algo terrible. Estabas enamorado de alguien y luego te das cuenta de que estás en guerra y la batalla es mucho más intensa que en una transacción de negocios. No hay nadie tan despiadado como un hombre o una mujer en proceso de divorcio. Es el infierno hecho realidad, y lo peor que haya visto. Necesitas un acuerdo prenupcial porque necesitas tener seguridad.

Como hombre de negocios que soy, he visto muchos litigios terribles como negocios que terminan mal, sociedades disueltas y líos espantosos. Los seres humanos pueden ser despiadados cuando se trata de luchar por negocios o propiedades. No hay nada que pueda compararse con las disputas entre un hombre y una mujer que anteriormente estaban enamorados y que incluso algunas veces todavía pueden estarlo, y el odio que demuestran es mucho más intenso que en cualquier litigio que yo haya presenciado.

El amor hace que muchas parejas sean ciegas a la verdad y se nieguen a enfrentar el hecho de que pueden tener problemas. Es muy extraño ver a una pareja que confronte esta dura realidad y que firme un acuerdo prenupcial. Si estás pensando en casarte, debes ser la excepción. Es un error no protegerte del infierno en vida que seguramente padecerás si no tienes un acuerdo prenupcial. Asegúrate de siempre tener uno.

A veces las cosas pueden salirse de control. Conozco un par de casos en que uno de los cónyuges no movió un solo dedo, mientras que el otro había trabajado 18 horas diarias durante varios años, y al final, el que no hizo nada termina reclamando todo el dinero, que a veces puede ascender a cientos de millones de dólares. ¡Por favor!

Tengo un amigo sumamente duro, pero es un cobarde con las mujeres. Es un tipo fuerte y le inspira respeto a cualquier hombre, pero una mujer de estatura pequeña lo maneja con el dedo chiquito. Se ha casado cuatro veces y nunca ha hecho un acuerdo prenupcial. Cada vez que se ha divorciado, ha tenido que llegar a un acuerdo extrajudicial y pagar 50 millones de dólares. Se ha divorciado cuatro veces y le ha pagado 50 millones a cada una de sus mujeres. Siempre ha hecho esto. El año pasado me llamó y me dijo:

"Donald, quiero decirte algo, conocí a la mujer más increíble y nos vamos a casar."

"¿Vas a hacer un acuerdo prenupcial?," le pregunté.

"No creo que vaya a necesitarlo, es una mujer fantástica, es el amor de mi vida," me respondió.

"Me has dicho cuatro veces lo mismo," le comenté.

"No, esta vez es diferente."

"¿Dónde la conociste?," le pregunté.

"En Las Vegas, hace *strip-tease*."

Él es un hombre despiadado, un genio para los negocios, un animal que destroza a la gente, pero es un idiota cuando se trata de mujeres. "Tienes cero posibilidades de que este matrimonio te dure," le dije.

Quedé más convencido de eso cuando conocí a su novia y ella comenzó a buscarme. Sin embargo, él cree que es una mujer maravillosa, el amor de su vida con quien se casará hasta que la muerte los separe. Ella me dijo que yo le parecía más atractivo que él, y mientras tanto, mi amigo me dice que será un mat-rimonio muy feliz. Este hombre está metido en un gran problema porque no tiene un acuerdo prenupcial. Siempre debes tener uno; yo lo llamo el "acuerdo de seguridad." Si estás luchando por consolidar tu negocio, necesitas un acuerdo de seguridad para definir quién se queda con qué en caso de que la relación termine.

Citaré el caso de Paul McCartney, ese pobre tonto. Este antiguo integrante de los Beatles es una de las estrellas musicales más grandes de nuestra época; ha vendido millones y millones de discos y ha ganado muchísimo dinero. Se calcula que su fortuna asciende a mil quinientos millones de dólares. Se casó con Heather Mills después de que su esposa Linda muriera de cáncer de seno. ¿Quién conocía a Heather Mills? Algunas personas dicen que modelaba desnuda en los años 80 y que trabajaba para una empresa de acompañantes femeninas. ¿Quién sabe la verdad? Lo cierto es que ella no era nadie, aunque su aparición en *Dancing with the Stars* le dio un poco de popularidad. La verdad es que si no se hubiera casado con Paul McCartney, nadie la conocería. Recuerdo que una vez vi el programa de Larry King antes de que Paul y Heather se casaran. Larry le dijo, "Sir Paul, ¿hará un acuerdo prenupcial?" Paul respondió, "Nunca he tenido uno, Larry, y no lo quiero porque estamos profundamente enamorados." Yo pensé, "¡Qué error! Este tipo es un tonto." Escuché que Heather ofreció firmar un acuerdo prenupcial y él le dijo que no.

Sin embargo, ella le hizo la vida imposible durante tres años y luego lo demandó por 400 millones de dólares. Creo que recibió 60, además de la casa que él tenía en St. John's Wood, lo que no está nada mal para tres años de matrimonio. ¡Realmente es ridículo!

¿Recuerdan que ellos anunciaron el año antepasado que se divorciarían y que se separarían "amigablemente" por el bien de su hija Beatrice, que tenía tres años? Yo dije, "De ninguna manera." Y tenía razón porque el final fue realmente desagradable. Paul cambió la cerradura de su mansión de Londres y congeló la cuenta bancaria que tenían en conjunto. Incluso expidió una carta legal denunciando que su ex mujer había sacado de su casa tres botellas de insumos para aseo. No sé qué importancia tenga esto, pero la acusación se hizo pública.

Según los documentos de la corte, Paul sostuvo que Heather "discutía mucho" y que era muy "grosera con el personal de la casa" durante el tiempo que estuvieron casados, y como no tenían acuerdo prenupcial, ella quería recibir 400 millones de dólares.

Se ha dicho que Heather filmaba todo lo que hacía y supuestamente utilizará sus grabaciones contra Paul para recibir más dinero o que hará un documental en el que mostrará que ella era la víctima inocente, para captar el apoyo público. Lo cierto es que ella quiso quedarse con una gran parte de la fortuna de Paul. Ella acabó con el mito o con la realidad del matrimonio feliz que tuvieron Paul y Linda, pues habló mal de ellos.

Sé que puedo sonar como un disco rayado, pero cuando las personas tienen dinero—independientemente de que sean famosas o no—tienen que protegerlo, sin importar qué tan enamorados crean estar. No me importa cuánto ames a tu prometida, es un grave error casarse sin un acuerdo prematrimonial. ¿No me crees?

Pregúntale a Paul qué piensa ahora. Apuesto a que hubiera querido tener uno.

El año pasado hablé frente a 20,000 personas en Atlanta durante los eventos que organiza The Learning Annex. Una mujer despampanante me preguntó si podía realizar una audición para *The Apprentice*. Digamos que se llama Jennifer. Inmediatamente me di cuenta de que era una mujer realmente deslumbrante. Le dije: "¡Sube al podio, Jennifer, estás contratada!"

Ella subió al escenario, acompañada de su hermana, quien era igual de despampanante. Le pregunté, "¿Tu esposo está aquí?" Y ella respondió que no. Le dije, "De acuerdo; hay unas 20,000 personas aquí y tu esposo nunca lo sabrá, ¿lo has engañado?" Jennifer respondió, "En realidad sí. Tengo que reconocer que es lo peor que he hecho en mi vida y espero que me perdone."

Los asistentes quedaron atónitos; la hermana jadeó sorprendida y dijo que no sabía de la aventura de su hermana. Le dije a Jennifer:

"Has reconocido frente a todas estas personas que has engañado a tu esposo."

"Yo no miento," respondió.

"¿Viniste con alguien conocido aparte de tu hermana? Si es así, por favor dile que no te delate, pues será el fin de tú matrimonio. ¿Tu esposo está enterado de esto?" le pregunté.

"No."

"¿Tienes un acuerdo prenupcial?" le pregunté.

"No. Gano más dinero que mi esposo," me respondió.

"Vas a necesitar uno," le dije.

La siguiente pregunta que me hicieron fue: "¿Cómo están las tasas de interés?" Respondí, "¡Qué pregunta tan aburrida!"

Durante varios años he hablado sobre la importancia de los acuerdos prenupciales y es probable que las personas estén comenzando a escucharme. Recientemente leí que el *Marriage Institute* (Instituto para asuntos matrimoniales) recibe en la actualidad alrededor de 5,000 solicitudes sobre acuerdos prematrimoniales, cuando hace pocos años sólo recibía 1,500.

Sólo una de cada diez parejas que se casan por primera vez tiene un acuerdo prematrimonial; es decir, que nueve parejas de cada 10 viven en un paraíso de tontos, esperando un matrimonio eterno y feliz. Sin embargo, muchas de ellas reaccionan después del primer divorcio. Una de cada cinco parejas hace acuerdos prematrimoniales antes de su segundo, tercero o cuarto matrimonio. Es sorprendente, pero después de tres divorcios, el 80 por ciento aún se niega a firmar un acuerdo prematrimonial.

Parece que muchas personas no quieren tener un acuerdo prematrimonial. ¿Por qué? El 43 por ciento dice que no lo necesitan porque, lean esto: "No piensan divorciarse." Esto es completamente absurdo: ¿Quién va a pensar en divorciarse cuando se acaba de casar? Absolutamente nadie.

El 5 por ciento de las personas que no tienen un acuerdo siente temor de pedirle a su cónyuge que preparen uno. Piensa que su pareja se negará a firmarlo y que cancelará la boda. Sé que el acuerdo puede ser desagradable, pero hay cosas peores, como por ejemplo, perder todo tu dinero.

No me sorprendió saber que Nick Lachey y Jessica Simpson habían terminado. Las personas cambian con rapidez, especialmente cuando tienen menos de 30 años, pues todavía están descubriendo su identidad. Cuando esta pareja se conoció, Nick tenía más trayectoria que Jessica. Pero luego de su programa juntos en televisión, la carrera de ella despegó más que la de él.

Nick y Jessica no habían firmado un acuerdo prenupcial. El padre de ella había hecho una gran labor como manager suyo y no entiendo por qué no insistió en que la pareja firmara un acuerdo prenupcial.

Nick y Jessica querían un divorcio amigable y pacífico. Pero, qué sorpresa, no sucedió así. Nick pidió una pensión muy alta. Quería el 50 por ciento del dinero de Jessica, quien sólo en 2005 ganó 35 millones de dólares. Lo cierto es que fue un proceso muy desagradable.

Deberías tener un acuerdo prematrimonial, aunque sé que suena terrible y que no tiene nada de romántico. Es un tema difícil de abordar con tu ser amado, pero es necesario hacerlo cuando hay mucho dinero y patrimonio en juego. Nunca sabemos qué sucederá con el amor, pero sí sabemos que cuando desaparezca habrá una pelea a muerte por el dinero. Siempre sucede así, a menos que tengas un acuerdo prenupcial.

En el mundo de los negocios, siempre determinas con anticipación lo que puede suceder si la sociedad que has constituido se disuelve; es lo más responsable que se puede hacer, así que ¿por qué no hacer lo mismo con tu relación sentimental? Claro que no es agradable, pero tiene mucho sentido definir cómo se dividirán las cosas si los dos deciden terminar. Un acuerdo prenupcial puede evitar los aspectos más desagradables y terribles de un divorcio.

En la actualidad, un acuerdo prenupcial es tan importante para las mujeres como para los hombres. Recientemente he visto muchos casos en donde la mujer tiene más dinero que el hombre y termina pagándole mucho dinero a su esposo.

El hecho es que, independientemente de que seas hombre o mujer, necesitas tener una seguridad. Esto es muy importante; siempre tienes que contar con posibles problemas, y puedes resolverlos antes de que se presenten si tienes la seguridad que te brinda un acuerdo prematrimonial. Hazlo mientras sean amigos, no enemigos.

Reconozco que no es nada agradable. Un acuerdo prematrimonial es un instrumento terrible. Cuando conocí a Melania, nos enamoramos y decidimos casarnos, le dije: "Melania, eres tan hermosa y te amo tanto; creo que vamos a tener un matrimonio muy feliz y que todo será increíble, pero escucha, por si las cosas no funcionan, firma aquí abajo." No es lo más romántico, pero es sumamente necesario.

¿QUÉ NOS DICE ZANKER?

Hay muchas personas con las que cierro un negocio mediante un apretón de manos. Confío en ellas y ellas en mí. Sin embargo, consignamos por escrito lo que hemos acordado, así sea mediante un correo electrónico. Escribimos las bases del acuerdo para que ninguna de las partes se sienta en desventaja, dude de la relación o quede resentida porque la otra persona olvidó algo importante. Llamo a esto el "apretón de manos por correo electrónico." Lo cierto es que es muy fácil olvidar lo que hemos acordado. No es que siempre tengamos que pelear por algo, y en estas situaciones no se hace necesario tener un contrato formal y voluminoso que requiera la participación de abogados, en el que se mencionen todas las eventualidades y se estipule cuál ley estatal se aplica si una de las partes demanda a la otra.

Yo aprendí la importancia que tiene esto de una manera desagradable. Una vez vi un aviso en *The Wall Street Journal* sobre varias cabañas que estaban vendiendo en una zona de esquí. Averigüé y me pareció un buen negocio. Esa semana yo iba a cenar con un amigo—digamos que se llama Howard—y le dije que iría a ver las cabañas al día siguiente. Él me dijo, "Si es un buen negocio, cómprame una a mí también," y me dio un cheque por el valor de la cuota inicial. Le respondí de inmediato: "De acuerdo, pero escucha, como yo estoy haciendo todo el trabajo, prométeme que si algún día la vendes, me darás el derecho de preferencia sobre la compra." El aceptó, terminé de reunir la documentación y al día siguiente ya teníamos las dos cabañas.

Un par de años después, yo estaba de vacaciones en la mía y llamé a Howard porque unos amigos que estaban con nosotros querían que les alquilara su cabaña. "¿La cabaña? La vendí hace dos meses. Me ofrecieron buen dinero por ella," me dijo. No le dije nada y simplemente me limité a felicitarlo por hacer un buen negocio, aunque sentí mucha ira. Probablemente olvidó su promesa, y si fue así, quizá fue porque no consignamos nuestro pequeño acuerdo por escrito. Lo cierto es que yo debí darle al menos un apretón de manos por correo electrónico.

A finales de los años 80 le presenté un gran amigo mío a un conocido. Inicialmente no simpatizaron mucho, pero insistieron en tener una buena relación y en abrir un negocio. De hecho, les propuse que los tres podríamos hacer algo maravilloso. Ellos no se llevaban bien, pero se conocieron en un acto de beneficencia y establecieron una relación comercial. Al cabo de pocos meses, vi que estaban haciendo negocios juntos y que me ignoraban por completo. No me decían nada y me enteré del asunto porque alguien me lo dijo. Me puse furioso; llamé a mi amigo para quejarme y tuvo el descaro de decirme, "No tenemos ningún acuerdo por escrito." Yo no podía creerlo y le colgué. Nunca más volví a hablarle y nueve meses después murió de un paro cardíaco cuando aún era joven. Me pregunto si haberme engañado le pesó después y si el estrés de tratar a las personas de esa manera contribuyó a su desenlace fatal; quizá se deba al mal karma que le envié.

PARA RESUMIR

Muchas personas se casan con los ojos vendados creyendo que nunca tendrán problemas. Jamás pensarían en comprar una casa sin que el propietario les diera una garantía y una compensación en caso de que tenga algún problema o defecto. Pero cuando se trata del matrimonio, el antiguo proverbio sigue siendo cierto: "El amor es ciego." La verdad es que existe un 58 por ciento de probabilidades de que tu matrimonio fracase y que termines divorciándote. Hay muy pocas personas que prevén esto porque temen confrontar el tema cuando están enamorados. El acuerdo prenupcial es un documento terrible, no tiene nada de agradable, pero es mucho mejor que cualquier otra alternativa.

PUNTOS CLAVE

▶ No tener un acuerdo prematrimonial puede destruir la vida de una persona.

▶ El 58 por ciento de los matrimonios terminan en divorcio.

▶ No dejes que el amor te nuble la razón.

▶ No hay nada más terrible que ver a un hombre y a una mujer que anteriormente se querían, irse prácticamente a los golpes por culpa del dinero y las propiedades.

▶ Tanto los hombres como las mujeres necesitan acuerdos prematrimoniales.

▶ Nadie planea divorciarse cuando se casa.

▶ Un acuerdo prematrimonial es un acuerdo de seguridad que define lo que sucedería en caso de un divorcio.

▶ Un acuerdo prematrimonial no es lo más romántico, pero es sumamente necesario.

10

EL SECRETO
DEL ÉXITO

El secreto del éxito es pensar en grande sin importar cuál sea tu oficio. Pensar en grande es la fuerza motora que ha permitido los grandes logros de la vida moderna, desde los más altos rascacielos, los sorprendentes descubrimientos científicos, tecnológicos y médicos, hasta los grandes avances industriales y militares. Pensar en grande es la base de todos los negocios, iglesias y organizaciones políticas exitosas, es lo que permite establecer relaciones amorosas y duraderas.

Creo que llegarás a la cima si te concentras en llegar allá. Algunas personas tienen una habilidad innata para alcanzar la cima; son campeones de nacimiento, aunque también hay campeones que se hacen a sí mismos. Tiger Woods es uno de ellos, así como Michael Jordan, Derek Jeter, Tom Brady y Big Ben Roethlisberger. Ellos utilizan la disciplina y la determinación para superar los obstáculos y las dificultades y se concentran en lograr cosas grandes. Lo normal no es suficiente para ellos, piensan en grande y trabajan para alcanzar metas grandes.

En muchos sentidos, es más fácil hacer las cosas a gran escala. Es más fácil construir un rascacielos en Manhattan que comprar un bungalow en el Bronx. Para empezar, hacer un negocio grande demanda el mismo tiempo, el mismo estrés y las mismas molestias que uno pequeño. Tendrás los mismos problemas y dolores de cabeza; además, es más fácil financiar un negocio grande. Los banqueros prefieren prestar dinero para un proyecto grande que para uno pequeño. Se sienten más a gusto invirtiendo en un edificio grande y prestigioso que en una casa abandonada en un mal sector de la ciudad. Si tienes éxito con el proyecto grande, podrás ganar mucho más dinero.

El primer paso para el éxito es dar el salto de ser "nadie" a ser "alguien." La mayoría de las personas teme pensar en grande y simplemente no pueden hacerlo. ¿Por qué? Porque no son capaces de imaginarse haciendo cosas grandes. No tienen los conocimientos, la experiencia, ni el historial. No tienen aquello que caracteriza a una persona exitosa que piensa en grande. Cuando se trata de pensar en grande, uno es el peor enemigo de sí mismo.

¿Acaso piensas que pensar en grande está reservado sólo a las personas que tienen dinero, títulos universitarios, conexiones familiares o altos cocientes intelectuales? Todas las personas pueden pensar en grande. Lo más importante es el tamaño de tus pensamientos, ya que el éxito que alcanzarás está determinado por lo grandes que estos sean; todo lo demás es secundario. El simple acto de pensar en grande te diferenciará de inmediato de la gran mayoría de las personas, así que comienza a hacerlo ahora mismo. Primero debes trazarte una meta grande y luego debes tratar de ser la persona que puede alcanzar esa meta.

Yo decidí ser un gran promotor, así que trabajé para ser alguien que pudiera manejar grandes proyectos inmobiliarios. Estudié en Wharton y aprendí todo lo necesario sobre dinero y finanzas. Estudié bienes raíces en mi tiempo libre, trabajé cinco años con mi padre, aprendiendo a hacer negocios y a construir edificios de gran calidad, más rápido y a mejor precio que cualquier otro constructor.

Después sentí que ya estaba preparado para asumir retos mayores, así que me fui a Manhattan y abrí mi propia compañía. Tenía una meta grande y di todos los pasos necesarios para convertirme en alguien que podría lograr esa meta.

ANDA CON CUIDADO PERO CON LA CABEZA EN ALTO

No sólo debes pensar en grande sino también debes andar con la cabeza bien erguida e imponer respeto. Haz todo en la vida imponiendo respeto. Siempre pienso que soy el hombre más apuesto y no es ningún secreto que me encantan las mujeres hermosas. Por eso compré los concursos *Miss USA* y *Miss Universo*. Me encanta estar rodeado de mujeres lindas. A mi mujer no le importa esto porque es la más linda de todas y sabe que me casé con ella porque la amo. Yo tenía la opción de permanecer soltero o casarme; no quería estar soltero y por eso me casé. Pero lo hice porque conocí a la mujer adecuada. He aprendido de mis errores y he decidido comportarme mucho mejor con Melania.

A mucha gente le sorprende que las mujeres hermosas me quieran. Durante la primera temporada de *The Apprentice*, NBC me pagó muy poco y nadie esperaba que el programa tuviera éxito. Ellos no querían desperdiciar dinero ni en la tinta para firmar un contrato conmigo. Un ejecutivo de NBC dijo, "Para que el programa tenga éxito, es necesario que lo vean muchas mujeres, ¿y por qué habrían de querer ver a Donald Trump las mujeres?" Yo le respondí, "No me ha ido tan mal con las mujeres." Y de hecho, resultó que la mayoría del público que veía *The Apprentice* estaba conformado por mujeres. Las mujeres con las que he salido podrían estar con el hombre que quisieran; han sido las modelos más cotizadas y las mujeres más hermosas del mundo. He podido salir (y estar) con ellas porque yo tengo muchas cosas que no tienen muchos hombres. No sé qué es, pero a las mujeres siempre les gusta. Así que, chicos, sean orgullosos, siéntanse seguros, sean inteligentes y tengan buen sentido del humor, y así podrán podrán tener a todas las mujeres que quieran.

Geraldo Rivera es amigo mío, pero hizo algo que me pareció completamente horrible y él reconoce que fue un error. Escribió un libro en el que mencionaba a muchas de las mujeres famosas con las que se había acostado. Yo nunca haría eso, pues siento un gran respeto por las mujeres en general, pero si lo hiciera, causaría un gran impacto. He estado con mujeres hermosas, famosas, exitosas, casadas, con las más importantes, pero a diferencia de Geraldo, yo no hablo de ellas. Si lo hiciera, este libro vendería 10 millones de copias (aunque de todos modos es probable que lo haga). Una cosa que he aprendido de las mujeres con el paso del tiempo, es que a ellas les gusta el sexo más que a nosotros.

Es probable que vivamos en casas sofisticadas en los suburbios, pero nuestras mentes y emociones todavía son muy primitivas. En la antigüedad, las mujeres recurrían a los hombres más fuertes para que las protegieran. No se arriesgaban con un "don nadie," es decir, con un hombre de bajo nivel que no pudiera ofrecerles vivienda, protección y alimentos a ella y a sus hijos. Los hombres que tenían prestigio lo demostraban con su actitud arrolladora; no les daba miedo tomar decisiones ni pensar de una forma independiente, y les tenía sin cuidado lo que pensaran los demás miembros de la tribu. Esa clase de actitud estaba—y aún está—asociada con el tipo de hombres que las mujeres encuentran atractivos. Puede que no sea correcto decir esto pero, ¿a quién le importa? Es puro sentido común, esto es cierto y siempre lo será.

A veces, cuando me acostaba con una de las mujeres más deseadas del mundo, yo pensaba en mi infancia y me decía, "¿Puedes creer adónde he llegado?"

Lo mismo se aplica para las mujeres. Cuando se trata de una mujer atractiva, no podemos negar que su aspecto físico es importante. Una mujer no conseguirá a ese hombre lleno de cualidades con el que sueña—o por lo menos no por mucho tiempo—sólo por su apariencia física; ésta es sólo una parte de lo que debe tener. Esa mujer necesita tener una actitud que imponga respeto, además de una apariencia atractiva, la cual tiene mucho que ver con la opinión que tenga sobre sí misma. Si cree que es una mujer valiosa y transmite esta convicción en la forma en que actúa, camina, habla, se mueve y utiliza los ojos. Mi consejo para hombres y mujeres por igual es que crean en sí mismo, demuestrenlo con su actitud y serán mucho más atractivos para el sexo opuesto. Y si eres gay, también se aplica lo mismo: ¡la actitud lo es todo!

Debes utilizar tu actitud de pensar en grande en el trabajo, en el deporte, y en todo lo que hagas en la vida. No importa lo que hagas, pero hazlo con clase y con una buena actitud. Algunas personas se quejan de que su vida es aburrida, pero la mía no. Si quieres una vida más emocionante, debes encargarte de que así sea. Digamos que estás planeando un evento social; tienes una opción, puedes planear un evento modesto o puedes hacerlo en grande. Si planeas algo modesto y discreto, eso es lo que obtendrás. Debes hacerlo en grande; que sea completamente emocionante. Hazlo de tal modo que sea más maravilloso que la vida.

Tú eres lo que piensas que eres. La mayoría de las personas se creen muy poco y desprecian sus capacidades. Les dan créditos a otras personas por ser más inteligentes de lo que son y al mismo tiempo menosprecian su propia inteligencia. Tienes que invertir esa ecuación. Debes darte crédito por ser más inteligente que los demás porque así es y deja que esto se refleje en la actitud que tienes sobre ti mismo.

La mayoría de las personas hablan de George Clooney y de lo bien parecido que es. Hace poco estuve con él y con George Perez, un gran promotor de Florida. Me sorprendió lo menudo y bajito que era. Es cierto que es muy agradable, pero tenía una estatura muy inferior a la que yo creía; muy diferente a la imagen que tiene. Él da la impresión de ser más grande en la pantalla. Otra persona que es muy diferente en la vida real es Angelina Jolie; por algún motivo, no me parece hermosa, y sin embargo la prensa se desvive por ella. Sé apreciar la belleza y claro que ella no es una mujer fea, pero tampoco es una belleza. La percepción es muy importante, y en el caso de ella, la gente piensa que es una gran belleza, pero realmente no lo es. Con mucha frecuencia, la percepción es más importante que la realidad, y esto es válido en su caso.

Los demás se forman una idea de ti basados en los términos en que piensan en ti. La actitud que tengas contigo mismo es visible para todos los demás. Desarrolla una actitud que transmita que tú vales, y los demás te valorarán. Camina con desenvoltura y determinación, mirando hacia el frente, como si supieras adónde vas. Defínete en grande; todos tenemos definiciones acerca de nosotros mismos, así que date una gran definición de ti mismo.

En vez de definirte a ti mismo como un administrador de mercadeo, hazlo como el administrador que pronto será el vice-

presidente de mercadeo. En lugar de definirte como un constructor de viviendas familiares, defínete como un constructor de
viviendas que pronto será un constructor de muchísimas viviendas. En vez de definirte como abogado asistente, defínete como
un abogado asistente que pronto será el socio de una firma
legal. En vez de definirte como un contador, defínete como un
contador que pronto será el vicepresidente financiero de una gran
compañía.

Proyecta una actitud de pensar en grande que demuestre que
eres una persona activa, entusiasta, decidida, eficiente, compro-
metida, importante y que crees en ti mismo, que asciendes posiciones, consigues clientes y amigos, que eres alguien que progresa
en la vida y te buscan por tus ideas creativas. Tu actitud es mucho
más importante que tu cociente intelectual.

Los que piensan en grande sacan conclusiones positivas sobre
las cosas. Adquiere el hábito de sacar conclusiones positivas. Comienza cada uno de tus días pensando, "Hoy es un gran día. Vivo
en el mejor país de la tierra. Tengo una gran profesión. Es maravilloso estar vivo. Hoy tendré muchas oportunidades de tener éxito."
Verás que tu mente te dará razones para concluir que esto es
cierto. Las personas que piensan en términos modestos y que
sacan conclusiones negativas, descubrirán que a sus mentes vienen muchos pensamientos negativos. Es tu elección, así que escoge los positivos.

VIAJA EN PRIMERA CLASE HASTA EL FINAL

Fundamenta tu personalidad de pensar en grande manteniéndote en primera clase hasta el final. Deja que los zapatos, trajes, camisas, corbatas, abrigos y accesorios como relojes y joyas le digan al mundo que tú entiendes y valoras la calidad. Si no tienes un gran presupuesto ahora, compra menos cosas pero de mejor calidad. Deja que todo lo que hagas y poseas transmita una imagen de importancia. Consigue un empleo de primera clase, valijas de primera clase, ve a restaurantes de primera clase y compra en tiendas de primera clase.

Aprendí esta lección cuando compré un equipo de fútbol en Nueva Jersey. Los Generals de Nueva Jersey jugaban en una pequeña liga llamada la Liga de Fútbol de los Estados Unidos. Contraté a Doug Flutie y a Herschel Walker para la temporada de 1985. Al año siguiente, demandamos a la NFL por 1,500 millones de dólares, bajo el cargo de conspiración para monopolizar el fútbol.

La ganamos y recibimos 3 millones más intereses, para un total de 3,760,000 de dólares; y posteriormente otros 6 millones por concepto de honorarios legales. Me pareció una forma económica de entrar a la NFL, pues no gasté mucho dinero, pero al final, me habría ido mejor si hubiera hecho las cosas con clase y hubiera comprado un equipo que ya estuviera en la NFL. Es lo mismo que si vas a comprar una propiedad, es mejor que compres una situada en la Quinta Avenida. De mi experiencia con este equipo aprendí que siempre hay que actuar con clase.

Cuando me casé con Melania en enero de 2005, la gente dijo: "Donald, tus matrimonios anteriores han sido espectaculares; ¿por qué esta vez no haces una pequeña ceremonia privada con tus familiares y amigos más cercanos?" Yo estaba muy ocupado, pero la vida no se reduce a los negocios; hay que sacar tiempo para vivir y yo vivo en grande, así que les respondí: "De ningún modo. Esta es una oportunidad para celebrar y divertirnos. Es un día muy importante para Melania y para mí, y quiero que también sea especial y emocionante para todos nuestros familiares y amigos."

OLVIDA TUS DUDAS

Los que piensan en grande vencen sus dudas, pues éstas conducen directamente al fracaso. No eres la única persona en desconocer qué te deparará el futuro porque no hay nadie que lo sepa. Ninguna persona puede saber si la atropellará un autobús mientras cruza la calle. Cuando tengas dudas, cree en ti y piensa que vas a tener éxito. Nadie puede hacer esto por ti. No puedes adquirir la seguridad de otra persona cuando te sientas inseguro. Desarrolla tu propia confianza.

Muchas veces verás a alguien que no tiene probabilidades de alcanzar el éxito pero lo logra porque tiene la capacidad de pensar en grande. Un ejemplo concreto es el ex presidente Jimmy Carter. Es un hombre muy amable, pero no era mi tipo de presidente; yo prefiero a los mandatarios como Ronald Reagan.

No obstante, cuando Carter terminó su mandato me pidió que nos reuniéramos, y por supuesto, acepté. No sabía qué quería de mí, pues nunca lo había apoyado, y de hecho había denunciado públicamente su mal manejo de la crisis de nuestros rehenes en Irán. Cuando Ronald Reagan fue proclamado como Presidente, los iraníes liberaron immediatamente a los rehenes. Si Jimmy Carter hubiera ganado las elecciones, probablemente los rehenes hubieran seguido cautivos.

Sin embargo, tuvimos una conversación maravillosa antes de llegar a un tema, que era el siguiente: ¿Estaba yo dispuesto a realizar una contribución de 50 millones de dólares a la Biblioteca Jimmy Carter? Aquí estaba un hombre a quien yo no había apoyado, por el que no había votado, ¡y sin embargo había ido a mi oficina a pedirme una contribución de 50 millones de dólares! Me dije—y lo expresé en varias ocasiones—que Jimmy Carter tiene la capacidad para pensar en grande a pesar de que su imagen proyecte lo contrario. Por eso se lanzó a la presidencia. De paso, Jimmy Carter es una de las pocas personas que ha realizado una labor mucho mejor después de su presidencia que durante ella.

Otro ejemplo, aunque en sentido opuesto, es Mario Cuomo.

Lo apoyé durante muchos años y le pedí un pequeño favor cuando terminó su período como gobernador, y sin embargo, no me lo hizo; demostró ser muy desleal conmigo, pues yo fui muy leal con él. En cualquier caso, se suponía que él sería el candidato que enfrentaría a Bush padre. Y si se hubiera lanzado, probablemente hubiera ganado para perjuicio de la nación. Hubiera sido un presidente terrible porque no tenía la capacidad para pensar en grande. Además, Bush tenía una gran popularidad en esa época. Bill Clinton, un hombre brillante y amigo mío, se lanzó como candidato y obtuvo la presidencia. Él tiene la capacidad de pensar en grande, y su esposa Hillary, quien es una persona increíble, también tiene esa capacidad. Fue por eso que Bill Clinton obtuvo la presidencia. Mientras que ningún otro candidato estaba dispuesto a enfrentarse a George Bush debido a la gran ventaja que le daban en las encuestas, Bill Clinton no se dejó atemorizar, y cuando los niveles de popularidad que había mostrado George Bush en las encuestas cayeron al suelo, Clinton aprovechó la oportunidad para llevarse la presidencia. Él es un hombre fantástico y tiene mucho valor, y Mario Cuomo es un hombre desleal sin valor.

Las personas siempre siguen tu ejemplo. Si crees que puedes hacer algo, los demás creerán lo mismo. Proyecta la actitud de que eres importante y que deben escucharte. Las personas se ocupan de pensar en sí mismas; te evalúan rápidamente para ver si te consideras como un ser valioso e importante, y aceptarán la opinión que tengas de ti mismo. Te juzgarán por tu apariencia y tu porte para saber si eres una persona con poder y un líder que hace que las cosas sucedan. Si te valoras, los demás te respetarán y te valorarán. El león le teme a un domador pequeño y no a un hombre fuerte que demuestre que le tiene miedo. No busques la aprobación de los demás porque es una señal de debilidad. Muchas personas estarán celosas de ti o te considerarán como una amenaza. Hay muchos individuos que se esconden en vez de enfrentar la presión que se siente al trasmitir la actitud propia de quienes piensan en grande, así que no te rindas.

Tus convicciones generan el poder, la capacidad y la energía para tener éxito en lograr tus metas, mientras que las dudas socavan tu voluntad para tener éxito y hacen que los demás crean que vas a fracasar. ¡Elimina todas tus dudas! No quiero decir que tengas que darte mucha importancia o que debes actuar con arrogancia; simplemente cree en tus capacidades y en tu valor. Realiza una evaluación certera de tus fortalezas y debilidades, y haz que tu actitud esté a la par de tus capacidades.

TENER UN EGO GRANDE ES ALGO BUENO

Alguien me preguntó, "¿Cuál es la diferencia entre un fanfarrón y una persona que hace las cosas?" Recuerdo que Mohammed Alí les decía a sus contrincantes: "Soy el más grande y te destruiré." Alí estaba peleando contra George Foreman en el famoso combate realizado en África. En esa época, George era invencible y nadie podía derrotarlo. Era el mejor combatiente al que se había enfrentado Alí. Sus golpes eran más fuertes que los de Joe Frazier o Sonny Liston. También podía asimilar los golpes más contundentes sin caer a la lona. Además, era mucho más joven que Mohammed.

George Foreman era un boxeador tan formidable que noqueó a Joe Frazier y lo derribó seis veces. Las mejores épocas de Mohammed ya habían pasado, pero lo que hizo esa noche fue sorprendente. Alí era inteligente; vio los videos de todos los combates de Foreman sin decírselo a nadie, ni siquiera a su entrenador. Vio uno en el que Foreman combatió con tres boxeadores en una misma noche y noqueó de inmediato al primer rival. Los tres eran boxeadores del montón. La segunda pelea estuvo más disputada, pero lo noqueó en el cuarto asalto, y tuvo dificultades para ganar la tercera pelea. Mohammed notó esto y percibió la debilidad de Foreman. Se cansaba fácilmente.

Durante los primeros cinco asaltos, Alí no lanzó un solo golpe. Ejecutó su baile de mariposa, se recostó contra las cuerdas y dejó que Foreman lo golpeara en el cuerpo. George no lograba darle en la cara. Angelo Dundee, el entrenador de Alí, le dijo, "No puedes permitir más esto." Y él le respondió, "¿Estás loco? Lo estoy haciendo muy bien." Nadie sabía a qué se refería Alí, y en el quinto asalto, Foreman ya estaba acabado. Y en el sexto asalto, Alí comenzó a atacarlo. Foreman estaba completamente indefenso y lo noqueó en el octavo asalto. Alí decía cosas arrogantes pero las respaldaba con hechos. Mi consejo es que hay que tener un ego grande sin ser unególatra. Es bueno tener un ego grande.

Otros ejemplos de personas que han obtenido grandes resultados en los deportes son George Steinbrenner, Bob Kraft y Bob Tisch. George ha hecho que los Yankees de Nueva York tengan un éxito increíble, al igual que Bob Kraft con los Patriots de Nueva Inglaterra, él es un gran mánager y estratega. El difunto Bob Tisch, copropietario de los Giants de Nueva York, era un gran negociante que compró a los Giants de Nueva York en medio de muchas dudas y por poco dinero, pero luego hizo un trabajo fantástico, y actualmente su familia y la de Mara lo están manejando muy bien.

Los campeones se destacan en la industria de los deportes, bien sea en el aspecto deportivo o administrativo. Tom Brady, jugador de los Patriots de Nueva Inglaterra, es un deportista realmente notable; es uno de los grandes mariscales de campo en la historia del fútbol americano, y de paso, también es un buen golfista. Él y yo jugamos en el Trump National Golf Club en Westchester, y no sólo es todo un campeón sino una gran persona; si practicara más el golf, sería un jugador increíble, pues tiene un talento sorprendente.

ADQUIERE EL HÁBITO DE HABLAR CLARO

Habla como un gran orador. En muchas ocasiones, el miedo hace que muchas personas no puedan hablar. Adquiere el hábito de hablar en las reuniones de negocio o en los eventos sociales. Debes saber qué es lo que quieres decir y expresarlo claramente y en voz alta, demostrando así que tienes que decir algo importante. No te preocupes por lo que piensen los demás. Recuerda que las personas no son tan inteligentes como crees ni como ellas creen serlo.

Despedí a Kristi Frank en la quinta semana de la primera temporada de *The Apprentice* básicamente porque no hablaba con claridad. En el quinto episodio, ella estaba encargada de organizar su propio bazar en Nueva York. Hizo un gran trabajo, pero su equipo perdió porque Omarosa Manigault-Stallworth perdió parte del dinero y nunca aceptó la responsabilidad. Le echaron la culpa a Kristi y ella nunca habló para defenderse. Si hubiera hablado y defendido sus capacidades, yo la habría dejado a ella y despedido a Omarosa en su lugar.

Debes prepararte, pues siempre te criticarán por todo lo que hagas; escucha las críticas y luego olvídalas. A mí me han criticado por todo lo que he hecho pero no dejo que me afecte. Como dije anteriormente, todos persiguen al pistolero más rápido. Si estás en la cima, serás el blanco natural de todas las personas insignificantes a quienes les encanta criticar a los que piensan en grande y obtienen resultados. No permitas que esto te detenga, así que habla y defiéndete.

El renombrado autor sobre negocios Joe Queenan dio una conferencia en The Learning Annex. Él es famoso por sus posiciones firmes y su gran sentido común, y escribió una reseña en la que terminaba diciendo: "Trump es una leyenda, un héroe de las finanzas que ha logrado desarrollar una misteriosa compenetración con millones de norteamericanos comunes. Además, su popularidad es anterior al éxito de su programa *The Apprentice*. Su desparpajo y actitud agresiva se instauraron en el imaginario colectivo hace más de dos décadas, y todavía continúan haciéndolo." Luego concluyó, "Aunque le pague 30 millones o no, es muy probable que Zanker le pague menos de lo que se merece."

LOS QUE PIENSAN EN GRANDE SIEMPRE ANDAN JUNTOS

Rodéate de personas que piensan en grande, pues quienes frecuentan los círculos en los que te mueves tienen una gran influencia sobre ti. Todos somos el producto de nuestro entorno. Afíliate a clubes, asociaciones y organizaciones cuyos miembros sean personas exitosas. Piensa en ti como una persona digna de conocer. La persona más importante en cualquier reunión es la que se presenta de una manera más eficaz. Cuando conozcas a alguien, míralo a los ojos y asegúrate de decirle tu nombre y de que te diga el suyo.

Hazte amigo de los que piensan en grande, y almuerza o cena con ellos con frecuencia para intercambiar ideas, opiniones, sueños y aspiraciones. Debes ser selecto al elegir tus amistades. Ródéate sólo de personas que realmente te deseen el éxito. Olvídate de tus supuestos amigos negativos y que piensan en pequeña escala, pues te dejarán sin energía. Algunos podrían obstaculizarte las cosas y hacerte sentir culpable porque tienes éxito. Pídele opiniones sólo a quienes saben lo que hacen.

Uno de mis mejores amigos que piensan en grande es John Mack, el director de Morgan Stanley. Es extremadamente inteligente y un estratega brillante de Wall Street. Tiene una visión insuperable para los negocios. Es muy buen amigo mío y es una persona completamente caritativa; de hecho, es el director de la junta del Hospital de Nueva York.

Hace poco me invitó a cenar porque quería hablar conmigo. Después de explicarme la maravillosa labor que realiza el hospital (y con el cual no tengo ninguna relación, aunque sus directivas desean que yo me vincule en el aspecto financiero), mi amigo me preguntó si podía hacer una contribución de 25 a 50 millones de dólares. Lo miré y le dije: "John, definitivamente piensas en grande," y esa es una de las razones por las cuales es tan exitoso.

Pocos días después almorcé de nuevo con él y le entregué un cheque por un millón, lo que realmente no es una donación pequeña. John se alegró mucho y me agradeció, pero nunca me he sentido tan insignificante ni tan tacaño como cuando le entregué ese cheque. John realiza una gran labor en su trabajo y ayuda a muchas personas que tienen dificultades, él es un ejemplo encomiable para quienes lean este libro.

LOS GRANDES ACTOS GENERAN UNA GRAN SEGURIDAD

Convierte tus grandes pensamientos en grandes actos tan pronto como puedas. No permitas que excusas como "no soy muy inteligente," "no tengo la experiencia suficiente," "aún estoy muy joven," "ya soy muy viejo," o soy mujer, negro, muy gordo, muy delgado, muy calvo, muy musculoso, muy "nerdo" te detengan. Todas éstas son excusas sin ningún fundamento, así que deséchalas.

Las disculpas son un síntoma del miedo. Si las confrontas y haces lo que siempre has temido, verás que tu miedo desaparecerá. Nadie nace sintiendo confianza en sí mismo, esta cualidad es algo que se adquiere. Desarrolla el hábito de actuar y tu confianza se disparará.

No dediques mucho tiempo a planear, a prever, ni a solucionar los problemas antes de que sucedan, pues esto es otra excusa para aplazar las cosas. Sólo actuando es que puedes saber cuándo se presentarán los problemas; no tendrás la experiencia para solucionarlos, pero te recomiendo que actúes y soluciones los problemas a medida que se presenten.

Deja de pensar y comienza a actuar. Haz cosas pequeñas y luego asume desafíos cada vez más grandes para obtener una confianza mayor. Así es como los mejores deportistas llegan a la cima. Se trazan metas cada vez más grandes y las alcanzan de manera progresiva.

En realidad, lo importante no es lo mucho o poco que sepas cuando comienzas a hacer algo, sino lo que puedas aprender a medida que lo haces. Cuando hagas por primera vez algo que implique desafíos, repite siempre: "Puedo hacerlo." Tu capacidad de hacer algo es simplemente un estado mental. Lo que puedas hacer depende de lo mucho que creas que puedes hacer. Muchas personas se acostumbran a trabajar a un cierto ritmo de eficiencia, y cuando las circunstancias lo exigen, hacen mucho más de lo que piensan. Comienza a pensar que tú puedes hacer más. No construyas una casa unifamiliar sin antes pensar cuánto costaría construir un edificio de apartamentos o una urbanización. Procura que todo lo que hagas sea más grande, mejor y más atrevido. Comprométete a hacer algo en grande y encontrarás la forma de hacerlo. No me refiero a una promesa vacía de hacer algo en un futuro, lo que quiero decir es que firmes un documento legal que te ponga al borde del abismo. Firma ese documento y verás que cuando estés al borde del abismo darás un salto y harás lo que nunca antes habías hecho.

Entrena tu mente para aceptar metas que sean cada vez más grandes. Tu mente debe estar lista para dar pasos cada vez mayores.

No puedes pasar a un nivel más alto si tu mente no está preparada. Digamos que abriste un negocio que te produce 100 dólares al mes y tú quieres ganar 10,000 dólares. Casi nadie puede lograr esto de la noche a la mañana. Tu mente necesita adaptarse a la idea.

Comienza a dar pequeños pasos para que tu mente se prepare y proyecta adónde quieres llegar.

Conseguir un guía es algo que te ayudará a pasar a un nivel más alto con mayor rapidez. Por eso existen los maestros y los entrenadores en todos los campos. Por alguna razón, todos somos receptivos a los consejos que recibimos de las figuras de autoridad. Encuentra una en tu campo y sigue sus consejos para dar pasos más grandes y atrevidos. La confianza que tienen ellos te ayudará a consolidar la tuya.

UTILIZA ESTRATEGIAS PARA PRODUCIR LA MAYOR CANTIDAD DE DINERO POSIBLE

El secreto del éxito es pensar en grande y, a su vez, pensar en grande es la estrategia que necesitas para que te paguen por lo que te mereces. Nadie te da dinero automáticamente en el mundo real, todo el mundo pelea y mata por dinero, y en el único lugar donde te pagan lo que vales es en el mundo imaginario. En el mundo real las cosas son muy diferentes, sólo te pagan por lo que vales cuando la otra persona no tiene ninguna otra alternativa.

Los médicos ganan mucho dinero porque o pagas o te mueres. Lo mismo sucede con los dentistas, si no les pagas saldrás del consultorio con dolor en la boca. Si no les pagas una buena comisión a los abogados, se encargarán de estropear tu negocio. Hay un viejo refrán que dice: "Sin dolor no hay logros." Se aplica básicamente a los ejercicios físicos, pero también es válido para las negociaciones. Los grandes ases del deporte pueden exigir altos salarios y bonos astronómicos porque sus equipos profesionales los necesitan.

Las estrellas del cine piden enormes sumas de dinero porque las compañías cinematográficas las necesitan para atraer al público. Lo mismo se aplica para los mejores entrenadores deportivos, las supermodelos y las estrellas del rock. Ellos exigen mucho dinero porque si no se los pagas se pasan a la competencia y el que pierde eres tú; en cierto sentido, es una especie de soborno legal y es por eso que los abogados consiguen tanto dinero.

Si quieres ser extremadamente exitoso, tienes que utilizar una estrategia para obtener la mayor cantidad de dinero posible a cambio de tu trabajo. Tienes que amenazar y asustar a tu oponente para poder conseguir algo. En todos los negocios exitosos que he realizado en los bienes raíces, he tenido que hacer que mi oponente se lamente por lo que perdería si no hace el negocio conmigo, y el placer de cerrar el negocio y de darme lo que yo pido.

Todo el mundo lo sabe, pero muy pocos hablan de esto. Mira las negociaciones laborales, la mayoría de las personas obtienen los mayores aumentos cuando cambian de empleo o cuando amenazan con renunciar al que tienen. Si vas a negociar tu salario, expresa el valor que representas para tu compañía y exagera la pérdida que sufriría si te dejara ir. Siempre debes estar preparado para hablar, utiliza la estrategia de renunciar a tu empleo para que te aumenten el salario.

APROVECHA LAS GRANDES TENDENCIAS

La mayoría de las personas se sorprende ante una gran cantidad de acontecimientos que ocurren diariamente, cuando realmente son inevitables y predecibles. Observa atentamente los sucesos diarios y vislumbra los grandes cambios que sucederán dentro de algunas décadas. Es allí donde encontrarás grandes ideas. Hay tendencias demográficas, culturales, financieras, tecnológicas y médicas que producirán resultados predecibles dentro de varios años. Actualmente existe un déficit de médicos y enfermeras, y al mismo tiempo la población está envejeciendo con rapidez. La población hispana es cada vez mayor, las personas se están mudando de los suburbios a zonas más lejanas, cada vez hay más personas que viven solas, y hay un cambio cultural, pues las personas tienen una mayor conciencia ecológica.

Todo esto ofrece enormes oportunidades para obtener ganancias si puedes pensar en grande y ofrecer soluciones importantes a las necesidades derivadas de estas tendencias. Soy uno de los mayores constructores del mundo, y vi que Jersey City tenía un gran potencial. Tengo talento para predecir tendencias y creo que esa ciudad tiene un buen futuro. Por eso estoy construyendo el Trump Plaza Jersey City, un condominio de 415 millones de dólares que tendrá dos torres de 50 pisos de altura con 862 condominios de lujo. Para este proyecto conseguí a un gran socio, Dean Geibel, quien lo convirtió en realidad.

NO TE RINDAS A MITAD DEL CAMINO

No tropieces cuando ya vas camino al éxito. Muchas personas comienzan con metas grandes, piensan en grande y obtienen resultados. Alcanzan un gran éxito, consiguen buenos trabajos, tienen grandes sumas de dinero en el banco, altos ingresos, un plan de retiro y algunos hasta juguetes como yates o autos lujosos. Pero después dejan de pensar en grande, comienzan a actuar con cautela y a proteger lo que tienen. Tú no puedes caer en esa trampa.

Siempre debes estimular tu mente con ideas grandes, así que

sé un coleccionista de ideas grandes. Alimenta siempre tu mente con información reciente y utilízala para desarrollar nuevas ideas. Reúnelas para crear otras más grandes y resolver problemas, ganar dinero, hacer las cosas de una manera más rápida, económica y simple.

ESTABLECE PARÁMETROS CADA VEZ MÁS ALTOS

Procura superarte siempre, estableciendo parámetros que sean cada vez más altos. Cuando estaba construyendo la Torre Trump, yo no quería que fuera otro edificio más: quería levantar un rascacielos que fuera diferente a todos los que existían. Quería que mi edificio tuviera una hermosa fachada de cristal y bronce, que fuera innovadora y audaz y le diera un gran toque de clase y elegancia. Algunas personas me aconsejaron que colgara pinturas en el vestíbulo, pero eso me pareció aburrido y poco original. Yo quería algo realmente impactante y espectacular, algo que no se hubiera visto en Manhattan, y en 1980, invertí 2 millones de dólares para construir una cascada de 80 pies en el vestíbulo, la cual se ha convertido en una de las mayores atracciones turísticas de la ciudad.

Cuando lo terminé, supe que quería más, que deseaba un desafío aún mayor, y entonces construí muchos edificios y proyectos grandiosos. Recientemente construí la Trump World Tower en la plaza de las Naciones Unidas. Este rascacielos de 90 pisos es el edificio residencial más alto del mundo, y el 48 a nivel general. Ha sido un éxito espectacular y es un ejemplo de lo que puedes hacer cuando intentas superarte y hacer mejor las cosas. Actualmente estoy construyendo un edificio de 92 pisos en Chicago, en el mejor sector de la ciudad.

LAS GRANDES VISIONES DE LO QUE PUEDE SER

Cuando te enfrentes a un gran desafío, no pienses en qué consiste, y concéntrate más bien en lo que puede ser. Cuando compré el edificio 40 Wall Street, las demás personas lo consideraban como un edificio enorme que implicaría gastos descomunales. Yo vi la oportunidad de adquirir una propiedad con mucho potencial por una fracción de su valor real. En otras palabras, vi lo que podía hacer con él. Esencialmente, comprendí que su valor era muy superior a su precio. Lo mismo hice con el Club Mar-a-Lago de Palm Beach. Era un elefante blanco que nadie quería comprar porque no se sentían cómodos viviendo en una mansión abandonada frente al mar con 128 habitaciones. Inmediatamente se me ocurrió transformarlo en un club exclusivo que adquiriría mucho valor, pues sabía que estaba ubicado en un sector muy opulento.

La Universidad de Columbia tuvo una gran oportunidad para expandirse en uno de los lugares más espectaculares del mundo.

Al Lerner, uno de los hombres de negocios más exitosos de los Estados Unidos, propietario de los Cleveland Browns, un equipo de fútbol, y quien también era miembro de la junta de esta universidad, quería comprar un terreno enorme en el sector Oeste de Manhattan en el que yo estaba implicado. Esto le daría un gran terreno a la universidad frente al río Hudson, entre las calles 59 y 62, detrás del Lincoln Center. Al pensaba construir la Escuela de Negocios y el Centro de Artes Escénicas de la Universidad de Columbia allí, y hubiera sido un proyecto increíble.

Estábamos a punto de cerrar el negocio, pero un buen día, Al me llamó y me dijo: "Donald, me han diagnosticado cáncer y no viviré por mucho tiempo." Es asombroso lo que puede hacer una enfermedad, pues basta tener un resfriado para olvidarse de los negocios, pero el caso de Al era mucho peor. Era un hombre fuerte, duro, maravilloso y con unas ideas brillantes; había llegado a la cima gracias a su tenacidad y a sus ideas.

Desafortunadamente, Al falleció, y Lee Bollinger, quien había trabajado en la Universidad de Michigan y era el nuevo presidente de Columbia, no estuvo de acuerdo con el proyecto; quería construir los nuevos edificios de la Universidad en un sector horrible y en unos terrenos que realmente no eran de esa institución. Cuando se anunció el proyecto, fue virtualmente imposible adquirir los terrenos porque los propietarios pedían mucho dinero. Sin embargo, el muy tonto anunció su proyecto antes de comprar los terrenos.

En cualquier caso, fue una gran idea concebida por un hombre maravilloso que finalmente sucumbió al mal liderazgo que había en esta universidad. Espero que algún día la Universidad de Columbia tenga la misma suerte que tuvo la de Michigan al deshacerse de Bollinger.

PREPÁRATE PARA SUFRIR GRANDE REVESES

Debes comprender que pensar en grande a veces es sinónimo de grandes reveses. En la vida no se puede alcanzar el éxito sin tener dificultades. Todos sufrimos reveses, es parte de la vida. Si piensas en grande, ocasionalmente sufrirás grandes reveses. Lo que realmente importa es cómo respondas a ellos. Todos los grandes artistas, médicos, abogados, científicos, inventores, deportistas, músicos, políticos, promotores de bienes inmobiliarios, ejecutivos de grandes corporaciones, negociantes y vendedores, utilizan los fracasos para beneficio propio. Las personas más destacadas son grandes porque aprendieron de sus fracasos, los analizaron y encontraron formas novedosas e innovadoras para tener éxito.

Un fracaso o revés no es una derrota, pues ésta es un estado mental. Estás derrotado sólo cuando aceptas la derrota y adoptas la actitud de una persona derrotada. Aprende de tus errores y considera tus reveses como el precio que hay que pagar para obtener conocimientos. Es muy conveniente que a veces te hagas autocríticas constructivas, pues esto te ayudará a ser mejor persona. Nunca aceptes la derrota ni te critiques en exceso. Nunca permitas que un revés te afecte tanto emocionalmente que comiences a sacar conclusiones negativas y autodescalificantes como "nunca lo lograré, soy un perdedor, sería mejor rendirme, todos los que me criticaron tenían la razón."

Este tipo de autocrítica es enfermiza y peligrosa. No lo hagas, pues podría arruinarte para siempre. Cuando sufrí grandes reveses en los años 90, vi que muchos amigos míos se enfrascaron tanto en las autocríticas que nunca se recuperaron; esto acabó con su espíritu y nadie volvió a saber de ellos. Algunas personas llegan a suicidarse incluso, pues el dolor causado por las autorecriminaciones es extremadamente fuerte.

No consideres ningún fracaso como el final. Aprende rápidamente la lección y sigue adelante. No te ensañes en el fracaso y más bien comienza a pensar en grande. Llena tu mente de pensamientos que te hagan sentir bien, realiza planes para el futuro, recuerda tus éxitos pasados, las cosas buenas que te han dicho tus amigos, cualquier cosa que detenga el diálogo interior y te permita tener una actitud positiva.

Aprende el arte de olvidar. Sigue tu camino y olvídate de todo lo malo que te ha sucedido. No adoptes una actitud idealista pensando cómo podrían ser las cosas, deseando que no hubiera sucedido nada malo y esperando vivir en un mundo mágico donde todo termina bien. No esperes que todo sea perfecto para comenzar a actuar de nuevo, es necesario ser realista. Simplemente comprométete a mejorar, a seguir adelante y a olvidar el pasado. Considera todos los fracasos como peldaños en la escalera al éxito. Recuerda que la perseverancia sumada al aprendizaje de los errores es igual al éxito.

El secreto es pensar a lo grande, pero mantener los pies en tierra y "las manos en la caja." Tienes que saber lo que puedes hacer. Siempre habrán factores que pueden ocasionarte problemas como empleados envidiosos, abogados codiciosos, contratistas deshonestos y banqueros pusilánimes. No permitas que los grandes sueños y tus ideas innovadoras te nublen la razón y te hagan olvidarte de lo básico. Siempre debes recordar que tienes que dar lo mejor de ti y tener la estrategia a mano para asegurarte de que te paguen por lo que vales. Piensa en grande, pero encárgate de lo básico.

¿QUÉ NOS DICE ZANKER?

Hace 28 años comencé The Learning Annex en mi pequeño estudio de Nueva York. Tuve que comenzar solamente con los 5,000 dólares que había reunido en mi Bar Mitzvah; ese era todo mi capital. Siempre intenté que mi institución pareciera más grande de lo que era. Le daba algunos dólares al encargado del edificio para que me dejara fijar un aviso en la puerta del cuarto donde se guardaban los implementos de aseo, la cual daba al salón principal: "The Learning Annex: Entre por la oficina 101," con una flecha que señalaba mi oficina, y el cual hacía que mis oficinas parecieran el doble de grandes. También plegaba todos los días mi sofá cama para que mis estudio pareciera una oficina.

Estábamos creciendo y necesitábamos más espacio, pero no teníamos dinero para alquilar otra oficina. Tuve que ingeniarme la forma de crecer sin capital y conocí a una vecina que vivía en el piso de arriba, quien me alquiló su sala que yo utilizaba como un "cubículo" durante el día mientras ella trabajaba. Logré que instalaran una extensión telefónica en su apartamento, para que mis cinco empleados pudieran utilizarlo; el problema era que ella sólo dejaba entrar a una persona a su apartamento, por lo que todas las noches me aseguraba de que mis cinco empleados salieran de su apartamento exactamente a las 6 p.m., antes de que ella regresara del trabajo y los viera allí.

En las primeras épocas, Tony Robbins realmente me enseñó a obtener mayores niveles de energía, algo inevitable cuando estás con él, ¡es toda una máquina humana! Me enseñó las primeras lecciones para pensar en grande, y en los años 80, esta actitud me permitió hacer que The Learning Annex figurara en el mapa.

Una de las cosas que hice para dar la impresión de ser un hombre muy acaudalado fue vestirme siempre con un traje costoso. Siempre llevaba un traje que me había costado mil dólares aunque tuviera poco dinero, así que en lugar de comprar diez trajes baratos, me compraba un traje muy costoso con el que asistía a todas las reuniones importantes de negocios. Yo le decía, "Le Suit."

Este traje me hacía sentir bien y me daba la sensación de ser un hombre muy importante y rico. El traje llamaba la atención de las personas, y aunque nadie me lo decía, todos sabían que yo estaba vestido como un millonario. En cierto sentido, yo les causaba una mejor impresión gracias a mi vestimenta. Todos los años, los administradores de mi compañía que trabajaban en otras ciudades venían a Nueva York para realizar un seminario de trabajo en las afueras de la ciudad. Yo los llevaba à la tienda Armani y les hacía comprar trajes de 1,000 dólares, tanto a los hombres como a las mujeres. No permitía que adquirieran un traje de 750 dólares, pues me parecían muy baratos, tenían que valer 1,000 dólares o más. Eso era en los años 80; actualmente compramos trajes o vestidos de 3,000 dólares.

Otra cosa que yo hacía era guardar 5,000 dólares en mi billetera siempre que asistía a una importante reunión de negocios con personas de alto nivel. Entraba a la oficina o iba a almorzar o a cenar vestido con mi traje Armani de 1,000 dólares y con 5,000 dólares en la billetera. Esto produjo un cambio de actitud en mí; yo no pensaba en gastarme esa suma, pero lo importante fue el cambio de actitud. Me sentía muy rico y los demás percibían esto de inmediato y pensaban: "Este hombre es un triunfador."

Yo siempre llevaba esa suma aunque fuera lo único que tuviera en mi cuenta bancaria. Si ese era el caso, la retiraba, la guardaba en mi billetera y asistía a la reunión. Actualmente siempre llevo 10,000 dólares en efectivo, y a las reuniones realmente importantes como las que tengo con Donald Trump, llevo 15,000 dólares en efectivo. Eso me produce una buena sensación; además, atrae a las personas y negocios apropiados y siempre me hace pensar que soy rico.

Después de conocer a Donald Trump, tuve una idea completamente nueva de lo que significa pensar en grande. Comprendí que, en su mundo, lo que yo consideraba pensar en grande realmente era pensar en pequeña escala. Tratar con él me obligó a pensar diez veces más grande de lo que había pensado anteriormente. Necesité mucho valor para dar este paso gigantesco, pero me alegro de haberlo hecho porque desde que conocí a Donald tres años atrás, mi negocio ha crecido más de 20 veces.

La actitud de Donald Trump transmite la sensación de que cualquier cosa es posible; él no se deja intimidar por ningún negocio o proyecto por grande que sea. Si se le ocurre algo que quiere lograr, siempre termina por hacerlo. Él nunca permite que el miedo al fracaso le impida hacer lo que quiere. Desde que lo conozco, he realizado un esfuerzo consciente para conocer a más personas de su calibre, y he descubierto que todos tienen la misma actitud de pensar en grande.

En noviembre de 2005, el magnate de los medios Rupert Murdoch subastó en eBay una invitación a almorzar con él con el objetivo de donar el dinero al Jerusalem College of Technology. Mi oferta de 57,100 dólares fue la más alta y obtuve el privilegio de almorzar durante una hora con él en Nueva York; fue un precio económico que me permitió la oportunidad de almorzar con él, y aproveché para pedirle qué me aconsejaba hacer para expandir The Learning Annex. Murdoch tiene la misma mentalidad sin barreras de Donald Trump. Creo que valió la pena pagarle 1,000 dólares por minuto durante el almuerzo, es una ganga comparada con lo que le pago a Donald.

Warren Buffett es el segundo hombre más rico de Norteamérica. Yo quería invitarlo a que enseñara en The Learning Annex, y cuando supe que estaba vendiendo su auto por Internet para donar el dinero a Girls, Inc., su institución de beneficencia favorita, me pareció una idea interesante. Si yo hacía la oferta más alta, él me recogería en su auto con un gorro de chofer. Esa sería una gran oportunidad para conocer al legendario experto en la bolsa de valores y pedirle que diera la clase sobre "Cómo Invertir a Cualquier Edad."

Gané la subasta y pagué 73,200 dólares por su auto Lincoln, y luego le ofrecí

2 millones para que hablara en la Conferencia sobre Riqueza. Aunque no aceptó mi oferta, fue una experiencia extraordinaria que me permitió conocer a este ser humano tan extraordinariamente exitoso.

Gasté todo ese dinero sólo para conocer a Rupert Murdoch y a Warren Buffet. ¿Qué aprendí? Que Rupert, Warren y Donald tienen la actitud de pensar en grande y arrasar. Adopta esta gran actitud y nadie te podrá detener.

PARA RESUMIR

El secreto del éxito es pensar en grande con respecto a todo lo que hagas. Pensar en grande es la fuerza impulsora responsable por todos los grandes logros de la vida moderna, desde los rascacielos más altos hasta los descubrimientos más sorprendentes en la ciencia, la tecnología, la medicina y los avances industriales y militares. Pensar en grande es el fundamento de las relaciones amorosas y duraderas. Sólo tienes que trazarte una meta grande y trabajar para convertirte en esa persona que pueda lograrla. La mayoría de las personas teme pensar en grande. Les asusta pensar que pueden hacer cosas grandes porque no tienen los conocimientos, la experiencia o el historial necesarios, pero no necesitas nada de esto para pensar en grande. Puedes comenzar a hacerlo sin pensar en todo lo que acompaña al éxito. Todos los que piensan en grande tuvieron que empezar desde cero. Piensa en grande y eso te diferenciará inmediatamente de la gran mayoría de las personas. Qué tan en grande pienses determinará qué tan grande será el éxito que alcanzarás y todo lo demás es secundario.

PUNTOS CLAVE

▶ Pensar en grande ha hecho posible los más grandes logros de la humanidad.

▶ Concéntrate en llegar a la cima y lo harás.

▶ Es más fácil hacer las cosas a gran escala.

▶ Trabaja para convertirte en esa persona que puede hacer grandes cosas.

▶ Adopta una actitud de respeto y compleméntala con tus grandes pensamientos.

▶ Defínete a ti mismo en grande.

▶ Saca conclusiones positivas sobre ti.

▶ Compórtate y actúa siempre con clase.

▶ Proyecta una buena actitud en tu vida personal y social.

▶ Piensa siempre que eres una persona importante.

▶ Habla como los que piensan en grande.

▶ Convierte los grandes pensamientos en actos lo más pronto posible.

▶ Adquiere confianza logrando pequeños éxitos que conduzcan a otros cada vez mayores.

▶ Aprovecha las grandes tendencias.

▶ Evita a las personas negativas en los negocios y en la vida.

▶ No te sumerjas en las autocríticas peligrosas.

▶ Después de cada revés, comienza a pensar en grande tan pronto como sea posible.

APÉNDICE

PREGUNTAS FRECUENTES

1. *¿Qué cualidades busca exactamente cuando contrata emplea-dos?*

DT: Me gusta contratar personas que conozca. Por eso me gusta promover personas que están ya dentro de la compañía o que he visto desempeñarse. Muchas veces veo miembros del equipo con el que estoy negociando y me producen una gran impresión, pues son negociantes extremadamente duros, y los contrato. Es muy riesgoso contratar personas que no conoces. Publicas un aviso clasificado en *The New York Times*; entra un tipo a tu oficina; luce bien, habla bien, pero resulta ser una persona apocada. Me gusta contratar personas que haya tenido la oportunidad de ver con el fuego a sus pies.

2. *Soy un inmigrante ruso y amo este país. Ahora que los demócratas tienen mayoría en el Senado y en la Cámara de Representantes, ¿cree que el mercado de bienes inmobiliarios va a mejorar?*

DT: Nunca se sabe porque los bienes raíces dependen mucho de las tasas de interés. Estamos gastando mucho dinero en guerras en las que no deberíamos participar, y en muchas otras cosas inútiles, por lo que será difícil mantener bajas las tasas de interés. Si permanecen así, el mercado inmobiliario será fabuloso, pero tendremos problemas si suben considerablemente. En mi opinión, es un asunto muy simple.

3. *Mi socio y yo tenemos diez millones de dólares para invertir. En las circunstancias actuales, ¿en cuál mercado nos recomendaría hacerlo y en qué tipo de proyectos?*

DT: Harlem es un lugar excelente para invertir en Nueva York. Está comenzando a valorizarse bastante. De hecho, es uno de los sitios más apetecidos y tiene mucho sentido, pues vivimos en una isla pequeña rodeados de agua y el espacio es limitado; tengo muchos amigos que están teniendo bastante éxito en Harlem.

4. *Sr. Trump, ya que usted no se va a lanzar como candidato a la presidencia, ¿a quién debemos apoyar?*

DT: Hay muchas personas capaces. Rudy Giuliani es una y Hillary Clinton es otra. Es probable que no nos guste la situación actual, pero vivimos en un país que tiene una enorme capacidad de recuperación y seguramente superaremos nuestros problemas.

5. *¿Por qué cree que es tan importante retribuir a la sociedad?*

DT: Es muy importante hacerlo. Doné casi 500 acres para hacer un parque en los condados de Westchester y Putnam, en el estado de Nueva York. Me siento bien de haberlo hecho porque es lo correcto. Cuando ganas mucho dinero, debes retribuir una parte, eso te hará sentir bien. A mí me hace sentir bien, ¡y me trae más dinero!

6. *¿Cuál es la pasión que lo motiva a seguir?*

DT: Me encanta lo que hago, lo amo y eso es todo. Es muy simple porque al final te mueres y a nadie le importa. ¿Sabes por qué lo hago? Porque me divierto mucho. Me encanta construir edificios y eso me hace feliz.

7. *Estoy conformando un equipo para mi compañía. ¿Cuáles son los aspectos más importantes que tiene en cuenta para contratar personal?*

DT: Lo más importante para mí es la lealtad. Esta cualidad no se puede contratar. He tenido empleados que yo juraba que me eran leales y resultó que no. También he tenido personas en las que no confiaba tanto y resultaron ser extremadamente leales. Así que es imposible saberlo. Lo que realmente busco a largo plazo es la lealtad.

8. *He seguido sus consejos y estoy pensando en grande. ¿Qué sucederá en nuestro país y en el mundo si las personas no invierten más en su educación financiera?*

DT: Es muy difícil alcanzar el éxito si no tienes conocimientos, todos los necesitamos. Sin embargo, hay personas que tienen suerte o que consiguen un buen empleo. Conozco muchas personas que no terminaron la secundaria y que tienen unas historias tremendamente exitosas. Sin embargo, rara vez ocurre, así que debemos obtener todos los conocimientos posibles. Si vas a la universidad o aprendes leyendo libros, deberías aprender todo lo que puedas. Si lo haces, tus posibilidades serán mucho mayores.

9. *Siempre veía su programa* The Apprentice *y me encantó. Usted siempre conseguía mujeres muy lindas para su programa. En su opinión, ¿cuál es la más bella de todas?*

DT: No diré su nombre, pero hubo una mujer en *The Apprentice* que era completamente hermosa; tanto que cuando la vi, dije que sería una estrella. ¿Pero sabes qué? No pudo lograrlo y se diluyó por completo. No tenía la fuerza interior necesaria para llegar a la cima. En otras palabras, era hermosa—y no quiero insultarla diciendo lo siguiente—pero no tenía el fuego interior para lograr cosas grandes.

Es algo que les sucede a hombres y mujeres por igual. Muchas veces hay hombres apuestos o mujeres hermosas, que tienen una gran ventaja cuando se trata de competir con personas que han tenido que trabajar mucho más duro que ellos, sin embargo, no tienen el fuego interior que se necesita para alcanzar el éxito. He visto personas realmente hermosas, pero fracasadas.

10. *¿Consideraría la posibilidad de volver a adquirir un equipo deportivo?*

DT: Sí, pero prefiero ver seguir triunfando a Bob Kraft. Lo quiero mucho porque es un gran hombre y ha realizado un trabajo increíble con los Patriotas de Nueva Inglaterra. Creo que Tom Brady también es un triunfador nato.

11. *¿Usted pensaba en grande desde que era adolescente o es algo que ha desarrollado con el paso del tiempo?*

DT: Siempre he pensado en grande. Siempre quise salir de Queens y no es que sea malo. De hecho, es un sector bueno, pero siempre quise trabajar en Manhattan.

12. *Si tuviera 25,000 dólares, ¿en qué podría invertirlos?*

DT: Es una pregunta difícil porque no conozco tus capacidades. No me gusta decir que en la bolsa de valores porque es un truco muy conocido. Yo compraría alguna propiedad en zonas que crea que van a subir de valor. Haría un préstamo, repararía la propiedad y obtendría una ganancia. Si lo haces cinco o diez veces, tendrás dinero para hacer negocios más grandes.

13. Tengo mi propio negocio, pero mi socio me lo quiere robar.

DT: Debes conseguir al abogado más desagradable e implacable que puedas encontrar, así como un buen contador, y hacerle la vida imposible. Consulta con diez abogados y elige al más capaz y con el que puedas llegar a un mejor acuerdo. Luego persigue a ese canalla. No dejes que se aproveche de ti.

14. *¿Cuál sería un buen consejo de golf?*

DT: Un buen consejo sería intentar un golpe efectivo y relajado, y pretender que no importa. De paso, también es cierto en la vida.

15. *Recientemente escuché que los acuerdos prenupciales que han sido filmados nunca han sido violados.*

DT: Es cierto. Es importante filmarlo porque el cónyuge puede decir que lo obligaron a firmar o que no sabía lo que hacía. Pero si lo registras en video, puedes demostrar que esa persona sabía lo que estaba firmando y el juez podrá tener una visión global del caso. Los acuerdos prematrimoniales son necesarios, aunque sé que es horrible decirle a la persona que amas: "Te amo, cariño. Te quiero mucho. Eres la luz de mi vida. Vamos a estar casados por siempre, pero en caso de que no funcione, por favor firma este maldito documento."

16. *Tengo 16 años y quisiera saber a qué edad hizo su primera inversión.*

DT: Invierto desde hace mucho tiempo, cuando estaba en la universidad. Compraba pequeñas casas unifamiliares en barrios discretos de Filadelfia, las reparaba y luego las vendía. Creo que este es un negocio excelente para comenzar. Cuando logras vender un par de casas, los bancos comienzan a apreciarte. Hay que recordar algo, los bancos te necesitan más a ti de lo que tú los necesitas a ellos. Siempre habrá bancos que quieran prestarte dinero para comprar una propiedad. Cuando los propietarios de casas unifamiliares no pueden venderlas, se ven en la obligación de solicitar otra hipoteca. Actualmente, el mercado inmobiliario anda bien porque se pueden hacer negocios excelentes. Me encanta comprar propiedades pequeñas, remodelarlas y venderlas después para obtener una ganancia, y hacer esto una y otra vez. Tienes que hacerlo con ciertos bancos, crear un historial y te irá bien. Sólo tienes que hacerlo.

17. *Si usted tuviera 50,000 dólares, ¿los invertiría en una propiedad residencial o comercial?*

DT: Hoy en día invertiría en una propiedad residencial, pero me gustaría obtener un buen precio y utilizar ese dinero para comprar otra. Si tienes 50,000 dólares, probablemente puedas recibir un préstamo por 500,000 dólares. Compraría una propiedad excelente, pero negociaría demasiado para que me hicieran una rebaja. De paso, tampoco gastaría todos los 50,000 dólares.

18. *Usted ha estado casado con las mujeres más hermosas del mundo. ¿Tiene algún secreto o una forma especial para elegirlas?*

DT: Esa es una pregunta muy difícil. Sí, todas han sido hermosas y realmente me llevo muy bien con ellas, algo muy difícil de lograr. No tengo ningún secreto. La química es algo sorprendente. Yo puedo estar con un grupo de personas y sentir química con algunas de esas personas, pero con otras no. Lo más importante es encontrar a alguien con quien sientas química. Antes de mi matrimonio, salía con una mujer muy hermosa, y por mucho que lo intentara no había química, y eso me indicó que la relación no funcionaría. Así que tienes que encontrar a alguien con quien te lleves bien, con quien construyas una amistad y con quien tengas muy buena química. Pero, ¿qué sé yo? ¡Me he divorciado dos veces!

19. *¿Cómo hace para ser tan exitoso en los negocios y un buen padre al mismo tiempo?*

DT: Muchas veces el éxito afecta la vida familiar. Ahora, si estás casado con una persona que quiere que seas exitoso y se siente orgullosa de tus logros, es muy probable que tengas éxito tanto en los negocios como en tu matrimonio.

Un amigo mío era un gran trabajador y estaba ascendiendo muchas posiciones en una de las mayores firmas de Wall Street. Su esposa se mantenía discutiendo con él y quejándose de que trabajaba mucho y de que siempre se ausentaba los fines de semana. Él no salía de su casa a engañarla sino a trabajar. La amaba, pero ella le hizo la vida imposible.

Una vez la llamé y le dije, "Tu esposo está haciendo un gran trabajo y ascendiendo en la compañía. ¿Por qué no le das ánimos en vez de atacarlo todo el tiempo? Está haciendo mucho dinero y eso es bueno para ti y para tus hijos. Y respondió, "No; nunca pasa los fines de semana en casa… bla-bla-bla-bla." Le dije, "¿Nunca está en casa? Permanece allí el 85 por ciento del tiempo y el 15 restante está trabajando. Si sigues así vas a perderlo porque él no aguantará y tendrá que tomar una decisión."

De hecho, mi amigo se separó y conoció a una mujer que lo respalda incondicionalmente; actualmente es el hombre más feliz del mundo. Trabaja aun más y no se siente culpable, mientras que su mujer se siente muy orgullosa de él. Esto vale tanto para el hombre como para la mujer. Hay que apoyarse mutuamente, y si no lo hacen, creo que el matrimonio no funcionará.

20. *¿Qué opina de la relación entre Estados Unidos y Cuba?*

DT: Es una pregunta muy riesgosa. Todos los países están invirtiendo en Cuba, menos los Estados Unidos. Castro está viejo y enfermo. Hace poco lo vi en televisión y me dije: "¡Qué hombre tan resistente: no se muere!" Cuba será un caso sorprendente en los próximos años y creo que ya es hora de pensar en ese país de un modo diferente, pues el resto de los países ya ha comenzado a hacerlo.

21. *Me han decomisado tres propiedades porque no supe invertir. Cuando esto sucede, ¿al cabo de cuánto tiempo puede el banco demandarte para quedarse con la propiedad?*

DT: Lo siento, pero es una pregunta legal y cada estado es diferente. En términos generales, no pueden emprender acciones legales si no has garantizado personalmente la hipoteca. Puedes tratar de llegar a un acuerdo con el banco en vez de permitir que decomisen las propiedades. En muchos casos puedes hablar con los banqueros para que te reduzcan los intereses o el capital principal. Es probable que te den un plazo sobre el capital.

Si los bancos están encartados con las casas, no tiene sentido que las decomisen. Yo les diría: "Escuchen. Ustedes quieren decomisarme la casa; soy un hombre bueno y gano dinero. Quiero pagarles lo mismo que puede pagarles otra persona. De todos modos nadie va a devolverles el dinero." Es muy posible que lleguen a un acuerdo, pues de lo contrario, tendrán en sus libros un préstamo que no ha sido cancelado y deberán subastar la casa. Adicionalmente, recibirán mucho menos dinero del que estás dispuesto a pagar, y seguramente el banco no pueda vender fácilmente la propiedad.

El asunto es más complicado si compraste la casa hace dos o tres años, cuando todo el mundo conseguía hipotecas en las que las cuotas subían cuando las tasas de interés aumentaban. En las Conferencias sobre Riqueza de The Learning Annex que realizamos hace tres años, les rogué a los asistentes que no tomaran esas hipotecas porque eran un desastre. Aparentemente son muy atractivas, las tasas de interés son muy bajas y te queda algo de dinero para pagar un poco más por la propiedad y crees que siempre recibirás ingresos que te permitan realizar los pagos aunque suban los intereses; sin embargo, puedes ver lo que está sucediendo, esas hipotecas están explotando literalmente y las tasas de interés están por las nubes.

Muchas personas me han escrito y agradecido por haberles aconsejado que no las tomaran, lo cual me alegra mucho. Si corres el peligro de perder tu casa, ve y negocia con el banco, creo que puedes llegar a un acuerdo.

22. *¿Cuál es la mejor época para comprar bienes raíces? ¿Cree que la época es importante?*

DT: En estos momentos no me interesa comprar en un mercado bueno; me interesan los mercados que sean considerados como callejones sin salida. Yo hice mucho dinero en ellos y entiendo los bienes raíces, especialmente cuando me concentro. De paso, les recomiendo concentrarse. Hay que permanecer concentrado tanto en las épocas buenas como en las malas. No te creas lo máximo, mejor mantente concentrado. Esta es una gran época; pero también debes encontrar una buena ubicación. Puedes ser una persona muy inteligente, pero si estás en un sector con el que no pasará nada en los próximos 30 años, sencillamente estás perdiendo el tiempo. No entiendo por qué hay personas que no pasan de los sectores malos a los buenos y comienzan a comprar allí. ¿Dónde? Esa es la gran pregunta. San Francisco es un buen sector. Compra propiedades allí que tengan descuento, ¡para mañana es tarde!

23. *Soy un agente inmobiliario en la parte sur de la Florida. Tengo un catálogo con muchas propiedades y quiero saber qué puedo decirles a los propietarios.*

DT: Hace tres años, esos propietarios tenían mayor poder y me habrías preguntado, "¿qué puedo decircles a mis compradores?" Este es el momento para comprar bienes inmobiliarios y conseguir buenos precios. No quiero decir que alguien afirme que una propiedad vale un millón y le digas: "la compro." Debes ofrecerle la mitad porque es el momento de negociar.

Me siento un poco culpable con un proyecto que construí en Westchester; vendí las unidades a un promedio de $2 millones. Es un proyecto hermoso que hice hace tres años cuando el mercado estaba en su apogeo.

Tuve suerte, pues vendí las unidades a los precios más altos del mercado. Actualmente hay tres en venta y estoy ofreciendo $1.2 millones, pues quiero comprarlas de nuevo para venderlas en dos años y obtener ganancias. La vida es un juego, te mueres, a nadie le importa y todo se termina. Todos jugamos, pero me siento culpable. Ellos las compraron por dos millones y yo les estoy ofreciendo $1.2 millones. Creo que podré comprarlas por $1.5 y alquilarlas por dos años. Es la época para hacer este tipo de negocios.

24. *¿Qué es más emocionante para usted, el proceso de negociación o el cierre?*

DT: Bueno; la negociación y el cierre son lo mismo. Pero hay una gran diferencia entre el proceso de negociación que hay que seguir antes de comprar una propiedad y lo que se hace con ella después de comprarla. Me encanta la negociación porque es divertida y emocionante, pero lo cierto es que tienes que hacer algo con la propiedad después de comprarla. Hay muchos buenos negociantes pero malos administradores, son dos cualidades diferentes. Los grandes administradores no suelen ser los buenos cazadores, y es difícil encontrar a alguien que lo sea y que además sepa qué hacer con la propiedad.

25. *Un amigo mío dice que las personas inteligentes aprenden de sus errores, y las más inteligentes aprenden de los demás. Yo he venido para aprender de usted.*

DT: Se puede aprender de ambas. Vas a cometer errores porque todos lo hacemos. Si eligiera a los asistentes más exitosos, me dirían que también han cometido algunos errores. La clave en este campo es no dejar que los errores arruinen tu vida. Tengo un amigo que fue tremendamente exitoso durante 25 años. Compró una compañía, luego otra y después otra. Compró alrededor de 412 compañías, pero lo apostó todo en un solo negocio en Wall Street que era más grande que su compañía, y el negocio resultó ser un fracaso. Esto le causó un daño enorme y su compañía se vino abajo.

Tienes que aprender de tus propios errores, pero también de los ajenos. Siempre cometerás errores por más talentoso que seas. Conozco a todos y cada uno de los negociantes talentosos y duros que hay en Nueva York, son amigos o enemigos míos, pero a todos los conozco. Y en cada caso puedo recordar los malos negocios que hicieron. Tienes que aprender de ellos.

26. *Soy una mujer joven con mentalidad de negociante. ¿Qué consejo me daría: estudiar en la universidad o entrar al mundo de los bienes raíces?*

DT: Yo te diría que no hay nada comparable a la educación. Podría darte muchos ejemplos de personas que no la necesitaron para salir adelante en la vida, pero un título universitario es como una tarjeta que dice: "Esta persona ha logrado algo." Y de hecho, te abre muchas puertas.

27. *¿Cuál fue el mejor consejo que le dieron su padre y su madre cuando era joven?*

DT: Me dieron consejos diferentes. Mi madre era una gran ama de casa y siempre me decía: "Sé feliz," pues quería que yo lo fuera. Mi padre me entendía más y me dijo: "Quiero que seas exitoso." Tenía un temperamento muy fuerte y siempre me presionó mucho. Era duro pero bueno, amable y siempre me decía que yo debía hacer algo que amara. Ahora soy feliz, pues terminé haciendo lo que querían mi padre y mi madre.

28. *¿Cuál cree que es la solución a la crisis energética?*

DT: Podemos obtener energía solar o de las olas del océano. No me gusta mucho la energía eólica porque no es muy eficiente. Estoy construyendo un gran complejo en Jones Beach, Nueva York. Ahora quieren instalar 400 molinos de viento en el campo y me parece una idea terrible. Hay varios tipos de energía que pueden llegar a ser completamente independientes en un período de tiempo muy corto. Detesto decir esto, pero si ves a los países que están haciendo las cosas bien, todos están optando por la energía nuclear. No tiene sentido que compremos petróleo a 70 u 80 dólares por barril. Existen muchas formas diferentes de resolver ese problema. El campo de los bienes raíces es excelente y lo mismo sucede con el del petróleo. Creo que la energía alternativa y los métodos para generarla ofrecen grandes oportunidades de negocios.

29. *¿Cuál es el negocio del que más se arrepiente?*

DT: A veces lamento un poco haber hecho algún negocio, pero realmente no me arrepiento de nada. Tienes que aprender de tus errores porque todos los cometemos. Podría señalar a los mejores negociantes del mundo y todos han hecho malos negocios. Casi siempre hacen buenos negocios, pero también han hecho otros que son malos. La clave de un mal negocio es que no te aniquile. He hecho algunos negocios malos, pero he aprendido de ellos y nunca me han destruido.

30. *¿Cree que la gente debe pagar sus hipotecas o tomar ese dinero e invertirlo?*

DT: En las buenas épocas hay que solicitar grandes préstamos. No hay una jugada más astuta que endeudarse hasta los tuétanos en las épocas buenas; pero si vienen las malas, puedes quedar hecho polvo. Todo depende de la hipoteca, de si tienes una tasa fija a 30 años y con unos intereses que puedas manejar, o si tienes una hipoteca con una tasa variable. Yo no pagaría una hipoteca fija a 30 años con una buena tasa de interés. Si la tasa es buena, consérvala. Si te estás arruinando porque los intereses están disparados, procuraría deshacerme de ella tan rápido como fuera posible.

31. *Usted ha tenido mucho éxito comercializando varios de sus productos como la línea de ropa Trump. ¿Qué otro producto de excelente calidad va a lanzar con su marca?*

DT: Mi negocio principal son los bienes raíces. Me encantan los trajes, las corbatas y las camisas, pero los bienes raíces son lo mío; actualmente estoy construyendo 72 proyectos en todo el mundo. Eso es lo que más me gusta. Las marcas son importantes en la industria inmobiliaria porque las personas saben que al comprar uno de mis edificios están adquiriendo una gran propiedad. La calidad es la prioridad número uno para mí. No tienes que construir el edificio más alto, pero debe ser de la mejor calidad. Cuando construyo un edificio, la gente sabe que hace una gran inversión. Vendo edificios y algunos clientes ni siquiera se molestan en ir a mirarlo porque confían en mi marca, así que ésta es sumamente importante.

32. *Usted es un gran constructor y lo admiro mucho por eso. Sus edificios tienen un gran sentido de la estética, especialmente la Torre Trump. Mi pregunta es, ¿cómo hace usted para cumplir los cronogramas de los proyectos cuando tiene tantos en sitios diferentes, y qué hace para conseguir buenos inquilinos?*

DT: Hasta cierto punto, todos corremos el riesgo de ser víctimas del mercado. Cuando el mercado anda bien, es mucho más fácil conseguir inquilinos. Siempre he creído que si consigues un buen terreno en un sector agradable, construyes y ofreces buenos precios, seguramente podrás alquilarlo todo y recibir muy buenas ganancias. Creo firmemente en eso antes de comenzar un proyecto y la Torre Trump es un ejemplo de ello. Ha tenido mucho éxito desde que lo inauguré en 1982.

33. *¿Qué le ha producido ese deseo ardiente de ganar dinero?*

DT: Yo no tengo un deseo ardiente de ganar dinero. Lo que tengo es un deseo ardiente de disfrutar lo que hago. Gano mucho dinero porque disfruto lo que hago y lo hago bien. Nunca lo hago sólo por dinero; me encanta construir edificios, me encantan los bienes raíces, me encantó participar en *The Apprentice*. Me encanta hacer las cosas que hago y gano dinero porque las hago bien.

34. *¿Qué consejo le daría usted a alguien que quiere ser promotor de bienes raíces comerciales?*

DT: Lo que realmente tienes que hacer durante un año o dos es conseguir un empleo con una buena compañía. Después de esto tienes que decidir: ¿Sigo aquí o abro mi propio negocio? Es tu decisión y es muy difícil tomarla.

35. *Estoy terminando un trabajo por contrato en una propiedad comercial y he discutido los términos con el vendedor. ¿Cómo hago para que cumpla con lo que me dijo y consignarlo por escrito?*

DT: Realmente es una buena pregunta; a veces debes tener la capacidad de amenaza. En otras palabras, él quiere cambiar los términos del contrato, ¿verdad? En ese caso, tienes que decirle que te ha engañado, mentido, que ha tergiversado los hechos y que en ese caso prefieres renunciar. Pueden suceder dos cosas: saldrás perdiendo o conseguirás lo que quieres. Si no te sientes preparado para hacer el trabajo, no lo hagas. Siempre hay que tener la capacidad de renunciar.

Así es como he hecho muchos negocios; siempre me ha gustado renunciar a ciertos negocios y hacer los que más me gustan. Tengo un amigo que trabajó dos años para lograr un negocio y todavía no ha podido. Le ha dedicado una buena parte de su tiempo a un solo negocio. Yo le dije: "No puedes seguir negociando porque tus clientes te tienen agarrado. Has dedicado demasiado tiempo y dinero a ese negocio."

36. *¿Qué piensa usted sobre los edificios verdes*? ¿Cree que se trata de una moda pasajera o que realmente es el futuro de la construcción?*

DT: Actualmente estoy construyendo uno; es un enorme complejo en Jones Beach, con la participación de las autoridades del estado de Nueva York. Está frente al mar y será maravilloso. Yo había negociado para construir un edificio convencional, pero el estado me informó que quería un edificio verde. Yo podía haberme opuesto, pues tengo el usufructo de la propiedad a largo plazo. Sin embargo, vino un inspector estatal y me dijo que querían construirlo de esa manera. Este sistema es mucho más costoso, pues la tecnología necesaria aún no está completamente perfeccionada, y en muchos casos los ahorros a largo plazo no justifican los grandes costos de construcción. En otras palabras, hay que invertir una enorme suma de dinero y esperar 40 años para librarla.

---

* Del inglés *green building*: edificaciones que se caracterizan por su gran eficiencia en la utilización de energías alternativas y materiales de construcción que tienen un menor impacto en el medio ambiente y en la salud humana (N. del T.).

Este método de construcción todavía no es rentable en términos financieros, a pesar de la reducción de impuestos, gracias a lo cual recuperaré el dinero invertido dentro de 12 años. Lo cierto es que no me parece el mejor negocio, he hecho muchos mejores.

Sin embargo, esta modalidad de construcción está mejorando y creo que terminará por imponerse. Pienso que ya existe la tecnología para fabricar automóviles que funcionen sin gasolina y eliminar así muchos de los problemas que tenemos en la actualidad; no sé por qué no lo hacen. De todos modos, esa técnica no es la más rentable en estos momentos para la industria de bienes raíces, pues hay que esperar muchísimo tiempo para recuperar la inversión. Sin embargo, creo que las cosas mejorarán a medida que la tecnología siga avanzando.

37. *¿Cómo hizo para que sus hijos sean tan exitosos si usted es un hombre tan ocupado? ¿Qué hizo para que no adquirieran malos hábitos? ¿Qué les aconseja a los padres de familia para hacer que sus hijos sean exitosos además de enviarlos a buenas instituciones educativas?*

DT: Es cierto que a mis hijos les está yendo bien, pero nunca se sabe porque la vida es muy frágil y no se sabe lo que va a suceder. Es probable que tus hijos se comporten bien hoy, y que llegues mañana a casa y te encuentres con un gran problema. Yo fui muy estricto con ellos, no los llené de dinero ni los malcrié. Ellos son inteligentes por naturaleza y fueron muy buenos estudiantes. Los padres deben hacerles saber a sus hijos que la vida no consiste en aviones privados ni en mansiones. Hasta ahora, mis hijos han sido muy trabajadores y aplicados, y la gente me felicita más por ellos que por muchas otras cosas que he realizado.

TESTIMONIOS

HISTORIAS DE ÉXITO REALES RECIBIDAS A TRAVÉS DE CORREOS ELECTRÓNICOS Y CARTAS DE ESTUDIANTES QUE ESTÁN UTILIZANDO LAS ESTRATEGIAS DE *EL SECRETO DEL ÉXITO* DE DONALD TRUMP

Estimado Sr. Trump:

El pasado fin de semana, mi esposo y yo asistimos a la Conferencia sobre Bienes Raíces realizada en Toronto. Vivimos en Ypsilanti, Michigan, cerca de Ann Arbor. Actualmente tenemos propiedades por un valor de 7 millones de dólares y llevamos cuatro meses negociando un acuerdo de compra de un centro comercial que vale 8 millones de dólares. Hemos leído todos sus libros y queremos decirle que siempre que negociamos, vemos propiedades, tratamos con contratistas o inquilinos y no estamos seguros de tener una respuesta, nos preguntamos: ¿Qué haría Trump? Esta pregunta y los conocimientos que hemos obtenido de sus libros nos han ayudado a consolidar nuestro negocio y es parte de la razón por la cual somos exitosos. En el negocio de los bienes raíces hay muchas personas que no solamente no ayudan, sino que tratan de sabotear las cosas; por eso agradezco que usted escriba libros y comparta sus experiencias y conocimientos, pues nos han ayudado a que nuestros sueños se hagan realidad.

Después de asistir al seminario del fin de semana y escucharlo a usted, a Tony Roobins, a George Foreman y a los demás conferencistas, sentimos que nadie nos puede detener, y eso que aún tenemos 25 años de trabajo por delante. Como usted bien lo sabe, la economía de Michigan pasa por un buen momento y nos sentimos como niños en una tienda de dulces, pues hay tantas oportunidades que es difícil escoger. Regresamos de Toronto el lunes por la tarde y ya hemos visitado dos centros comerciales con la idea de comprarlos. Gracias por pasar tres horas con nosotros. Usted realmente ha marcado una diferencia en nuestras vidas.

Atentamente,

Karen Maurer
Eric Maurer

Pensar en GRANDE

Asistí a la Conferencia sobre Riqueza organizada en Filadelfia por The Learning Annex en abril de 2007. Me sentía cansado después de pasar 25 años en el mundo corporativo y sabía que necesitaba hacer un cambio en mi vida. Tengo varios amigos que trabajan en bienes raíces comerciales y les ha ido muy bien; yo también quería hacerlo, pero no sabía por dónde comenzar. La vida corporativa realmente me estaba dejando sin fuerzas.

Escuché atentamente a Donald Trump, quien habló sobre sus éxitos, e incluso mencionó algunos de sus fracasos. Mi mayor temor para hacer un cambio en mi vida era el miedo al fracaso. Pero lo que aprendí del Sr. Trump fue que nunca podrás alcanzar el éxito si no te arriesgas. Renuncié a mi empleo y estoy emocionado por un trabajo de consultoría que me han propuesto. La Conferencia sobre Riqueza de The Learning Annex y Donald Trump, realmente han marcado una diferencia en mi vida y me han dado el valor para independizarme. Todo lo que puedo decir es: "¡Gracias!"

Atentamente,

Steven Martino

¡Gracias por sus consejos!

El mejor consejo que he aplicado hasta ahora en los bienes raíces es el del Sr. Trump, quien dice que cuando uno quiere comprar una propiedad, debe empezar haciendo ofertas bajas. Él explicó que si uno hace esto, el propietario comprenderá cuál es el valor real de su propiedad y que realmente no vale tanto como su precio lo indica (lo que también puede jugar a tu favor). Pues bien, practico esta "joya" de consejo siempre que puedo. Hace poco tuve un cliente que estaba dispuesto a pagar el precio que aparecía en el catálogo por una casa que le encantó. Lo convencí de hacer una oferta inicial que fuera un 25 por ciento inferior al precio que pedían por la casa. Se asustó un poco pero aceptó hacerlo. El vendedor estaba desesperado y no aceptó nuestra oferta, aunque rebajó el precio inicial. Mi cliente lo aceptó emocionado, pues estaba dispuesto a pagar el precio que aparecía en el catálogo.

Hay que tener un poco de agallas para practicar esta técnica fenomenal, pero si no las tienes, nunca tendrás el éxito de Donald Trump.

Respetuosamente,

Carl C. Anderson

¡Gracias, Donald!

En menos de dos años caí muy bajo, grabé mi nombre en el fondo del barril y surgí de nuevo con más fuerza que nunca. Gracias a Donald Trump, ahora entiendo que tengo el poder para crear en mi mente lo que quiero lograr, y que cualquier cosa que pueda concebir mentalmente también materializar en el mundo real. Por eso es que las palabras de Donald son tan profundas cuando dice que hay que pensar en grande. Lo que sucede es que tienes que pensarlo miles de veces antes de hacerlo realidad. Me he convertido en todo un productor y en un verdadero capitalista que tiene el poder de crear su propio universo. ¡Gracias!

Un cálido saludo,

Wayne M. Aston, fundador y director general de Aztec Holdings, Inc., cofundador de Celerity Investments, Celaritas Realty, Celerity Property Management y Celerity Development Incorporated.

¡La Actitud Arrasadora de TRUMP!
Vi y escuché al Sr. Trump en la Conferencia sobre Riqueza de Nueva York. Soy un inversionista de bienes raíces y creo que lo que más aprendí de Donald fue tener su actitud. Me encanta su actitud "atrevida." Intento pensar como el Sr. Trump y tener siempre esa actitud arrasadora.

Gracias,

Beth Brucoli

Un Mayor Propósito
Después de asistir a la Conferencia sobre Riqueza de The Learning Annex y escuchar al Sr. Trump, descubrí un mayor propósito en mi vida. Soy ingeniero e inmigré de la India. Llevo seis años invirtiendo y construyendo bienes raíces. Me he hecho millonario, tengo propiedades por un valor superior a los cinco millones de dólares y he conseguido mi fortuna en tan sólo seis años. Actualmente estoy incursionando en el campo de la urbanización. La universidad me enseñó a pensar en términos creativos, pero el Sr. Trump cambió mi actitud mental y mi visión sobre la vida. Desde que asistí a la conferencia, muchas veces me pregunto: ¿Estoy pensando lo suficientemente en grande? Pero más importante aun, he encontrado un mayor propósito en la vida.

Gracias y un saludo,

Steve Hemmady

¡La Influencia de Donald Trump en Nuestras Vidas!

Hola, me llamo Maria Lavoie y mi esposo se llama Joel. Vivimos en Sudbury, Ontario, Canadá. Tengo 41 años y Joel 38. Nos conocimos hace seis años y nos casamos en 2004. Somos compañeros en la vida y en los negocios.

Cuando asistimos a la Conferencia sobre Riqueza de The Learning Annex en Toronto el pasado marzo, nos sentíamos orgullosos de lo que habíamos logrado en el campo de los bienes raíces, aunque operábamos a un nivel bajo. Nos preguntábamos, "¿Cómo poder alcanzar un éxito mayor?" Escuchar al Sr. Trump nos cambió la vida, ¡pero el mayor impacto fue aprender a pensar en grande! Otra cosa que nos enseñó el Sr. Trump en la Conferencia sobre Riqueza es que tienes que sentir pasión por lo que haces para poder alcanzar el éxito. Descubrimos que lo que realmente nos apasiona es la remodelación de propiedades. ¡Nos encanta ver el antes y el después! Actualmente estamos remodelando una casa al mes y nuestra meta es llegar a diez en el mismo período de tiempo. Queremos agradecerle a Donald Trump por inspirarnos en tantos sentidos. Gracias a su influencia estamos comenzando a vivir en grande. Gracias también a Bill Zanker por organizar las Conferencias sobre Riqueza de The Learning Annex. Es el evento más emocionante al que hemos asistido y ya tenemos los boletos para el próximo año. ¡No vemos la hora!

Maria y Joel Lavoie

Estimado Learning Annex,

Donald Trump me ayudó a cambiar la forma en que hago negocios. Después de asistir a la Conferencia sobre Riqueza el año pasado, mi esposa y yo regresamos a Costa Rica y pusimos en práctica el consejo de PENSAR EN GRANDE que nos dio Trump. Tenemos una compañía distribuidora y de importaciones, un salón de belleza y un spa. Empezamos a pensar en grande, contratamos tres vendedores y comenzamos a vender en todo el país. Ha pasado un año y hemos conseguido la representación de dos líneas nuevas, hemos vendido seis veces más que el año pasado y crecemos diariamente. Nuestro salón de belleza es más grande, tenemos 32 trabajadores y hemos firmado un contrato como patrocinadores de Miss Costa Rica. Abriremos un spa, un salón de belleza y un club masculino en un gran centro comercial recién construido. Nuestro local tendrá 640 pies cuadrados y estará localizado en la calle principal de un lindo sector de San José. El centro comercial se llama MOMENTUM LINDORA y me recuerda al Sr. Trump porque él menciona la palabra "momentum" en sus libros y conferencias. Quería compartir esta historia con ustedes para ilustrar la forma en que Donald Trump me ha ayudado a pensar en grande. Lo estoy haciendo y es fabuloso.

Gracias,

Rodrigo A. Martín

Mi lema es: "¡Actúa en grande o vete a casa!" He leído todos los libros de Donald Trump y he adquirido mucha información gracias a los seminarios organizados por The Learning Annex.

En octubre de 2004 estaba esperando mi tercer hijo, y la indemnización que recibía mi esposo por el despido del sello discográfico para el cual trabajaba terminaba ese mes. Me faltaban cinco meses para dar a luz y tenía que encontrar la forma de obtener ingresos. No tenía dinero ni crédito y comencé a comprar y vender propiedades en Buffalo, Nueva York a través de eBay. La primera propiedad que compré fue una casa por sólo seis dólares. Sin embargo, ese año vendí propiedades por un valor superior al millón de dólares.

Comencé mi negocio actual en el sofá, con mi computadora portátil, el teléfono y un fax. Actualmente tengo una compañía muy exitosa con mi esposo, la cual se ha expandido y tiene inversiones en bienes raíces en cinco ciudades, y clientes en los Estados Unidos, Canadá, el Reino Unido y Australia. Mi esposo y yo también hemos incursionado en la construcción de residencias, locales comerciales y de uso mixto, así como de casas por pedido en la próspera ciudad de Charlotte, Carolina del Norte.

Sólo después de leer los libros de Trump, de escuchar sus conferencias y de asistir a los seminarios económicos pero altamente informativos de The Learning Annex, hemos adquirido la capacidad para ganar cientos de miles de dólares al año. No sólo estamos "pensando en grande" sino que también estamos "¡actuando en grande!"

Gracias,

Nechelle y Tony Vanias
First Lady Holdings, LLC

¡Ganaré mi primer millón gracias a la Conferencia sobre Riqueza y a Donald Trump!

Asistí a la Conferencia sobre Riqueza de The Learning Annex en abril de 2006 en el Centro de Convenciones de Los Ángeles. Aprendí muchas cosas de todos los conferencistas en esos dos días. Sin embargo, lo que aprendí de Trump fue lo que tuvo el mayor impacto en mi vida. Siempre he creído en mí y sabía que podía conseguir dinero en los bienes inmobiliarios, pero luego de escuchar al Sr. Trump me siento más seguro que nunca. Busqué muchas propiedades y pude encontrar 160 acres que estoy dividiendo en lotes de un acre. Conseguiré mi primer millón de dólares con este proyecto, pero no habría podido hacerlo sin la seguridad que obtuve luego de escuchar al Sr. Trump. Si no hubiera aprendido a pensar en grande, no me habría arriesgado a hacer ese negocio. Cuando abres tu mente, ¡las oportunidades son ilimitadas! Gracias a Trump y a The Learning Annex.

Shiyar Umpant

Gracias a los consejos de Trump mis sueños se hicieron realidad.
"Si tomas una decisión tienes que continuar, trabajar por ella y arrasar hasta que lo logres." Eso fue lo que aprendí de Donald Trump. Luego de leer sus libros y escucharlo en la Conferencia sobre Riqueza de The Learning Annex realizada en Boston, me emocionó pensar en hacer mis sueños realidad. Los consejos de Donald de que hay que cambiar la personalidad y luego la actitud para poder llegar a la cima, me ayudaron a replantear mis metas, prioridades y concentración. Su consejo de conservar el impulso ha sido la estrella que me ha guiado. Mis sueños se han hecho realidad gracias a Donald, quien tiene la capacidad de hacer que suceda.

Ashish Jain

¡The Learning Annex me cambió la vida!
Me llamo Gary Jeanty y mi vida cambió drásticamente luego de asistir a la Conferencia sobre Riqueza de The Learning Annex realizada en Fort Lauderdale, Florida; más que una experiencia, fue un hito en mi vida que me permitió alcanzar nuevas cumbres con mi negocio. Lo comencé en 2003 y los resultados financieros eran satisfactorios; sin embargo, no confiaba en mí cuando tenía que ayudar y enseñar a los demás. Comprendí qué le faltaba a mi negocio después de escuchar a estos conferencistas millonarios hablar sobre su éxito y saber que muchos de sus estudiantes habían expandido sus negocios gracias a sus enseñanzas. Después de escuchar las historias sorprendentes en la Conferencia sobre Riqueza de The Learning Annex, mi negocio ha crecido exponencialmente, al igual que mi destreza para invertir en bienes raíces. Además, estoy escribiendo un cortometraje sobre la importancia

de la automotivación para lograr metas más altas. Creo que nada de esto habría sido posible sin la visión de Bill Zanker, quien ha influido considerablemente en mis negocios, y si no hubiera escuchado a personas como Donald Trump, David Beach, Tony Robbins y Paula White en la conferencia. Gracias a todos ellos quiero hacer algo especial en mi vida. Gracias, William Zanker.

Gary Jeanty

¡USTED ES LO MEJOR, Sr. Trump!
Cuando leí que el Sr. Trump iba a hablar en la Conferencia sobre Riqueza de The Learning Annex en Filadelfia, supe que tenía que asistir; era mi oportunidad para verlo en persona y escuchar cómo hizo para llegar a su posición actual. Compré boletos para mí y para mi madre y asistimos. ¡Qué fin de semana! Aprendí muchas cosas escuchando a Donald Trump. Nos habló de sus épocas buenas y malas, y de los obstáculos que superó. Ese fin de semana me motivó a ser alguien en la vida. Trump es y siempre será un modelo al cual seguiré el resto de mi vida. Quiero trabajar duro y lograr el éxito de Trump. Sr. Trump: ¡USTED ES LO MEJOR!

Chris Offenbacker

¡No hay final a la vista!
Donald ha sido uno de los mayores factores de motivación en mi vida, la cual ha cambiado drásticamente desde mediados de 2005. Pasé de ser un contratista de construcción a convertirme en un constructor y promotor inmobiliario que ha realizado negocios y contratos multimillonarios luego de cambiar mi actitud mental, mi concentración

y determinación para alcanzar el éxito. Y lo mejor de todo es que no veo el final. En los últimos dos años he leído más libros y estudiado más que en el resto de mi vida. Con guías y escritores como Donald Trump, Tony Robbins, Robert Kiyosaki, Norman Vincent Peale, James Ray, Napoleon Hill y otros, sólo se puede alcanzar la fortuna y el éxito. ¡Me encanta!

Un saludo,

Anthony Pasquale, Presidente y Director General,
Conquest Development, Inc.

Gracias por ayudarme a aprender de los mejores.
Me apasionan los negocios y quiero aprender de los mejores. Cuando vi a Donald Trump en la Conferencia sobre Riqueza de The Learning Annex, un mundo completamente nuevo se abrió ante mí. Donald y sus historias inspiradoras llenaron el salón de energía y creatividad. Él corre riesgos inmensos y no se preocupa por lo que la gente piense de él. Gracias a líderes como Donald Trump, quien comparte sus historias y consejos, y a otros que han sido maravillosos en mi carrera, he podido tener éxito.

Atentamente,

Tammy Proctor-Blauvelt

¡Pude sobrellevar los momentos difíciles gracias a Donald Trump!
Esta es la historia de cómo Donald Trump me ha motivado en mi profesión.

Soy agente de bienes raíces y tengo mi propia firma en Norwood,

Massachusetts. Llevo 10 años trabajando en este campo y mi compañía tiene muy buena reputación. Tengo 18 agentes, y aunque la oficina es pequeña, producimos mucho. Generalmente estamos entre las 10 oficinas más grandes en el sureste del estado, donde operan 100 compañías.

Hace varios años decidí abrir mi propia firma. Mientras me preparaba para esto recibí una llamada telefónica de un agente inmobiliario, quien me dijo que estaba buscando un socio que adquiriera la mitad de la propiedad de dos oficinas que él tenía. Analicé la situación y concluí que sería una gran oportunidad, pues lograría el sueño de tener mi propio negocio, y más importante aún, se trataba de un negocio establecido y reconocido a nivel mundial. El problema era conseguir el dinero necesario. Mi esposo y yo decidimos hipotecar la casa para conseguirlo. Yo no dudaba de mis capacidades para trabajar duro y sabía que podría tener éxito gracias a mi dedicación a los negocios y a mis clientes. Durante el año y medio siguiente ayudé a consolidar esta compañía y me sentí orgullosa de lo que estábamos logrando. Mi socio siempre examinaba los libros de contabilidad y las finanzas. Todo parecía ir bien hasta que un día le sugerí que utilizáramos algunas de nuestras ganancias para pagar los impuestos trimestrales. Hasta aquel entonces, yo sólo recibía mis propias comisiones y nunca había retirado dinero de las ganancias de la empresa. El silencio que se hizo fue abrumador; mi socio me dijo: "Dame un par de semanas y tal vez pueda aportar mil o dos mil dólares." En ese momento comprendí que yo no iba a recibir ningún beneficio a pesar de toda la fe y el trabajo duro que había puesto en la compañía. Tardé seis meses en disolver la sociedad con este hombre, para la cual había hipotecado mi propia casa.

Decidí que no dejaría que esto me detuviera. Tenía muy claro que quería abrir mi propia compañía y que podría tener mucho éxito. No tenía dinero, y como si esto fuera poco, tenía que pagar de nuevo la hipoteca de mi casa. Lo único que yo tenía era la confianza de mi esposo; sacó dinero de su fondo de pensión con el compromiso de que yo tenía que pagarle dentro de un año. Comprendí que corríamos un gran riesgo, pero mantuve mi confianza de que podría alcanzar el éxito si trabajaba duro.

En 2001 abrí mi propia empresa, llamada McNulty Realtors, y nunca he mirado hacia atrás. Seis meses después, logré pagar el préstamo sobre el retiro que hizo mi esposo y la hipoteca de nuestra casa. Un año después, yo había superado todas las metas que me había trazado. En 2003 recibí el premio "Negociante del año" durante una ceremonia especial realizada en la Casa Blanca.

Los consejos de Donald Trump me han ayudado a superar dificultades en muchas ocasiones. Es muy fácil seguir sus consejos en las épocas buenas, pero para ser honesta, fue en los momentos difíciles cuando más me ayudaron. Él siempre dice: "Ama lo que hagas y sé bueno en eso." He seguido de cerca su trayectoria y he visto todos los desafíos que ha tenido que enfrentar y superar. Donald me ha motivado para subir tan alto como nunca logré imaginarlo. El año pasado asistí a la conferencia que dio durante la Conferencia sobre Riqueza organizada en Boston por The Learning Annex, y aunque no pude conocerlo, espero que pueda darle las gracias personalmente algún día. Él es un verdadero tributo a la perseverancia.

Gracias por tomarse el tiempo de leer mi historia.

Atentamente,

Patty McNulty, McNulty Realtors

LECTURAS RECOMENDADAS DE

The Learning
Annex

Bach, David. *The Automatic Millionaire: A Powerful One-Step Plan to Live and Finish Rich*. New York: Broadway Books, 2003.

Byrne, Rhonda. *The Secret*. New York: Atria Books/Beyond Words, 2006.

Collins, Jim. *Good to Great: Why Some Companies Make the Leap . . . and Others Don't*. New York: Collins, 2001.

Corbett, Michael. *Find It, Fix It, Flip It*. New York: Penguin Group, 2006.

Covey, Stephen. *Seven Habits of Highly Effective People: Powerful Lessons in Personal Change*. New York: Simon & Schuster, 1989.

Cramer, James J. *Jim Cramer's Mad Money: Watch TV, Get Rich.* New York: Simon & Schuster, 2006.

Canfield, Jack, y Janet Switzer. *The Success Principles™: How to Get from Where You Are to Where You Want to Be.* New York: HarperCollins, 2006.

Canfield, Jack, y Mark Victor Hansen. *Chicken Soup for the Entrepreneur's Soul: Advice and Inspiration on Fulfilling Dreams.* Florida: HCI Books, 2006.

Dyer, Wayne W. *The Power of Intention.* California: Hay House, 2004.

Ferrazzi, Keith, y Tahl Raz. *Never Eat Alone: And Other Secrets to Success, One Relationship at a Time.* New York: Currency Doubleday, 2005.

Foreman, George. *George Foreman's Guide to Life: How to Get Up Off the Canvas When Life Knocks You Down.* New York: Simon & Schuster, 2002.

———. *God in My Corner: A Spiritual Memoir.* Tennessee: Thomas Nelson, 2007.

Kiyosaki, Robert, y Sharon L. Letcher. *Rich Dad, Poor Dad.* New York: Warner Business Books, 2000.

Langemeier, Loral. *The Millionaire Maker's Guide to Creating a Cash Machine for Life.* New York: McGraw-Hill 1 edition, 2007.

Orman, Suze. *Women & Money: Owning the Power to Con-*

trol Your Destiny. New York: Doubleday Spiegel & Grau, 2007.

Robbins, Anthony. *Awaken the Giant Within: How to Take Control of Your Mental, Emotional, Physical & Financial Destiny!* New York: Simon & Schuster, 1992.

————. *Unlimited Power: The New Science Of Personal Achievement*. New York: Simon & Schuster, 1997.

Ross, George H. *Trump-Style Negotiation: Powerful Strategies and Tactics for Mastering Every Deal*. Indiana: Wiley Publishing, Inc., 2006.

Schragis, Steven. *10 Clowns Don't Make a Circus: And 249 Other Critical Management Success Strategies*. Ohio: Adams Media Corporation, 2006.

Shemin, Robert. *How Come That Idiot's Rich and I'm Not?* New York: Crown Publisher's, 2007.

Simmons, Russell. *Do You!: 12 Laws to Access the Power in You to Achieve Happiness and Success*. New York: Penguin Group's Gotham, 2007.

Tolle, Eckhart. *The Power of Now: A Guide to Spiritual Enlightenment*. California: New World Library, 2004.

Trump, Donald J., y Tony Schwartz. *Trump: The Art of the Deal*. New York: Random House, 1 edition, 1987.

Trump, Donald J., Meredith McIver. *Trump 101: The Way to Success*. New Jersey: Wiley Publishing, Inc., 2006.

Welch, Jack. *Winning*. New York: HarperBusiness Publishers, 2005.

White, Paula. *You're All That!: Understand God's Design for Your Life*. Tennessee: Faith Words, 2007.

Esta es una lista parcial de libros recomendados; para ver una lista completa, por favor visite LearningAnnex.com.

The Learning Annex

Los Destacados Profesores de The Learning Annex
Lista Parcial

Actores

*Dan Aykroyd, *Saturday Night Live*
*Jason Alexander, *Seinfeld*
*Kevin Bacon, *Footloose*
*Annette Bening, *American Beauty*
*Jessica Biel, *The Illusionist*
*Wayne Brady, *Whose Line Is It Anyway?*
*Pierce Brosnan, *Goldeneye*
*Kirk Douglas, *Spartacus*
*Tim Daly, ABC's *Eyes, Wings*
*Richard Dreyfuss, *Jaws*
*David Duchovney, *X Files*
*Sally Field, *Steel Magnolias*
*Harrison Ford, *Raiders of the Lost Ark*
*Charlton Heston, *The Ten Commandments*
*Val Kilmer, *The Doors*
*Jerry Lewis, *The King of Comedy*
*Sarah Jessica Parker, *Sex and the City*
*Edward Norton, *Fight Club*
*Molly Ringwald, *The Breakfast Club*
*Tim Robbins, *The Shawshank Redemption*
*Doris Roberts, *Everybody Loves Raymond*
*William Shatner, *Star Trek*
*Martin Short, *Saturday Night Live*
*Henry Winkler, *Happy Days*
*Renee Zellweger, *Chicago*

Autores

*Isaac Asimov, leyenda de la ciencia ficción (f)
*David Baldacci, *Hour Game*
*Barbara Taylor Bradford, *A Woman Of Substance*
*Ray Bradbury, *Fahrenheit 451*
*Candace Bushnell, *Sex and the City*
*James Ellroy, *L.A. Confidential*
*Betty Friedan, *The Feminine Mystique* (f)
*Spalding Gray, *Monster in a Box* (f)
*Winston Groom, *Forrest Gump*
*Joseph Heller, *Catch-22* (f)
*Mary Higgins Clark, *Where Are the Children*
*Norman Mailer, *The Naked and the Dead*
*Frances Mayes, *Under the Tuscan Sun*
*M. Scott Peck, *The Road Less Traveled*

*Sidney Sheldon, *The Other Side of* (f)
*Amy Tan, *The Joy Luck Club*
*Kurt Vonnegut, Jr., *Slaughterhouse Five* (f)

Crecimiento Personal/Relaciones

*Martha Beck, *Find Your True North Star,* *Expecting Adam,* columnista para *O magazine*
*Rev. Michael Beckwith, fundador, Agape Spiritual Center
*Rhonda Britten, *Change Your Life in 30 Days*
*Erin Brockovich-Ellis, *Challenge America with Erin Brockovich*
*Les Brown, *Live Full and Die Empty*
*Julia Cameron, *The Artist's Way*
*Jack Canfield, *Chicken Soup for the Soul*
*Jean Chatzky, *Make Money Not Excuses*
*Dr. Deepak Chopra, *The Seven Spiritual Laws of Success*
*Ram Dass, *Be Here Now*
*Dr. Barbara De Angelis, *Secrets About Men Every Woman Should Know*
*John DeMartini, *You Can Have an Amazing Life in Just 60 Days*
*Hale Dwoskin, *The Sedona Method*
*John Edward, *Afterlife*
*Dr. Wayne Dyer, *Your Erroneous Zones*
*Kathy Freston, *Expect a Miracle*
*Stedman Graham, *You Can Make it Happen*
*John Gray, *Men are from Mars, Women are from Venus*
*Mark Victor Hansen, *Chicken Soup for the Soul*
*David Hawkins, *Power vs. Force*
*Dr. Ben Johnson, parte de *The Secret*
*Loral Langemeier, *The Millionaire Maker*
*Dan Millman, parte de *The Secret*
*Lisa Nichols, parte de *The Secret*
*James Redfield, *The Celestine Prophecy*
*Tony Robbins, entrenador de éxito, autor bestseller
*James Ray, parte de *The Secret*
*Don Miguel Ruiz, *The Four Agreements*
*David Schirmer, parte de *The Secret*
*Dr. Laura Schlessinger, personalidad nacional de la radio

*Marci Shimoff, *Chicken Soup for the Mother's Soul*
*Dr. Bernie Siegel, *Love, Medicine and Miracles*
*Eckhart Tolle, *The Power of Now*
*Marianne Williamson, *Return to Love*
*Iyanla Vanzant, asesora de vida en *Starting Over*
*Dennis Waitley, *The Subliminal Winner*
*Paula White, *Becoming a Millionaire God's Way*
*Gary Zukav, *The Seat of the Soul*

Deportes
*Kareem Abdul Jabaar, NBA Hall-of-Fame
*Tiki Barber, New York Giants, locutor
*Dr J, Julius Erving, NBA Hall-of-Fame
* Walt Frazier, NBA Hall-of-Fame
*Phil Hellmuth, Jr., 9 veces campeón de World Poker
* Earvin Magic Johnson, NBA Hall-of-Fame
*Al Leiter, pitcher, New York Mets
*John McEnroe, tenista de calidad internacional
*Omar Minaya, gerente general, New York Mets
*Earl Monroe, NBA Hall-of-Fame
*Joe Montana, quarterback NFL Hall-of-Fame
*Norm Nixon, antiguo Los Angeles Laker
*Leigh Steinberg, abogado famoso de deportes
*Joe Torre, antiguo gerente de, New York Yankees
*Bill Walsh, entrenador, San Francisco 49ers (d)
*Dominique Wilkins, NBA Hall-of-Fame

Directores
*Andrew Adamson, *Shrek 1 & 2, Chronicles of Narnia*
*James Burrows, *Will & Grace, Cheers*
*Frank Darabont, *The Shawshank Redemption*
*Marc Forster, *Finding Neverland*
*Terry Gilliam, *Monty Python*
*Marshall Herskovitz, *My So-Called Life*
*Ron Howard, *A Beautiful Mind*
*Gordon Hunt, *Frasier, Mad About You*
*Michael Lembeck, *Friends*
*Sidney Lumet, *12 Angry Men, The Verdict*
*Garry Marshall, *Pretty Woman*
*Brett Ratner, *Rush Hour* Serie
*Gary Ross, *Seabiscuit*
*Thomas Schlamme, *The West Wing*
*Joel Schumacher, *The Phantom of the Opera*
*Adam Shankman, *Bringing Down the House*
*Ron Shelton, *Bull Durham*

Escritura de Guiones
*Allison Anders, *Gas, Food, Lodging*
*Syd Field, autor, asesor de guiones
*Larry Gelbart, *Tootsie, Oh, God!, M*A*S*H*
*Akiva Goldsmith, *Cinderella Man, Da Vinci Code*
*Lew Hunter, asesor de guiones
*Robert McKee, asesor de guiones
*Gary Ross, *Pleasantville, Seabiscuit*
*Ellen Sandler, *Everybody Loves Raymond*

Espectáculos/Medios
*Peter Bart, jefe de redacción, *Variety*, co-presentador *Sunday Morning Shoot-Out*
*Bernie Brillstein, fundador, Brillstein-Grey Management
*John Cooper, director, Sundance Film Festival
*Debra Curtis, vice-presidente, SONY Pictures TV
*Robert Evans, productor, *The Godfather*
*Karen Foster, ejecutiva, Dreamworks Animation
*Christian Gaines, director, American Film Institute Festivals
*Jon Gordon, co-presidente de producción, Miramax
*Jeff Gorin, agente, William Morris Agency
*Peter Guber, co-presentador de *Sunday Morning Shoot-Out*
*Steven Haft, productor, *Dead Poet's Society*
*Madelyn Hammond, editor general asociado, *Variety*; editor, *V-Life*
*Arthur Hiller, presidente, Academy of Motion Picture Arts & Sciences
*Jeff Howard, ejecutivo, DisneyToon Studios
*Larry Hummell, agente, International Creative Management
*Stan Lee, creador de Spider-man, X-Men, The Incredible Hulk
*Dave Mace, vice-presidente, Storyline Entertainment, *Chicago*
*Lynda Obst, productor, *Sleepless in Seattle*
*Richard Masur, presidente, Screen Actors Guild
*Eric Poticha, vice-presidente, Jim Henson Company
*Arnold Rifkin, antiguo director, William Morris Agency
*Natanya Rose, agente, William Morris Agency
*Stan Rosenfield, publicista de famosos
*Harvey Weinstein, presidente, Miramax Films
*David Wirtschafter, director internacional de películas William Morris Agency

LOS PROFESORES DE THE LEARNING ANNEX

Espiritualidad/Psíquicos/Intuitivos
*Sylvia Browne, *The Other Side and Back*
*John Edward, *One Last Time*
*Dr. Masuru Emoto, *The Hidden Messages
  in Water*
*Uri Geller, psíquico reconocido internacional
*Caroline Myss, *Anatomy of the Spirit*
*Judith Orloff, *Second Sight*
*Don Miguel Ruiz, *The Four Agreements*
*James Van Praagh, *Talking to Heaven*
*Dr. Brian Weiss, *Many Lives, Many Masters*

Moda/Belleza
*Carol Alt, modelo
*Michelle Bohbot, fundadora, Bisou Bisou
*Naomi Campbell, modelo
*Paul Charron, CEO, *Liz Claiborne*
*Kenneth Cole, diseñador de zapatos
*Kyan Douglas, *Queer Eye for the Straight Guy*
*Patricia Field, diseñadora de trajes, *Sex and
  the City*
*Diane Von Furstenberg, diseñadora
*Betsey Johnson, diseñadora
*Tommy Hilfiger, diseñadora
*Harry Langdon, fotógrafo de famosos
*Elle Macpherson, modelo/actriz
*Steve Madden, diseñador de zapatos
*Cynthia Rowley, diseñadora
*Ivana Trump, fundadora, Ivana Haute Couture
*Vendela, modelo/actriz
*Doug Wilson, diseñador, *Trading Spaces*

Música
*Judy Collins, cantante
*Sean "Diddy" Combs, Bad Boy Entertainment
*Damon Dash, co-CEO, Roc-A-Fella Records
*Chaka Khan, 8 veces ganadora del Grammy
*Clive Davis, presidente, SONY BMG North America
*John Densmore, The Doors
* Peter Frampton, cantante
*Marvin Hamlisch, compositor, *A Chorus Line*
*Mickey Hart, The Grateful Dead
*Naomi Judd, cantante
*Mathew Knowles, gerente, Beyonce
*Lisa Loeb, cantante
*Ray Manzarek, The Doors
*Wynton Marsalis, músico de jazz
*Alannis Morrisette, cantante
*Nile Rodgers, fundador, Chic
*Bernie Taupin, compositor y ganador del Grammy

*Steven Van Zandt, The E Street Band
*Max Weinberg, The E Street Band
*Ron Wood, guitarrista, The Rolling Stones

Negocios/Finanzas/Bienes Raíces
*Raymond Aaron, *Double Your Income Doing
  What You Love*
*Robert Allen, *Creating Wealth*
*David Bach, *Automatic Millionaire*
*Sir Richard Branson, *The Virgin Group*
*Richard Bolles, *What Color is Your Parachute?*
*Mark Burnett, producer, *The Apprentice*
*Don Burnham, inversionista de bienes raíces
*John Casablancas, Elite Modeling
*Michael Coles, CEO, Caribou Coffee
*Barbara Corcoran, empresario de bienes raíces
*Mark Cuban, fundador, Broadcast.com
*James Cramer, co-fundador, TheStreet.com
*Donny Deutsch, CNBC's *The Big Idea*
*Steve Forbes, CEO, *Forbes* magazine
*George Foreman, empresario, "The Grill"
*Jane Friedman, presidente/CEO, HarperCollins
*Jeffrey Gitomer, *The Little Red Book of Selling*
*Lizzie Grubman, Lizzie Grubman Public Relations
*Dottie Herman, CEO, Douglas Elliman
  Real Estate
*Patrick James, Tax Secrets of the Millionaires™
*Chris Johnson, InvesterWealth™
*Ron LeGrand, *How to Be a Quick Turn
  Real Estate Millionaire*
*Al Lowry, *How You Can Become Financially
  Independent by Investing in Real Estate*
*Horst M. Rechelbacher, fundador, Aveda
*Bruce Karatz, CEO, KB Homes
*Robert Kiyosaki, *Rich Dad, Poor Dad* series
*Wing Lam, fundador/CEO, Wahoo's Tacos
*Albert Lowry, *Formulas for Wealth*
*Harvey Mackay, *Swim with the Sharks*
*Armando Montelongo, *Flip and Grow Rich*
*David Neeleman, CEO, Jet Blue
*Craig Newmark, fundador, Craigslist.com
*Suze Orman, *The 9 Steps to Financial Freedom*
*Pete Peterson, The Blackstone Group
*Anita Roddick, fundadora, The Body Shop
*George Ross, co-estrella, *The Apprentice*
*Robert Shemin, *Secrets of Buying and Selling
  Real Estate*
*Russell Simmons, fundador, Def Jam Records
*Donald Trump, promotor inmobilario multimillonario
*Mel Ziegler, fundador, Banana Republic

Personalidades de la Televisión
*Ellen DeGeneres, comediante, *The Ellen DeGeneres Show*
*Kyan Douglas, *Queer Eye for the Straight Guy*
*Daniel Franco, *Project Runway* Seasons 1 & 2
*Maria Bartiromo, presentadora, CNBC
*Andrae Gonzalo, *Project Runway* Season 2
*Kathy Griffin, actriz y comediante
*Larry King, presentador, *Larry King Live*
*Star Jones, personalidad de le TV
*Matt Lauer, co-presentador, *The Today Show*
*Jay McCarroll, ganador, *Project Runway* Season 1
*Kelly Perdew, ganador, *The Apprentice*
*Regis Philbin, presentador, *Live with Regis and Kelly*
*David Price, CBS News
*Joan Rivers, comediante
*Jai Rodriguez, *Queer Eye for the Straight Guy*
*Al Roker, *The Today Show*
*Joel Siegel, crítico de cine, Good Morning America (d)
*Jerry Springer, presentador, *The Jerry Springer Show*

Política
*Barbara Bush, antigua primera dama de EE. UU.
*Bill Clinton, antiguo Presidente de EE. UU.
*Mario Cuomo, antiguo gobernador de New York
*Rudy Giuliani, antiguo alcalde de New York City
*Al Gore, antiguo vice-presidente de EE. UU.
*Alan Greenspan, antiguo director de la Reserva Federal de EE. UU.
*Abbie Hoffman, activista político (d)
*Arianna Huffington, comentarista de política
*Henry Kissinger, antiguo Secretario de Estado de EE. UU.
*Ed Koch, antiguo alcalde de New York City
*Jerry Rubin, activista político (d)
*Bishop Desmond Tutu, receptor del Premio Nobel de la Paz
*Jesse Ventura, antiguo gobernador de Minnesota

Restaurantes/Industria de Comida
*Wally Amos, Famous Amos Cookies
*Ben Cohen, Ben & Jerry's Ice Cream
*Rosie Daley, *In the Kitchen with Rosie*
*Rocco DiSpirito, *The Restaurant*
*Faith Stewart Gordon, The Russian Tea Room (d)
*Tim Zagat, fundador, Zagat Survey

Salud/Nutrición
*Baron Baptiste, *Journey Into Power*
*Billy Blanks, creador de Tae-Bo
*Anne Louise Gittleman, *The Fat Flush Plan*
*Tony Little, America's Personal Trainer™
*Dr. Christine Northrup, *Women's Bodies, Women's Wisdom*
*Gary Null, *Power Aging*
*Dr. Judith Orloff, *Second Sight, Intuitive Healing*
*Dr. Dean Ornish, *Eat More, Weigh Less*
*Dr. Barry Sears, *The Zone Diet*
*Dr. Andrew Weil, *Spontaneous Healing, Eight Weeks to Optimum Health*

(f) indica fallecido

Esta es una lista parcial de más de 30,000 expertos, líderes, pensadores y hacedores quienes han enseñado e inspirado a los estudiantes en The Learning Annex desde 1980. Si le gustaría enseñar en The Learning Annex, suba su video de un minuto a la siguiente página web: www.OneMinuteU.com.

★ ★ ★ ★ ★ ★

¡NOSOTROS PODEMOS CONVERTIRLO EN UNA ESTRELLA!

★ The Learning Annex ★

está buscando el próximo "Gurú" de cualquier materia
Visite **OneMinuteU.com** para más información.

★ ★ ★ ★ ★ ★

AGRADECIMIENTOS DE DONALD J. TRUMP

Ha sido un gran placer trabajar con Bill Zanker y con su equipo de The Learning Annex. La experiencia que obtuve a su lado como conferencista me ofreció la preparación para abordar este libro de una manera profesional y entusiasta al igual que él. Muchas gracias a Bill, a Heather Moore y al maravilloso equipo de The Learning Annex.

También quiero agradecer a los miembros de mi equipo de la Organización Trump, especialmente a Rhona Graff, mi asistente principal, a Meredith McIver, mi escritora principal y a Kacey Kennedy, la directora de relaciones con los medios de comunicación. Aprecio considerablemente su diligencia y trabajo infatigable.

HarperCollins he realizado una magnífica labor, y quiero agradecer a Jane Friedman, CEO; a Steve Ross, Presidente de Collins, a Ethan Friedman, Editor, a Margot Schupf, Vicepresidente del Grupo y Editora Asociada, a Josh Marwell, Presidente de Ventas, a Angie Lee, Directora de Mercadeo, a Paul Olsewski, Director Adjunto de Publicidad, a Laurence Hughes, Director de Publicidad, a Felicia Sullivan, Gerente Adjunta de Mercadeo en línea, y a Richard Ljoenes, Director de Arte. El trabajo de todos ustedes ha sido excelente en todos los aspectos y me complace profundamente haber tenido la oportunidad de trabajar con un grupo tan competente. Muchos de mis libros han ocupado el primer lugar en ventas, pero este es el mejor de todos.

Donald J. Trump

AGRADECIMIENTOS DE BILL ZANKER

Es todo un honor haber escrito un libro con mi héroe Donald Trump; también ha sido sumamente emocionante trabajar con Rhona Graff, su asistente personal. Trabajar con él es muy fácil, pues es una persona directa, trabajadora y honesta. Los miembros de la Organización Trump son increíbles. Se me eriza la piel cuando voy a la oficina de Donald. Aunque lo visito a menudo, siempre es una experiencia extraordinaria y cada vez aprendo algo nuevo, tanto así que escasamente puedo dormir la noche anterior. Es algo sumamente emocionante. Gracias Donald por dejarme entrar a tu vida.

The Learning Annex es una compañía increíble. En realidad, la esencia de una compañía son sus trabajadores, y quiero agradecer especialmente a mis ejecutivos principales. A Heather Moore, quien se apropió de este libro mientras que el resto de nosotros continuábamos haciendo magia en otras áreas de la compañía... a Samantha Del Canto, Harry Javer, Paul Gould, Michele D'Agostino, Oliver Waller, Jessie Schwartzburg, Morris Orens, Andy Hyams y a Stephen Seligman. También quiero agradecer a Steven Schragis, Theo Bartek, Amy Deneson, Terry Derkach, Emily Kozlow y a John Christmas por hacer lo que saben hacer tan bien. Somos un pequeño grupo de ejecutivos para la cantidad de trabajo que realizamos, pero tenemos una organización increíble de más de 100 empleados que "arrasan," nos apoyan y siempre dicen "Sí." Adoro a mi equipo y comparto su pasión.

Larry Kirshbaum es el agente de este libro. Lo conocí cuando era el presidente de Time Warner Books. Actualmente es un empresario que tiene su propia agencia literaria, llamada LJK Literary. Le dije que quería un editor que pensara en grande y que pudiera publicar el libro con rapidez. Me dijo que no había ningún problema, y una semana después firmamos un acuerdo con una de las compañías editoriales más grandes y prestigiosas del mundo: HarperCollins Publishers. El personal de esta compañía también es increíble y también tienen una actitud arrolladora. Gracias a Steve Ross, el presidente de Collins, quien inmediatamente entendió el significado. También quiero agradecer profundamente a todo su equipo, especialmente a Ethan.

Larry Kirshbaum: Gracias y bienvenido al equipo de The Learning Annex como nuestro nuevo agente literario. Me encanta ver ejecutivos tan importantes como tú incurrir en el mundo empresarial. Eres nuestro tipo de agente porque tienes una actitud arrasadora.

Finalmente, necesito agradecerles a todos mis profesores de The Learning Annex, quienes me han enseñado e inspirado a mí y a mis estudiantes durante casi 30 años. Recientemente, Peter Guber, la leyenda de Hollywood, se ha convertido en mi guía y le estoy profundamente agradecido por su ayuda. Todos necesitamos guías y orientadores a lo largo de la vida, y él es un hombre brillante que te hace pensar. Peter comparte mi pasión por aprender de los mejores maestros. Tony Robbins le ha dado mucha energía a mi vida en varias ocasiones; él es una luz resplandeciente y un motivo de alegría para el mundo. Espero que sepa lo mucho que me ha ayudado a mí y a varios millones de personas día tras día. Gracias, Tony, por ser quien eres y por nunca renunciar a tu misión ni a tu pasión.

Han sido muchos los maestros que me han hecho reír, llorar, reevaluar mi vida, rectificar mi rumbo, cambiar de dirección, mejorar mi relación con mi esposa, mis hijos, mis amigos, con Dios y conmigo mismo. A todos ellos les agradezco por su gran pasión al servirnos y enseñarnos. Cuando veo a muchos de mis maestros realizar su misión de enseñar a los demás, todos los elogios que yo pueda tener se quedan cortos. Veo su esfuerzo de viajar de ciudad en ciudad, durmiendo en hoteles impersonales, con el único propósito de tener la oportunidad de ayudar a un estudiante más. Los quiero mucho y les agradezco por todo lo que hacen. Ustedes son el mejor regalo del mundo.

Bill Zanker

ÍNDICE

ÍNDICE

ÍNDICE

ÍNDICE

ÍNDICE